高等院校“十三五”法学经典案例丛书

环境与资源保护法学典型案例

Typical cases for Environment and Resources Protection Law

主　编　落志筠
副主编　白　玉　鹿　军

经济管理出版社
ECONOMY & MANAGEMENT PUBLISHING HOUSE

图书在版编目（CIP）数据

环境与资源保护法学典型案例/落志筠主编. —北京：经济管理出版社，2017.1
ISBN 978-7-5096-5242-8

Ⅰ. ①环… Ⅱ. ①落… Ⅲ. ①环境保护法—案例—中国 ②自然资源保护法—案例—中国
Ⅳ. ①D922.605

中国版本图书馆 CIP 数据核字（2017）第 168367 号

组稿编辑：王光艳
责任编辑：王光艳 赵亚荣
责任印制：司东翔
责任校对：赵天宇

出版发行：经济管理出版社
（北京市海淀区北蜂窝 8 号中雅大厦 A 座 11 层 100038）
网 址：www. E-mp. com. cn
电 话：（010）51915602
印 刷：玉田县昊达印刷有限公司
经 销：新华书店
开 本：720mm × 1000mm/16
印 张：15.75
字 数：251 千字
版 次：2017 年 8 月第 1 版 2017 年 8 月第 1 次印刷
书 号：ISBN 978-7-5096-5242-8
定 价：58.00 元

联系地址：北京阜外月坛北小街 2 号
电话：（010）68022974 邮编：100836

前言

环境与资源保护法学是法学教学与研究中的重要组成部分，其较强的实践性要求理论必须和现实紧密结合。《环境与资源保护法学典型案例》一书以环境资源保护法学基础理论为基点，选取我国环境与资源保护领域发生的典型案例进行分析，力图将环境资源保护法学的理论与实际结合。

本书由内蒙古财经大学落志筠担任主编；内蒙古财经大学白玉、鹿军担任副主编。具体分工如下：落志筠编写了第四章、第五章、附录的内容；白玉编写了第一章、第二章的内容；鹿军编写了第三章的内容。本书由落志筠负责最后的统稿、审校、排版等工作。在本书的写作过程中，内蒙古财经大学法学院的张书君、彭子川、杨涵同学收集整理了大量文献资料，在此一并表示感谢。

由于作者撰写水平有限，书中不足、疏漏之处难免存在，敬请读者批评指正。

编　者

目 录

第一章
环境权理论

第一节　环境权基础理论

环境权是环境与资源保护法的一个核心问题，是环境与资源保护法体系中一项最基本的权利，是环境与资源保护法立法和执法、环境行政管理和诉讼的基础，也是环境与资源保护法学和环境与资源保护法制建设中的基本理论。环境权及其理论的研究，对国内环境法体系和国际环境法体系的建立和完善具有重要的理论指导作用，对保护和改善环境，促进经济、社会和环境保护的协调、持续发展具有重要的意义。

一、环境权的提出

人类自产生以来，就一直对自然环境进行各种各样的利用。人类早期的捡拾果实、猎捕动物、排放粪便、处理动植物尸体等均体现出人类对自然环境的享用。自然环境是人类生存、发展的基本条件，人类享用自然环境条件是与生俱来的自然权利。在当时生产力尚不发达的时期，人类的索取以及排放活动对自然资源原本的储存量以及对自然环境的自净能力冲击不大，环境权这种自然权利既难以受到侵犯、压制和剥夺，也无须法律加以确认和保障。肇始于20世纪的具有法律权利特性的环境权姗姗来迟。进入20世纪50年代以来，由于人类开发利用资源的能力空前增加，环境排放也累积严重，环境问题和资源危机开始集中地爆发出来，日益威胁地球生态系统的平衡、人类自身的安全和经济、社会的发展。环境权开始成为人类社会的迫切需要，并逐步得到正义和法律的确认和保障。尽管环境权的概念萌芽可能早已产生，但环境权作为一种基本的法律权利，则主要是20世纪六七十年代世界性环境危机和环境保护运动的产物。

环境权的观念和运动主要发端于美国、日本、欧洲等工业发达国家和地区。20世纪60年代以来，西方发达国家出现了震惊世界的“八大公害事件”，环境污染问题日趋严重。1960年，联邦德国一位医生向欧洲人权委员会提出控告，认为向北海倾倒放射性废物的违法行为违反了《欧洲人权条约》中关于保障清洁卫生的环境规定。之后，有关把环境权加入欧洲人权清单的问题，在欧洲人权会议、欧洲环境部长会议等相关会议上多次引发讨论。再之后，在联合国大会的组织下，西方国家展开了关于公民要求保护环境、要求在良好环境中生活的法律依据的大讨论。1962年，美国的R.卡逊出版的《寂静的春天》一书引发了因美国民权条例“没有保护公民的环境权”而掀起的关于环境权的大辩论。美国公众要求享有在良好环境中生活的权利。密执安大学的萨克斯教授提出了“公共财产论”和“公共信托论”。他认为，空气、水、阳光等人类生活所必需的环境要素，在当今受到严重污染和破坏，以致威胁到人类正常生活的情况下，不应再被视为“自由财产”，环境资源就其自然属性和对人类社会的极端重要性来说，它应该是全体国民的“共享资源”，是全体国民的“公共财产”，任何人不能对其任意占有、支配和损害。为了合理支配和保护“共有财产”，共有人委托国家来管理。国家对环境的管理是受共有人的委托行使管理权，因而不能滥用权力。随其理论备受瞩目，有人便在“公共财产论”和“公共信托论”的基础上提出了环境权的观点。

在亚洲，日本环境共有的思想发展更为久远，1902年，宫崎民藏发表的《人类的大权》一文中提出地球“为天下生成的全人类共有”的主张。1967年，日本律师联合会发表了“公害侵犯人权”的《人权白皮书》。1970年3月，国际社会科学评论会在日本举办“关于环境破坏的东京公害研讨会”，会后发表的《东京宣言》中提出：“我们请求，把每个人享有的健康和福利等不受侵害的环境权和当代人传给后代的遗产应是一种富有自然美的自然资源的权利，作为一种基本人权，在法律体系中确定下来。”同年 9 月召开的日本律师联合大会第 13 届人权拥护大会上，仁藤一、池尾隆良两位律师做了题为《“环境权”的法理》的报告。该报告倡议将各种有关环境的权利称为“环境权”，并指出：“为了保护环境不受破坏，我们有支配环境和享受良好环境的权利；基于此项权利，对于那些污染环境、妨害或将要妨害我们的舒适生活的作为，我们享有请求排除妨害以及请求预防此种妨害的权利。”

在发达国家轰轰烈烈地开展环境权大讨论的同时，联合国通过 1972 年 6 月的《人类环境宣言》指出：“人类环境的两个方面，即天然和人为，对于人类的幸福和享受基本人权，甚至生存权本身，都是不可缺少的。人类有权在一种能够过尊严和福利的生活的环境中，享有自由、平等和充足的生活条件的基本权利，并且负有保护和改善这一代和将来的世世代代的环境的庄严责任。”这意味着环境权理论在全球范围内的确立。原挪威首相布兰特朗夫人在可持续发展报告《我们共同的未来》中多次提到环境权，并在该报告的前言中指出：“1972 年联合国人类环境会议使工业化国家和发展中国家得以在一起确定人类大家庭对于一个健康的、具有生产率的环境的‘权利’范围”；“如果我们不能顺利地把我们紧急的信息传达给当今的父母和决策者，那么我们就有破坏我们的孩子享有健康和提高生活环境的基本权利的危险”；“各国承认它们有责任为现代人和后代人保证一种良好的环境，这是走向可持续发展的重要一步。”该报告明确了环境权包含个人环境权、代际权、人类环境权等诸多基本环境权利以及由这些基本权利派生而来的权利，如知情权、参与权、求偿权、诉讼权等。该报告在表明这些权利时，也表述了基本环境义务的含义：“享受任何权利需要尊重他人同样的权利，并承认相互共同的责任。”它说明了基本环境权利和基本环境义务之间的最基本的关系。对环境权认识的发展引起了一些国家政府及世界性组织的广泛重视。1986 年 9 月，世界环境与发展委员会的国际环境法专家组提出了《环境保护和可持续发展的法律原则》（以下简称《原则》），并在哈拉雷会议上提交委员会进行讨论。该《原则》包含了“全人类对能满足其健康和福利的环境拥有基本权利”的环境权的基本内容。

二、环境权的立法发展

1. 外国的环境权立法

20世纪70年代以来，“环境权”开始作为一个法律上的权利概念频繁地出现在国际法文献、法学著作和司法实践中，环境权理论在全球范围内受到重视。不少国家在立法中接受了环境权理论，开始了环境权的立法实践，主要表现为在宪法中对环境权做出规定和在环境保护基本法中规定环境权。

国外环境权立法经历了环境权宪法化、具体化和公民权化的发展历程。越来越多的国家将环境保护的内容写入宪法，明确地将环境权作为一项基本权利加以规定。例如，美国《伊利诺伊州宪法》第十一条规定：“每个人都享有对于有利健康的环境的权利，每个人都可以按照立法以法律规定了合理限制和管理的适当的法律程序对任何一方，不论其是政府还是个人，执行这项权利。”1995年修订的《挪威宪法》第110b（1）条规定：“每一个人有权获得一种有益于健康的和有益于自然条件的生产力和多样性得到保护的环境。”同时认为未来时代人的环境权也应该受到保护。1995年《芬兰宪法》第十四条规定：“人人都负有对大自然及其生态多样性、环境和我们的文化遗产的责任。公共当局应当努力保障每一个人的良好环境权，以及每一个人影响与生活环境有关的决策的机会。”2003年法国政府内阁会议通过的《环境宪章》草案第一条规定：“人人都有在平衡和健康的环境中生活的权利”；第二条规定：“人人都有义务保护和促进自然环境”。这意味着法国已经将环境权宪法化提上了日程，一旦全民公决通过了此草案，该草案将被写进法国宪法的序言部分。据魏伊丝教授的《公平地对待未来人类》一书的中文版中的统计，在20世纪90年代制定的宪法中规定了“普遍享有清洁、健康、平衡的环境的一般性权利”的国家和地区有36个，规定了“一般的、普遍的环境知情权”的有七个。在一些宪法中未规定环境权的国家，学者们试图利用宪法解释导出环境权。如制定于200多年前的美国宪法对环境问题未有着墨，然而，对于环境权的理解，拥护宪法解释者认为宪法的现有规定仍得以导出环境权的理念，尤其是宪法第五修正案所提示的正当法律程序、第九修正案的权利概括规定条款以及第十四条修正案；在联邦德国，在基本法第一条人类尊严的保障以及基本法第二条自由发展人格权中，环境权问题得到了体现；日本法学界则希望从宪法第二十五条的生存权以及第十三条的幸福追求权得出结论。

除了环境权的宪法体现外，越来越多的国家在综合性的环境基本法中规定了环境权。20 世纪 90 年代制定或修改环境基本法的国家就有 70 多个，其中有大量的对于环境权的法律规定。美国 1969 年的《国家环境政策法》第三条规定："国会认为，每一个人都应当享受健康的环境，同时每一个人也有责任对维护和改善环境做出贡献。"1993 年修正的《韩国环境政策基本法》第六条规定："所有国民都享有在健康而舒适的环境中生活的权利，并应协助国家及地方自治团体的环境保全对策的实施，也应为环境保全而努力。"1998 年《瑞典环境法典》第一条规定："这部法典的目的是促进可持续发展，这种发展确保当代人和未来世代人有一个有益于健康和健全的环境。"

除了在宪法和环境基本法中对环境权做出规定外，各国还通过其他相关环境立法以及环境单行法对其做出更进一步的具体规定。例如，美国《清洁水法》规定，公民有权参加提出修改、实施局长或任何州根据本法制定的标准、计划与规划，局长及该州应为其创造条件并予以鼓励。英国《污染控制法》规定，如果水管理局无理拒发许可证或在许可证中加上无理的限制条件，或水管理局无理终止、中止已颁发的许可证，有关人员可向环境部大臣提出申诉。奥地利 1993 年的《环境信息法》第一条规定："本法的目的是使公众知道在环境方面特别是有权被安排自由地获得行政机关支配的环境数据，以及要求行政机关公开地公布环境数据的权利。"在美国、印度、日本、菲律宾等国家还开始了环境权司法审判实践并取得了较大的成功。

2. 国际上的环境权立法

环境权的国际立法主要是指国际法对环境权的承认和贯彻。环境权在国际社会和国际法中的发展比在一个特定国家内部的发展更为复杂多样。环境权被国际上所接受主要表现在一系列的国际环境法律文件中。

1972 年的《联合国人类环境宣言》已经认识到环境保护问题是国际法应该

和必须正视的人权问题。除第一条的规定外，该宣言还明确阐明："按照《联合国宪章》和国际法原则，各国有按自己的环境政策开发自己的资源的主权，并有责任保证在它们管辖或控制之内的活动，不致损害其他国家的或在国家管辖范围以外地区的环境。"这一原则后来在许多国际条约和国际政策宣言中被引用。该原则实际上已经构成了国家环境权的主要内容，即"国家有合理享用适宜环境的权利，也有合理保护适宜环境的义务"。

20 世纪 70 年代初，欧洲人权会议组织专家委员会致力于将人类免受环境危害的在这个星球上继续生存下去的权利作为新的人权原则进行国际法编纂。1971 年，欧洲人权会议将个人在洁净的空气中生存的权利作为一项主题进行了讨论，继而在 1973 年维也纳欧洲环境部长会议上制定了《欧洲自然资源人权草案》，肯定地将环境权作为新的人权并认为应将其作为《世界人权宣言》的补充。

1986 年的《阿拉伯联盟环境与发展宣言》指出："任何个人都有在与人类尊严相和谐的环境中实现完美的生活的基本权利。与此相应，为了其自身，也为了其后裔，均有责任保护和改善环境。"

1988 年的《美洲人权公约》规定："每个人应有权在健康的环境中生活，有权享受基本的公共服务。"

1991 年 6 月 14 日，北极地区八个国家在芬兰洛瓦奈密举行第一届北极部长会议，签订了《关于保护北极环境的宣言》，通过了《北极环境保护战略》。它是保护北极环境的一个纲领性文件，提出了保护北极环境的十项原则，其中包括为当代人和后代人的利益和享用而保护和可持续利用北极环境等原则。

1992 年《里约宣言》的产生使国际社会对环境权的认识和理解有了新的发展，即通过明白地确认存在无害环境的人权和与其相应的法律内容，将环境权推进到比《联合国人类环境宣言》更高的阶段。宣言规定："人类处于受到普遍关注的可持续发展问题的中心。他们应享有以与自然相和谐的方式，过健康而富有生产成果的生活的权利。"

1998 年的《阿尔胡斯公约》规定："认识到每一个人享有在适合他/她的健康和福利的环境中生活的权利，以及各自和其他人一起的为当代人和未来世代的利益而保护和促进环境的责任。""为了保护当代和未来世代的每一个人生活在适合他/她的健康和福利的环境中的权利做出贡献，各成员国应该保证根据本公约的规定在环境事务方面获得信息、公共参与决策和获得司法救济的权利。”

此外，围绕国际环境与资源的法律保护，一些涉及特定方面的国际公约，如防止臭氧层破坏、保护海洋环境资源、保护南极环境资源、保护生物多样性、保护月球和其他天体的国际公约等，大多包含承认个人、单位和国家的环境利益和保护环境的义务、全人类的环境利益、人类子孙后代的环境利益等条款。不少学者认为，这些国际公约实际上已经不同程度地肯定了个人环境权、单位环境权、国家环境权、人类环境权、代际环境权甚至自然体的环境权等。但是，由于各国人口、环境、资源状况不同，发展不平衡，要取得对环境权认识和实施的一致性还需要相当长的一段发展时期，环境权在国际社会的实施仍然是一个尚未解决的问题。

3. 我国的环境权立法

我国法学界对环境权的理论研究始于 20 世纪 80 年代初，近 30 年来有了很大的发展。但在环境权立法方面，我国目前还没有法律直接、明确地对环境权做出规定，只有一些地方法规如 1994 年的《上海市环境保护条例》、2003 年福建省的《关于加强公共卫生工作的决定》明确规定了公民环境权。但这并不意味着我国的环境与资源法没有规定环境权，我国的环境与资源法没有建立起自己的环境权体系。从我国的环境与资源法律来看，在《宪法》、环境与资源基本法、环境与资源单行法等法律中有大量条款与环境权有关，我国学者正是从这些法律规定的具体环境权利和环境义务入手，勾勒出我国现行的环境权体系。

1978 年，我国首次将环境与资源保护的相关内容列入《宪法》，但我国《宪法》至今没有明文规定环境权。在现行《宪法》中，一般认为第二条、第九条、第十条、第二十六条以及第五十一条隐含了环境权的内容。《宪法》第二十六条规定：“国家保护和改善生活环境与生态环境，防治污染和其他公害。”该规定既体现出国家环境权，同时以国家义务的形式确认了公民环境权。《宪法》第二条第一款、第三款规定：“中华人民共和国的一切权力属于人民。”“人民依照法律规定，通过各种途径和形式，管理国家事务，管理经济和文化事业，管理社会事务。”该规定是公民享有环境权并参与国家环境事务的最根本的法律依据。而第五十一条（“中华人民共和国公民在行使自由和权利的时候，不得损害国家的、社会的、集体的利益和其他公民的合法的自由和权利”）则是对防止滥用个人权利造成环境污染和破坏的基本环境义务的规定。此外《宪法》第九条、第十条的规定体现了对环境权的保护：“国家保障自然资源的合理利用，保护珍贵的动物和植物。禁止任何组织或者个人利用任何手段侵占或者破坏自然资源。”“一切使用土地的组织和个人必须合理利用土地。”

《宪法》中的有关环境保护的规定是综合性环境基本法的立法依据。综合性环境基本法是将环境作为一个有机的整体加以保护和改善的综合实体法，在环境立法体系中居于中心地位，是其他单项环境法的依据。我国 1989 年颁布的经 2014 年修订的《环境保护法》是我国目前环境保护的一部综合性的基本法，该法对环境权的规定主要体现在第一条、第六条、第五十七条以及第六十四条中。第一条规定：“为保护和改善环境，防治污染和其他公害，保障公众健康，推进生态文明建设，促进经济社会可持续发展，制定本法。”第六条规定：“一切单位和个人都有保护环境的义务。地方各级人民政府应当对本行政区域的环境质量负责。企业事业单位和其他生产经营者应当防止、减少环境污染和生态破坏，对所造成的损害依法承担责任。公民应当增强环境保护意识，采取低碳、节俭的生活方式，自觉履行环境保护义务。”第五十七条规定：“公民、法人和其他组织发现任何单位和个人有污染环境和破坏生态行为的，有权向环境保护主管部门或者其他负有环境保护监督管理职责的部门举报。公民、法人和其他组织发现地方各级人民政府、县级以上人民政府环境保护主管部门和其他负有环境保护监督管理职责的部门不依法履行职责的，有权向其上级机关或者监察机关举报。”第六十四条规定：“因污染环境和破坏生态造成损害的，应当依照《中华人民共和国侵权责任法》的有关规定承担侵权责任。”上述条款从环境法的立法目的和基本任务，保护环境的义务，与环境污染和破坏有关的检举权、控告权和侵权责任三个方面对环境权进行了规定，但我国综合性环境基本法中仍然没有环境权的明示规定。

在环境权的明示规定方面，我国的一些地方环境立法走在了环境基本法的前面。如《上海市环境保护条例》第六条规定："公民有享受良好环境的权利，有保护环境的义务。一切单位和个人对污染、破坏环境的行为有检举、控告的权利。" 2003 年福建省的《关于加强公共卫生工作的决定》第四条规定："任何单位和个人都有享受良好公共卫生环境的权利。对破坏公共卫生的行为有权予以制止、举报；对因破坏公共卫生的行为造成损失的，受害人有权要求加害人予以赔偿。"

除此之外，我国环境资源保护单行法中也有体现保护环境权的法律规定。目前已有的六部污染防治法——2015 年修订的《大气污染防治法》、2004 年修订的《固体废物污染环境防治法》、1996 年修订的《水污染防治法》、1996 年通过的《环境噪声污染防治法》、1999 年修订的《海洋环境保护法》和 2003 年通过的《放射性污染防治法》，在环境权的规定上，基本上都重复了《环境保护法》第六条、第五十七条以及第六十四条的内容，即保护环境的义务，与环境污染和破坏有关的检举权、控告权和承担侵权责任，如《大气污染防治法》第五条、第七条、第三十一条和第一百二十五条的规定、《水污染防治法》第五条和第五十五条的规定、《海洋环境保护法》第四条和第九十条的规定。自然资源保护方面，我国采取多个单行立法并列的立法制度，重要的法律有《中华人民共和国水法》《中华人民共和国森林法》《中华人民共和国草原法》《中华人民共和国水土保持法》《中华人民共和国野生动物保护法》等；重要法规包括上述各法律的实施条例、《森林和野生动物类型自然保护区管理办法》《中华人民共和国自然保护区条例》《风景名胜区管理暂行条例》《水产资源繁殖保护条例》《基本农田保护条例》《土地复垦规定》等。在自然资源保护法中，与环境权有关的主要是基于生存需要的环境资源的开发利用权，如《水法》第三条,《草原法》第十条、第十三条的规定。环境管理行政法规主要规定了环境管理机构的设置、环境管理职权、行政管理程序和行政处罚程序等，保障环境权的实现与落实。

除了专门的环境立法中体现出对环境权的保护外，其他部门法也对环境权的发展做出了不小的贡献，环境权在这些法律中也有一定程度的体现。如《民法通则》对自然资源所有权、使用权、经营权、收益权的法律保护，以及对使用单位或个人对自然资源管理、保护和合理利用的权利义务的规定；相邻关系在民法上的规范是公民主张环境权的基础和法律依据之一；环境侵权作为特殊侵权也是对公民环境权的保障。《刑法》第六章“妨害社会管理秩序罪”第六节专门制定了“破坏环境资源罪”，2001 年颁布实施的《刑法修正案（二）》和 2002 年颁布实施的《刑法修正案（四）》又对环境犯罪做了相应修改，这是对环境权最有力的保障。行政法规方面，我国的经济行政、文化行政、卫生行政、海关行政等行政法中包含大量保护和体现环境权的相关规定。现行经济法律体系中如《土地法》《城市规划法》《农业法》《交通运输法》《建筑法》等也体现了环境权的相关内容；《劳动法》中有关于劳动环境权的规定；《程序法》中有关于处理因环境资源行政纠纷、民事纠纷、刑事审判的程序规定。

由于环境资源问题具有全球性，环境资源保护的国际法规范越来越得到各国重视。我国参与并已对我国生效的一般性国际条约中的环境保护规范和专门性国际环境保护条约中的环境保护规范，包括有关环境资源保护的双边、多边协定和国际条约及为履行这些条约而制定的国内法律等，是我国《环境与资源保护法》的重要组成部分。我国参加的重要环境保护国际条约有《联合国海洋公约》《控制危险废物越境转移及其处置巴塞尔公约》《保护臭氧层维也纳公约》《联合国气候变化框架公约》《联合国生物多样性公约》《南极条约环境保护议定书》等，这些《公约》及《议定书》从不同层面体现了环境保护及环境权的发展内容。

综上所述，在环境权立法方面，我国法律虽然没有明确宣布环境权，但在环境与资源法律、《宪法》以及其他法律中已有许多涉及环境权的法律规定。但是，这些规定比较分散，相互之间没有逻辑上的联系，尚不能构成一个严密、完善的环境权体系。而且，这些规定也过于原则化，用语含糊，在实践中很难成为主张环境权的直接的法律依据。因此，完善环境权立法，在《宪法》、环境资源基本法以及相关立法中明确规定环境权是今后我国环境立法的重点。

第二节　与环境权相关的案例

虽然我国目前尚缺乏关于环境权的明确宣示，但并不影响实践中公民对于环境权的诉求与主张。下面将针对我国国内已经出现的环境权相关案例进行评析，总结我国环境权未来的立法方向。

一、案例介绍

1. 吕某与大厦侵犯眺望权、采光权、视觉卫生权纠纷案

吕某家住北京丰台莲香园小区 3 号楼。2000 年 9 月，吕家西北侧一大厦开工后，阻碍了吕家的视线和采光。另外，这座大厦的许多阳台都可直视吕家主卧室等处。于是，吕某于 2003 年 7 月 2 日以开发商侵犯了其的眺望权、采光权、视觉卫生权，也使其的隐私权受到侵犯将开发商告上了法庭。法院认为被告开发建设的大厦距原告吕某居住的房屋有 18 米，符合《北京市生活居住建筑间距暂行规定》，遂以吕某所称事实和法律依据不足为由驳回了他的诉讼请求。

2. 赵某与波特曼酒店侵犯眺望权、通风采光权纠纷案

1987 年建造的南洋大楼于 20 世纪 90 年代初交付使用，是当时上海第一幢高层居民住宅楼。楼高 25 层，共 448 套房，每层 9 户人家共 2 幢。原本在大楼顶层眺望，东面可以欣赏到外滩，南面可以直见上钢三厂，西面可以看到华亭宾馆，北面则望得到新客站。自 1993 年起，南洋大楼周边，一幢幢高层开始拔地而起。1994 年，上海商场主楼西侧的波特曼酒店屋顶网球场架起了一个面积近百平方米、高度近十米的充气式结构物做屋顶进行使用，此充气式穹顶给居住于南洋大楼居民的生活带来了严重影响。一方面，该结构物

严重阻碍了部分小区居民的正常视线，制造了视觉障碍；另一方面，充气式穹顶经过阳光的照射将光反射到居民室内致使居民在白天拉上窗帘影响生活质量，侵犯了居民的通风采光权。2004 年 9 月 27 日，该小区居民赵某代表小区居民将上海商场及波特曼酒店告上上海静安区法院。原告赵某认为，波特曼酒店十米高的充气式穹顶的安装未得到相关部门许可，属于违章搭建，严重妨碍了部分小区居民的正常视线，侵犯了居民的眺望权。同时，充气式穹顶的存在不仅制造了视觉障碍，还带来了光污染，侵犯了居民的通风采光权。

上海商场和波特曼酒店认为，之所以在球场顶部安装充气式穹顶是为了避免室外网球场的灯光和噪声影响居民生活。安装前他们曾咨询过有关部门，被告知充气式穹顶不属于建筑物，无须向规划部门申请，且我国现有的法规中无“眺望权”一说，不存在侵犯眺望权。此外，有关部门管理的光污染仅指玻璃幕墙的反射光，尚没有任何部门对塑料薄膜构成光污染进行检测与管理。

3. 龚某与武汉银海置业有限公司相邻采光、日照纠纷案[①]

武汉市电力仪表厂宿舍第 10 栋住宅楼竣工于 2000 年，为南北向的条式建筑，龚某居住于该楼 2 单元 401 室，建筑面积为 78.27 平方米。龚某当时获得该房屋时该住宅楼南侧是一片低矮厂房，二者间距充足，龚某住房通风、采光、日照良好。2006 年 5 月底，银海公司在龚某住房南侧开发的银海雅苑小区住宅楼项目主体工程竣工。龚某以其住房的通风、采光、日照受到影响为由于 2013 年 7 月向法院起诉。该案经过一审、二审审理，法院认定银海公司所建的银海雅苑小区住宅楼与龚某居住的住宅楼属相邻建筑。依照《中华人民共和国民法通则》关于相邻关系的规定，应当保护龚某的相邻住房的通风、采光、日照。中华人民共和国建设部《城市居住区规划设计规范》中规定在日照标准日为大寒日时，日照时数应当大于等于两小时。银海公司所建的银海雅苑小区住宅楼项目致使龚某房屋在大寒日日照时间未达到规定的两小时，构成对龚某的侵权，判决银海公司依法承担赔偿责任。

---

① 湖北省武汉市中级人民法院（2014）鄂武汉中民终字第 01289 号民事判决书。

4. 镇原县秦剧团1号住宅楼28位住户与镇原县浙江商贸有限责任公司相邻采光、日照纠纷案①

2006年11月，镇原县秦剧团在县城兴文巷修建1号职工住宅楼，共七层两单元28户，2009年5月28位住户相继入住。2013年7月，浙江商贸二期工程16层楼房建成，楼高50.8米（楼北立面垂直高度），位于秦剧团1号住宅楼正南方，两楼相距29米。2013年4月，镇原县秦剧团1号住宅楼28位住户以被告修建的16层住宅楼阻挡日照、采光为由，多次与镇原县浙江商贸有限责任公司协商未果，遂向法院提起诉讼。

在审理过程中，法院依据原告的申请委托平凉市规划建筑勘测设计有限责任公司对该16层住宅楼建成后对镇原县秦剧团1号职工住宅楼日照影响情况做了鉴定，通过对现状、拟建建筑及地形因素进行综合日照计算和分析，住宅楼按照从8时至16时的时间段，根据16层商住楼建设前后不同情况日照时数对比得出以下结果（从西向东依次为A、B、C、D户型）：A户型，该楼建成后对A户型有不同程度的恶化现象，A01由原来的大寒日两小时降为不足一小时；A02、A03由原来的大寒日三小时以上降为不足三小时；A04、A05、A06、A07日照均有恶化现象，从原来的7.51小时降为2.79~3.56小时，但每户有两个居住空间满足大寒日三小时日照。B户型，建设前该户型一层至七层日照时数均在大寒日三小时以上，高层建成后，该户型一层至七层共计七户均不满足大寒日三小时日照要求。C户型，该楼建成后对C户型有不同程度的恶化现象，C01由原来的大寒日三小时以上降为不足三小时；二层至七层日照均有恶化现象，从原来的7.51小时降为2.73~3.32小时，但每户有两个居住空间满足大寒日三小时日照。D户型，该楼建成后对D户型有不同程度的恶化现象，D01由原来的大寒日三小时以上降为不足一小时；二层至七层日照均有恶化现象，从原来的7.51小时降为3.61~4.25小时，但仍满足大寒日三小时日照。

---

① 甘肃省镇原县人民法院（2013）镇民初字第556号民事判决书，甘肃省庆阳市中级人民法院（2014）庆中民终字第248号民事判决书。

法院认为，根据平凉市规划建筑勘测设计有限责任公司做出的镇原县秦剧团1号住宅楼“日照分析报告”以及住房和城乡建设部《城市居住区规划设计规范》中住宅建筑日照标准“第Ⅱ气候区大寒日大于三小时”的标准，对比浙江商贸二期工程即16层高楼修建前后该楼日照时数，证实该16层楼房的修建，影响了镇原县秦剧团七层住宅楼的采光，被告侵权事实成立，应承担相应的民事责任，对原告进行相应补偿。《城市居住区规划设计规范》规定：“住宅建筑日照标准为第Ⅱ气候区大寒日大于三小时，旧区改建的项目内新建住宅的日照标准可酌情降低，但不应低于大寒日日照一小时的标准。”《住宅建筑规范》和《民用建筑设计通则》规定：“每套住宅至少应有一个居住空间能获得冬季日照。”平凉市规划建筑勘测设计有限公司就镇原县秦剧团1号住宅楼的日照情况做出分析报告，该报告显示：“已建的秦剧团1号住宅楼一层西侧局部住宅为两小时日照，其余均满足三小时日照标准，浙江商贸二期工程商住楼建成后，对已建成的1号住宅楼日照基本无影响。”秦剧团1号住宅楼28位住户中的16位住户的光照条件在浙江商贸二期工程建成后，满足大寒日大于三小时或至少有两个居住空间达到日照条件的标准，不属于补偿范围。其余12位住户的日照由原来的大寒日大于三小时降为不足三小时，应根据各住户的光照恶化程度对12位住户做出补偿。据此，法院判决对于受到影响日照由原来的大寒日大于三小时降为不足三小时的12位住户酌情做出补偿，其余诉讼请求予以驳回。

二、案例评析

以上四个案件反映出关于环境权的以下问题：

其一，居民有关于环境权相关权益的需求。从以上几起诉讼案件可以看出，居民对于其所处环境中的日照、采光、通风等是有直接权利需求的，特别是针对之前已有的环境状况与其后发生的环境状况的改变，居民往往会主张日照、采光权益受到侵害。虽然《民法通则》中有关于相邻关系中相邻通风、采光的法律规定，但是范围十分有限。而且相邻关系规范的并不是一种单纯的权利，只是基于不动产的相邻关系而给予的便利与限制，其便利程度是法定最低程度的保障，而不是居民对舒适环境的全部权益。

其二，立法上尚无环境权的法律规定，致使司法实践只能以《民法通则》中关于相邻关系的法律规定进行判决。目前与环境权相关的日照、通风、采光可以以《民法通则》中关于相邻关系的规定来处理。如以上案例四镇原县秦剧团 1 号住宅楼 28 位住户与镇原县浙江商贸有限责任公司相邻采光、日照纠纷案中，最终判定被告兴建的 16 层高层住宅对 28 位原告中的 12 位住宅构成了采光侵害，理由是致使这 12 位原告住宅在大寒日日照时间不足三小时。而对于剩余 16 位业主，虽然其日照时间大幅度下降，但是因为没有少于大寒日日照三小时的标准而被驳回诉讼请求。这即是适用相邻关系保护居民与环境权相关权益的弊端之所在。首先，相邻关系不能包容全部环境权益。相邻关系有时也被称为相邻权，但其本身并不是独立的权利形态，而是基于相邻不动产的所有权或使用权出现的权利的延伸，即为了有利生产、方便生活，而在相邻不动产出现截水、排水、通行、通风、采光等方面需求时采取的对一方权利进行一定的限制，而使对方的权利有所扩张的法律制度。因此，相邻的不动产是其适用前提。然而，居民享有的环境权并不只有通风、采光等要求，还包括清洁空气权、清洁水权、远眺权、达滨权、厌烟权等权利。这些权利因与不动产的相关度较低而无法直接适用相邻关系的法律规定，出现法律真空。其次，即使可以适用相邻关系予以保护的环境权益也是最低限度保障基本生活的，而不能达到清洁、舒适的标准。如前所述，相邻关系本身不是一项独立的权利，而是为了生产生活的便利，在一方不动产上增加了一定程度的限制而给对方行使不动产权利以便利。因此，相邻关系只能是最低程度的便利，而不能对合法的不动产权利施加更多的限制。但是对于环境权则不是这样。由于环境权是独立的权利，依法应予以保护，因此权利人有权按照法律标准要求其应该享有的权利，而不是只能依据相邻关系要求最低限度的日照、采光。诸如日照时间从七个小时降到三个小时显然是对舒适生活的侵害，依据相邻关系处理时却只能被认定为没有损害发生，这显然是不公平的。

其三，确定环境权的若干尴尬。环境权对保护居民的基本生活环境、生态环境无疑具有重要的意义。但是当下全面立法确认保护环境权还存在若干障碍，如如何处理环境权的权利边界问题。人身权、财产权等传统民事权利的边界非常容易界定，而环境权的边界在哪里，如何处理环境权与传统财产权的界分是确立环境权绕不过去的难题。然而，我们不应当因为存在技术困难，就无视公民环境权被侵害的现实。环境权立法，以法律直接确认被保护是大势所趋，也是保护公民合法权益的要求。

第二章
环境法基本制度典型案例

第一节　环境法基本制度概述

一、环境影响评价制度

1. 环境影响评价制度的概念

所谓环境影响评价制度，是指对规划和建设项目实施后可能造成的环境影响进行分析、预测和评估，提出预防或减轻不良环境影响的对策和措施，进行跟踪监测的方法和制度。环境影响评价属于预断性评价，但又不同于一般的预断性评价，它是一项决定有关规划和建设项目能否实施和开工建设的具有强制性的法律制度。

实施环境影响评价制度可以促进经济合理布局和优化选址，对于预防环境污染具有重要意义。仅“九五”期间，全国就完成了2592个大中型项目的环境影响评价，优化了项目的选址，否决了一些与国家产业政策、环境保护规划、区域环境质量目标相悖的建设项目，如北京水泥厂扩建、新疆氮氨酸工程、重庆电厂扩建等。此外，环境影响评价制度还促进了企业技术进步和清洁生产的推行，控制了新污染源并促进了老污染源治理。2005年初，国家环保总局根据《环境影响评价法》授予的一票否决权，叫停了30个大型工程项目，在中国刮起了一阵“环评风暴”，所叫停的这些项目都是没有经过环境影响评估而提前上马或不应该上马的工程。

2. 环境影响评价制度的产生及发展

环境影响评价制度首创于美国1969年的《国家环境政策法》。到20世纪70年代末，美国绝大多数州相继建立了各种形式的环境影响评价制度。1977年，纽约州还制定了专门的《环境质量评价法》。继美国之后，这一制度纷纷被其他国家效仿和采用。如瑞典、澳大利亚、法国、新西兰、加拿大、日本等许多国家，都在自己国家的环境保护基本法或其他法律当中就环境影响评价制度做出了规定。我国在1979年的《环境保护法（试行）》中规定了实行环境影响评价报告书制度。1986年颁布了《建设项目环境保护管理办法》，1998年对该办法做了修改，颁布了《建设项目环境保护管理条例》，对评价范围、内容、程序、法律责任等方面做了修改、补充和更具体的规定，为我国确立完整的环境影响评价制度奠定了基础。2002年10月28日第九届全国人大常委会第30次会议通过了《中华人民共和国环境影响评价法》（2016年7月2日进行了修正）。2009年8月12日国务院第76次常务会议通过了《规划环境影响评价条例》。《环境影响评价法》是在针对我国多年实行环境影响评价制度的基础上，对该制度的实施和完善做出的一次全面总结和提升，是对一项特殊的环境保护法律制度进行专门立法的一次创举，该法的实施必将对该制度在全国范围内、在环境保护的监督管理中得到严格、彻底的贯彻和执行，对我国的国民经济和社会的健康发展，对可持续发展战略的全面实施，发挥非常重要的作用。

3. 环境影响评价制度的主要内容

我国《环境影响评价法》规定了环境影响评价制度的适用范围：需要进行环境影响评价的规划和建设项目。具体来讲，需要进行环境影响评价的规划包括国务院有关部门、设区的市级以上地方政府及其有关部门，对其组织编制的土地利用的有关规划，区域、流域、海域的建设、开发利用规划，工业、农业、畜牧业、林业、能源、水利、交通、城市建设、旅游、自然资源开发的有关专项规划；对于这些需要进行环境影响评价的规划的具体范围，将由国务院环境保护行政主管部门会同国务院有关部门规定，报国务院批准。对于建设项目，国家根据建设项目对环境的影响程度，对它的环境影响评价实行分类管理：可能造成重大环境影响的，应当编制环境影响报告书，对产生的环境影响进行全面评价；可能造成轻度环境影响的，应当编制环境影响报告表，对产生的环境影响进行分析或专项评价；对环境影响很小，不需要进行环境影响评价的，应当填报环境影响登记表。具体的建设环境影响评价分类管理名录，由国务院环境保护行政主管部门制定并公布。建设项目的环境影响评价，应当避免与规划的环境影响评价重复。作为一项整体建设项目的规划，按照建设项目进行环境影响评价，不进行规划的环境影响评价。已经进行了环境影响评价的规划所包含的具体建设项目，其环境影响评价内容，建设单位可以简化。

环境影响评价制度是落实“预防为主”原则的重要制度，从规划编制和建设项目开工之前就完成对环境影响的评估与预测工作，同时要求减轻或避免环境影响的环保措施并予以保障，实现污染防治的源头控制。

二、“三同时”制度

1.“三同时”制度的概念和意义

“三同时”制度，是指一切新建、改建和扩建的基本建设项目、技术改造项目、自然开发项目以及可能对环境造成影响的工程建设，其中防治污染和防止其他公害的设施，必须与主体工程同时设计、同时施工、同时投产使用的法律制度。它是我国环境管理的基本制度之一，是我国独创的一项环境法律制度，同时也是控制新污染源的产生，实现“预防为主”原则的一条重要途径。

“三同时”制度在我国环境管理过程中具有重要意义。首先，“三同时”制度是我国在实施污染控制与管理过程中，独创的一项适合我国国情的环境管理制度。这项制度的创立保证了防治污染设施的切实落实，有效地控制了新污染源的产生，也促进和带动了对老污染源的治理。其次，“三同时”制度是为了落实环境影响评价中关于环境污染和公害防治对策的制度保障，与环境影响评价制度结合起来成为贯彻“预防为主”原则的完整的环境管理制度。它们的结合能最大限度地控制和减轻污染，以实现防患于未然的目的。再次，“三同时”制度是加强对建设项目环境管理的重要手段。“三同时”制度和环境影响评价制度都是对开发建设项目进行预防性环境管理的法律制度，“三同时”制度是对环境影响评价报告书中提出的防治环境污染和生态破坏的措施的具体实施。最后，“三同时”制度明确了建设单位、主管部门和环境行政主管部门各自的职责，有利于加强建设项目环境保护的管理。

2.“三同时”制度的具体法律规定

1998 年颁布的《建设项目环境保护管理条例》第十六条至第二十三条对“三同时”制度做了具体规定：①建设项目需要配套建设的环境保护设施，必须与主体工程同时设计、同时施工、同时投产使用。②建设项目的初步设计，应当按照环境保护设计规范的要求，编制环境保护篇章，并依据经批准的建设项目环境影响报告书或者环境影响报告表，在环境保护篇章中落实防治环境污染和生态破坏的措施以及环境保护设施投资概算。③建设项目的主体工程完工后，需要进行试生产的，其配套建设的环境保护设施必须与主体工程同时投入试运行。建设项目试生产期间，建设单位应当对环境保护设施运行情况和建设项目对环境的影响进行监测。④建设项目竣工后，建设单位应当向审批该建设项目环境影响报告书、环境影响报告表或者环境影响登记表的环境保护行政主管部门，申请该建设项目需要配套建设的环境保护设施竣工验收。环境保护设施竣工验收，应当与主体工程竣工验收同时进行。需要进行试生产的建设项目，建设单位应当自建设项目投入试生产之日起三个月内，向审批该建设项目环境影响报告书、环境影响报告表或者环境影响登记表的环境保护行政主管部门，申请该建设项目需要配套建设的环境保护设施竣工验收。分期建设、分期投入生产或者使用的建设项目，其相应的环境保护设施应当分期验收。⑤建设项目需要配套建设的环境保护设施经验收合格，该建设项目方可正式投入生产或者使用。⑥试生产建设项目配套建设的环境保护设施未与主体工程同时投入试运行的，由审批该建设项目环境影响报告书、环境影响报告表或者环境影响登记表的环境保护行政主管部门责令限期改正；逾期不改正的，责令停止试生产，可以处五万元以下的罚款。建设项目需要配套建设的环境保护设施未建成、未经验收或者经验收不合格，主体工程正式投入生产或者使用的，由审批该建设项目环境影响报告书、环境影响报告表或者环境影响登记表的环境保护行政主管部门责令停止生产或者使用，可以处十万元以下的罚款。

三、环境保护许可证制度

1. 环境保护许可证制度的概念和意义

环境保护许可证制度，是指从事有害或可能有害环境的活动之前，必须向有关管理机关提出申请，经审查批准，发给许可证后，方可进行该活动的一整套管理措施。它是环境行政许可的法律化，是环境管理机关进行环境保护监督管理的重要手段。采取环境保护许可证制度，可以把各种有害或可能有害环境的活动纳入国家统一管理的轨道，并将其严格控制在国家规定的范围内，有利于对开发利用环境的各种活动进行事先审查和控制，便于发证机关对持证人实行有效的监督和管理。

环境保护许可证从其作用上看有三种类型：一是防止环境污染许可证。如排污许可证，危险废物收集、贮存、处置许可证，放射性同位素与射线装置的生产、使用、销售许可证，废物进口许可证等。二是防止环境破坏许可证。如林木采伐许可证，渔业捕捞许可证，野生动物特许捕猎证、狩猎证、驯养繁殖许可证等。三是整体环境保护许可证。如建设规划许可证等。从表现形式看，有的称为许可证，有的称为许可证明书、批准证书、注册证书、批件等。环境保护许可证与其他方面的许可证制度一样，都要有申请、核审、颁发、中止或吊销等一整套程序和手续。许可证发放以后，发证单位必须对持证单位进行严格的监督管理，使持证单位按许可证的要求排放污染物。这种监督管理包括对排污情况的监测、对排污数据的报送、对持证单位排污情况定期和不定期的检查等。对违反许可证排污的，要依法给予处罚，直到吊销许可证。

在环境管理中使用的许可证种类繁多，如我国在《城市规划法》《海洋环境保护法》《农药登记规定》《放射性同位素与射线装置放射防护条例》《民用核设施安全监督管理条例》《猎枪、弹药管理办法》《渔政管理工作暂行条例》《渔业许可证若干问题的暂行规定》《文物保护法》《森林法》《矿产资源法》《水污染物排放许可证管理暂行办法》等法律法规及规章中对许可证做出了相应的规定。

环境保护许可证制度是现代国家管理的重要手段，是国家为加强环境管理而采用的一种行之有效的行政管理制度，因此，在国外常将这一制度称为环境管理的“支柱”措施。实施许可证制度有以下意义：①有利于市场经济中政府职能的转换。作为一种行政许可，它使得环保行政主管部门的管理模式从直接管理逐渐向间接调控过渡，把影响环境的各种活动纳入国家统一管理，进行宏观调控，严格限制各种影响环境和排污的活动，从而使国家有效地进行环境管理。②有利于主管部门采取灵活性较强的管理办法，使各种法律规范、标准和措施具体化、更具适用性，便于环境管理部门依据具体的限制条件和特殊要求及时掌握各方面情况，加强检查和监督，从而使环境管理更具针对性、有效性。③促使企业加强内部环境管理，推行清洁生产，促进节能、降耗、减污。同时，许可证制度的实施也有利于保护相对人的合法环境权益，从而提高企业保护环境、治理污染的积极性。

2. 环境保护许可证制度的法律规定

我国有关环境保护法律对环境保护许可证中的排污许可证的具体规定如下：

（1）《大气污染防治法》规定，排放工业废气或者有毒有害大气污染物的企业事业单位、集中供热设施的燃煤热源生产运营单位以及其他依法实行排污许可管理的单位，应当取得排污许可证。排污许可的具体办法和实施步骤由国务院规定。

（2）《海洋环境保护法》规定，向海洋倾倒废弃物，必须向国家海洋行政主管部门提出申请，经批准发给许可证后，方可按许可证规定的期限、条件和指定的区域进行倾倒。

(3)《水污染防治法》规定，直接或者间接向水体排放污染物的企业事业单位，应当按照国务院环境保护部门的规定，向所在地的环境保护部门申报登记拥有的污染物排放设施、处理设施和在正常作业条件下排放污染物的种类、数量和浓度，并提供防治水污染方面的有关技术资料。环境保护部门收到《排污申报登记表》后，经调查核实，对不超过国家和地方规定的污染物排放标准及国家规定的企业事业单位污染物排放总量指标的，发给排污许可证。国务院制定发布的《淮河流域水污染防治暂行条例》也明确规定，在淮河流域排污总量控制计划确定的重点排污控制区域内的排污单位和重点排污控制区域外的重点排污单位，必须按照国家有关规定申请领取排污许可证，并在排污口安装污水排放计量器。

(4)《固体废物污染环境防治法》对许可制度做了多项规定：①转移固体废物出省、自治区、直辖市行政区域贮存、处置的，应当向固体废物移出地的省级人民政府环境保护行政主管部门报告，并经固体废物接收地的省级人民政府环境保护行政主管部门许可。②国家禁止进口不能用作原料的固体废物；限制进口可以用作原料的固体废物。确有必要进口固体废物用作原料的，必须经国务院环境保护行政主管部门会同国务院对外经济贸易主管部门审查许可，方可进口。③从事收集、贮存、处置危险废物经营活动的单位，必须向县级以上人民政府环境保护行政主管部门申请领取经营许可证。禁止无经营许可证或者不按照经营许可证规定从事危险废物收集、贮存、处置的经营活动。禁止将危险废物提供或者委托给无经营许可证的单位从事收集、贮存、处置的经营活动。

(5)《环境噪声污染防治法》规定，在城市范围内从事生产活动确需排放偶发性强烈噪声的，必须事先向当地公安机关提出申请，经批准后方可进行。当地公安机关应当向社会公告。因特殊需要必须夜间进行施工作业的，也要公告附近居民。

除此之外，自然资源保护单行法中也有环境许可证的法律规定，如探矿权证、采矿权证、林木采伐许可证、渔业捕捞许可证、野生动物特许捕猎证、狩猎证、驯养繁殖许可证等。

四、排污收费制度

1. 排污收费制度的概念和意义

排污收费制度是指国家以筹集治理污染资金为目的，按照污染物的种类、数量和浓度，依据法定的征收标准，对向环境排放污染物或者超过法定排放标准排放污染物的排污者征收费用的制度。排污费征收使用管理制度，是为了实现国家环境保护目标而制定的行政法律制度之一。目前我国现行的五部有关环境污染防治的专门法律，即《大气污染防治法》《水污染防治法》《环境噪声污染防治法》《固体废物污染环境防治法》《海洋环境保护法》对排放废气、废水、废渣制定了相应的排污收费规定。《排污费征收使用管理条例》（国务院 2003 年 1 月颁布）对排污费的征收、使用程序做了规定。

2. 排污收费制度的法律规定

《排污费征收使用管理条例》（以下简称《条例》）对排污费的征收做了规定。该《条例》第十二条规定，直接向环境排放污染物的单位和个体工商户，即排污者应当缴纳的排污费包括：①向大气、海洋排放污染物缴纳的排污费。②向水体排放污染物缴纳的排污费和加倍缴纳的排污费。③排放工业固体废物缴纳的排污费以及排放危险废物缴纳的排污费。④环境噪声超标排污费。2003 年 2 月 28 日国家计委、财政部、国家环保总局、国家经贸委第 31 号令《排污费征收标准管理办法》（以下简称《办法》）对排污费的收费标准做了以下具体规定：①污水排污费。对向水体排放污染物的，按照排放污染物的种类、数量计征污水排污费；超过国家或者地方规定的水污染物排放标准的，按照排放污染物的种类、数量和本《办法》规定的收费标准计征的收费额加一倍征收超标准排污费。对向城市污水集中处理设施排放污水、按规定缴纳污水处理费的，不再征收污水排污费。对城市污水集中处理设施接纳符合国家规定标准的污水，其处理后排放污水的有机污染物（化学需氧量、生化需氧量、总有机碳）、悬浮物和大肠菌群超过国家或地方排放标准的，按上述污染物的种类、数量和本《办法》规定的收费标准计征的收费额加一倍向城市污水集中处理设施运营单位征收污水排污费，对氨氮、总磷暂不收费。对城市污水集中处理设施达到国家或地方排放标准排放的水，不征收污水排污费。②废气排污费。对向大气排放污染物的，按照排放污染物的种类、数量计征废气排污费。对机动车、飞机、船舶等流动污染源暂不征收废气排污费。③固体废物及危险废物排污费。对没有建成工业固体废物贮存、处置设施或场所，或者工业固体废物贮存、处置设施或场所不符合环境保护标准的，按照排放污染物的种类、数量计征固体废物排污费。对以填埋方式处置危险废物不符合国务院环境保护行政主管部门规定的，按照危险废物的种类、数量计征危险废物排污费。④噪声超标排污费。对环境噪声污染超过国家环境噪声排放标准，且干扰他人正常生活、工作和学习的，按照噪声的超标分贝数计征噪声超标排污费。对机动车、飞机、船舶等流动污染源暂不征收噪声超标排污费。收费的计算要根据国家制定的各种污染物排放标准，已经颁布了地方标准的地区，执行地方标准。在污染严重的地区，可以把收费标准适当提高。

排污费必须纳入财政预算，列入环境保护专项资金进行管理，主要用于下列项目的拨款补助或者贷款贴息：①重点污染源防治；②区域性污染防治；③污染防治新技术、新工艺的开发、示范和应用；④国务院规定的其他污染防治项目。

新修订的《环境保护法》第四十三条规定："排放污染物的企业事业单位和其他生产经营者，应当按照国家有关规定缴纳排污费。排污费应当全部专项用于环境污染防治，任何单位和个人不得截留、挤占或者挪作他用。依照法律规定征收环境保护税的，不再征收排污费。"依据该规定，排污单位应当缴纳排污费，依法征收环境保护税的，不再征收排污费。目前，我国的《环境保护税法》草案正在征求意见，待到《环境保护税法》实施之后，排污者在缴纳环境保护税后，依法可以不再缴纳排污费。

五、突发环境事件应急处置及报告制度

1. 突发环境事件应急处置及报告制度的概念和意义

《突发事件应对法》规定，突发事件是指突然发生，造成或者可能造成严重社会危害，需要采取应急处置措施予以应对的自然灾害、事故灾难、公共卫生事件和社会安全事件。突发环境事件是指由于污染物排放或自然灾害、生产安全事故等因素，导致污染物或放射性物质等有毒有害物质进入大气、水体、土壤等环境介质，突然造成或可能造成环境质量下降，危及公众身体健康和财产安全，或造成生态环境破坏，或造成重大社会影响，需要采取紧急措施予以应对的事件，主要包括大气污染、水体污染、土壤污染等突发性环境污染事件和辐射污染事件。突发环境事件一般都具有突发性、蔓延性和危害性极大等特点。如 1986 年苏联切尔诺贝利核电站放射性物质泄漏事件就是如此。突发环境事件应急处置及报告制度是指发生突发环境事件时，各级人民政府及其事业单位应当立即启动应急措施处置，同时履行报告义务的法律制度。

突发环境事件应急处置及报告制度，首先可以使环境保护监督管理部门和人民政府及时掌握突发环境事件情况，便于采取有效措施，防止后果的蔓延和扩大；其次可以使受到污染、破坏威胁的单位和居民提前采取防范措施，避免或减少对人体健康、生命安全的危害和经济损失。

2. 突发环境事件应急处置及报告制度的建立和发展

1982 年颁布的《海洋环境保护法》，首次规定了环境事故报告制度。该法第十七条规定，发生井喷、漏油事故的，应当立即向国家海洋管理部门报告，并采取有效措施，控制和消除油污染，接受国家海洋管理部门的调查处理。该法第三十四条至第三十七条对船舶非正常排放油类等、船舶发生海损事故的报告和处理做了规定。《水污染防治法》《大气污染防治法》《固体废物污染环境防治法》也对这一制度做了明确的规定。1987 年国家环保局发布的《报

告环境污染与破坏事故的暂行办法》对这一制度做了具体的规定。1989 年颁布的《环境保护法》确认了这一制度。2011 年颁布的《突发环境事件信息报告办法》不再使用“环境污染与破坏事故”这一称谓，转而改为“突发环境事件”。2014 年修订的《环境保护法》第四十七条沿用了突发环境事件的概念，并对该报告制度做了原则规定：“各级人民政府及其有关部门和企业事业单位，应当依照《中华人民共和国突发事件应对法》的规定，做好突发环境事件的风险控制、应急准备、应急处置和事后恢复等工作。县级以上人民政府应当建立环境污染公共监测预警机制，组织制定预警方案；环境受到污染，可能影响公众健康和环境安全时，依法及时公布预警信息，启动应急措施。企业事业单位应当按照国家有关规定制定突发环境事件应急预案，报环境保护主管部门和有关部门备案。在发生或者可能发生突发环境事件时，企业事业单位应当立即采取措施处理，及时通报可能受到危害的单位和居民，并向环境保护主管部门和有关部门报告。突发环境事件应急处置工作结束后，有关人民政府应当立即组织评估事件造成的环境影响和损失，并及时将评估结果向社会公布。”

3. 突发环境事件应急处置及报告制度的主要内容

《国家突发环境事件应急预案》和《突发环境事件信息报告办法》对突发环境事件应急处置及报告制度做出了规定。

突发环境事件分为特别重大、重大、较大和一般四级。根据突发环境事件的严重程度和发展态势，将应急响应设定为Ⅰ级、Ⅱ级、Ⅲ级和Ⅳ级四个等级。初判发生特别重大、重大突发环境事件，分别启动Ⅰ级、Ⅱ级应急响应，由事发地省级人民政府负责应对工作；初判发生较大突发环境事件，启动Ⅲ级应急响应，由事发地设区的市级人民政府负责应对工作；初判发生一般突发环境事件，启动Ⅳ级应急响应，由事发地县级人民政府负责应对工作。突发环境事件发生在易造成重大影响的地区或重要时段时，可适当提高响应级别。应急响应启动后，可视事件损失情况及其发展趋势调整响应级别，避免响应不足或响应过度。

突发环境事件发生后，涉事企业事业单位或其他生产经营者要立即采取关闭、停产、封堵、围挡、喷淋、转移等措施，切断和控制污染源，防止污染蔓延扩散。做好有毒有害物质和消防废水、废液等的收集、清理和安全处置工作。当涉事企业事业单位或其他生产经营者不明时，由当地环境保护主管部门组织对污染来源开展调查，查明涉事单位，确定污染物种类和污染范围，切断污染源。

事发地人民政府应组织制定综合治污方案，采用监测和模拟等手段追踪污染气体扩散途径和范围；采取拦截、导流、疏浚等形式防止水体污染扩大；采取隔离、吸附、打捞、氧化还原、中和、沉淀、消毒、去污洗消、临时收贮、微生物消解、调水稀释、转移异地处置、临时改造污染处置工艺或临时建设污染处置工程等方法处置污染物。必要时，要求其他排污单位停产、限产、限排，减轻环境污染负荷。根据突发环境事件影响及事发当地的气象、地理环境、人员密集度等，建立现场警戒区、交通管制区域和重点防护区域，确定受威胁人员疏散的方式和途径，有组织、有秩序地及时疏散转移受威胁人员和可能受影响地区居民，确保生命安全。妥善做好转移人员安置工作，确保被转移人员有饭吃、有水喝、有衣穿、有住处和必要的医疗条件。迅速组织当地医疗资源和力量，对伤病员进行诊断治疗，根据需要及时、安全地将重症伤病员转运到有条件的医疗机构加强救治。指导和协助开展受污染人员的去污洗消工作，提出保护公众健康的措施建议。视情况增派医疗卫生专家和卫生应急队伍、调配急需医药物资，支持事发地医学救援工作。做好受影响人员的心理援助。加强大气、水体、土壤等应急监测工作，根据突发环境事件的污染物种类、性质以及当地自然、社会环境状况等，明确相应的应急监测方案及监测方法，确定监测的布点和频次，调配应急监测设备、车辆，及时准确监测，为突发环境事件应急决策提供依据。密切关注受事件影响地区的市场供应情况及公众反应，加强对重要生活必需品等商品的市场监管和调控。禁止或限制受污染食品和饮用水的生产、加工、流通和食用，防范因突发环境事件造成的集体中毒等。

通过政府授权发布、发新闻稿、接受记者采访、举行新闻发布会、组织专家解读等方式，借助电视、广播、报纸、互联网等多种途径，主动、及时、准确、客观地向社会发布突发环境事件和应对工作信息，回应社会关切，澄清不实信息，正确引导社会舆论。信息发布内容包括事件原因、污染程度、影响范围、应对措施、需要公众配合采取的措施、公众防范常识和事件调查处理进展情况等。

对环境保护主管部门而言，应当对突发环境事件及时报告。突发环境事件发生地设区的市级或者县级人民政府环境保护主管部门在发现或者得知突发环境事件信息后，应当立即进行核实，对突发环境事件的性质和类别做出初步认定。对初步认定为一般（Ⅳ级）或者较大（Ⅲ级）突发环境事件的，事件发生地设区的市级或者县级人民政府环境保护主管部门应当在四小时内向本级人民政府和上一级人民政府环境保护主管部门报告。对初步认定为重大（Ⅱ级）或者特别重大（Ⅰ级）突发环境事件的，事件发生地设区的市级或者县级人民政府环境保护主管部门应当在两小时内向本级人民政府和省级人民政府环境保护主管部门报告，同时上报环境保护部。省级人民政府环境保护主管部门接到报告后，应当进行核实并在一小时内报告环境保护部。突发环境事件已经或者可能涉及相邻行政区域的，事件发生地环境保护主管部门应当及时通报相邻区域同级人民政府环境保护主管部门，并向本级人民政府提出向相邻区域人民政府通报的建议。上级人民政府环境保护主管部门接到下级人民政府环境保护主管部门以电话形式报告的突发环境事件信息后，应当如实、准确地做好记录，并要求下级人民政府环境保护主管部门及时报告书面信息。对于情况不够清楚、要素不全的突发环境事件信息，上级人民政府环境保护主管部门应当要求下级人民政府环境保护主管部门及时核实补充信息。

突发环境事件的报告分为初报、续报和处理结果报告。初报在发现或者得知突发环境事件后首次上报；续报在查清有关基本情况、事件发展情况后随时上报；处理结果报告在突发环境事件处理完毕后上报。初报应当报告突发环境事件的发生时间、地点、信息来源、事件起因和性质、基本过程、主要污染物和数量、监测数据、人员受害情况、饮用水水源地等环境敏感点受影响情况、事件发展趋势、处置情况、拟采取的措施以及下一步工作建议等初步情况，并提供可能受到突发环境事件影响的环境敏感点的分布示意图。续报应当在初报的基础上，报告有关处置进展情况。处理结果报告应当在初报和续报的基础上，报告处理突发环境事件的措施、过程和结果，突发环境事件潜在或者间接危害以及损失、社会影响、处理后的遗留问题、责任追究等详细情况。

突发环境事件信息应当采用传真、网络、邮寄和面呈等方式书面报告；情况紧急时，初报可通过电话报告，但应当及时补充书面报告。书面报告中应当载明突发环境事件报告单位、报告签发人、联系人及联系方式等内容，并尽可能提供地图、图片以及相关的多媒体资料。

六、环境标准制度

1. 环境标准的概念和意义

环境标准是指国家为了保护公众人体健康、社会物质财富，维持生态平衡，对大气、水、土壤等环境质量，按照法定程序对环境要素间的配比、布局和各环境要素的组成以及进行环境保护工作的某些技术要求加以限定的规范。环境标准是环境法的重要组成部分，其主要内容是技术要求和各种量值规定，它可以为实施环境法的其他规范提供准确、严格的范围界限；为认定行为的合法与否提供法定的技术依据。根据我国颁布的《标准化法》（1988 年 12 月 29 日通过）和《标准化法实施条例》（国务院于 1990 年 4 月 6 日发布，自发布之日起实施）的规定，我国的环境质量标准、污染物排放标准、环境保护基础标准和环境保护方法标准等都是强制性标准。

环境标准对于我国的环境管理具有重要意义。首先，环境标准是国家进行环境管理的重要技术基础手段。国家环境管理需要遵循具体而量化的标准。环境标准是在考虑了科学、经济技术、社会和生态因素的基础上制定的。运用环境标准进行管理，具体的数据控制使得管理更具可操作性，能起到实际效果，可以保证环保目标的实现。其次，环境标准的发布和实施，为排污者提供了技术指导依据，能够促进排污者推行清洁生产，督促他们淘汰落后的技术和设备，采用先进实用的技术，减少污染物的产生量和排放量，达到提高环境质量的目的。再次，环境标准的规范性决定了它在环境立法、执法和司法中具有重要意义。在立法中它可以增强环境法的科学技术性和可信度；在执法和司法中，环境质量标准可以确定环境是否已被污染，是否给他人造成损害而应承担民事赔偿。最后，污染物排放标准可确认污染者的排污行为是否违法，是该承担行政责任还是刑事责任；而环保基础标准和环保方法标准则可以判断环境纠纷中当事人出具的证据是否合法。

2. 环境标准体系

环境标准体系是根据环境标准的性质、内容和作用，以及它们之间的相互联系，将其进行分级和分类而共同组成的有机联系的统一整体。根据《环境标准管理办法》（1999 年 4 月 1 日）的规定，环境标准分为国家环境标准、地方环境标准和国家环境保护总局标准。国家环境标准包括国家环境质量标准、国家污染物排放标准（或控制标准）、国家环境监测方法标准、国家环境标准样品标准和国家环境基础标准。地方环境标准包括地方环境质量标准和地方污染物排放标准（或控制标准）。

国家环境标准是指由国务院环境保护行政主管部门制定，由国务院环境保护行政主管部门和国务院标准化行政主管部门共同发布，在全国范围内适用的标准。如《地表水环境质量标准》（GHZB 1-1999）、《渔业水质标准》（GB 11607-89）、《污水综合排放标准》（GB 8978-96）、《大气污染物综合排放标准》（GB 16297-96）等。国家环境保护总局标准（也称环境保护行业标准）是指由国务院环境保护行政主管部门制定、发布的，在全国环境保护行业范围内适用的标准。如《环境影响评价技术导则总纲》（HJ/T 2.1-93）、《环境空气质量功能区划分原则与技术方法》（HJ/T 14-96）等。需要在全国环境保护工作范围内统一的技术要求而又没有国家标准，应制定国家环境保护总局标准。国家标准发布后，相应的国家环境保护总局标准自行废止。地方环境标准是指由省级人民政府批准发布的，在该行政区域内适用的标准。如上海市人民政府批准发布的《工业“废气”“废水”排放试行标准》，只适用于上海市管辖的行政区域。

根据环境标准的性质、内容和功能，我国的环境标准分为环境质量标准、污染物排放标准（或控制标准）、环境监测方法标准、环境标准样品标准和环境基础标准五类。①环境质量标准是指在一定时间和空间范围内，对环境质量的要求所做的规定。它是国家环境政策目标的具体体现，是制定污染物排放标准的依据，也是环境保护行政主管部门和有关部门对环境进行科学管理的重要手段。②污染物排放标准是为了实现环境质量标准目标，结合技术经济条件和环境特点，对排入环境的污染物或有害因素所做的控制规定。它是实现环境质量标准的主要保证，是控制污染源的重要手段。③环境监测方法标准是指为监测环境质量和污染物排放、规范采样、分析测试、数据处理等技术所制定的国家环境监测方法标准。④环境标准样品标准是指为保证环境监测数据的准确、可靠，对用于量值传递或质量控制的材料、实物样品所制定的国家环境标准样品。⑤环境基础标准是指对环境保护工作中，需要统一的技术术语、符号、代号（代码）、图形、指南、导则及信息编码等，制定的国家环境基础标准。

3. 环境标准的制定

新修订的《环境保护法》第十五条和第十六条对环境标准的制定做出了明确规定。国家环境质量标准由国务院环境保护主管部门制定。省、自治区、直辖市人民政府对国家环境质量标准中未做规定的项目，可以制定地方环境质量标准；对国家环境质量标准中已做规定的项目，可以制定严于国家环境质量标准的地方环境质量标准。地方环境质量标准应当报国务院环境保护主管部门备案。国家鼓励开展环境基准研究。国家污染物排放标准由国务院环境保护主管部门根据国家环境质量标准和国家经济、技术条件制定。省、自治区、直辖市人民政府对国家污染物排放标准中未做规定的项目，可以制定地方污染物排放标准；对国家污染物排放标准中已做规定的项目，可以制定严于国家污染物排放标准的地方污染物排放标准。地方污染物排放标准应当报国务院环境保护主管部门备案。

第二节　环境法基本制度典型案例

一、周某、张某诉环境保护部环评批复案①

1. 案情介绍

起于北京市朝阳区星火站的京沈客运专线工程位于北京市、河北省、辽宁省境内，经北京市顺义区、昌平区、怀柔区、密云区、平谷区，河北省承德市，辽宁省朝阳市、阜新市、锦州市，止于沈阳市沈阳站。线路全长697.626千米，其中新建线691.759千米，利用既有线5.867千米，为客运专线。2008年12月2日，原铁道部成立京沈铁路客运专线（京冀）公司筹备组（以下简称京冀筹备组）。京冀筹备组、京沈铁路客运专线辽宁有限责任公司（以下简称辽宁公司）委托铁道第三勘察设计院集团有限公司（以下简称铁三勘察设计院）负责京沈客运专线工程的环境影响评价工作。

2009年3月28日，铁三勘察设计院发布第一次环评公示，并在现场张贴了环评公告，将工程概况、建设单位名称和联系方式、评价单位的相关信息、评价工作程序和主要工作内容、征求公众意见的主要事项、公众提出意见的主要方式等做出说明。2009年10月30日，国家发改委做出批复，同意新建北京至沈阳铁路客运专线。

2010年12月6日铁三勘察设计院在《中国环境报》发布第二次公示，并在该院网站公示京沈客运专线工程环境影响报告书（以下简称京沈客运专线环评报告书）简本，征求公众意见。此外，铁三勘察设计院还采取发放公众参与调查表等方式，征求公众意见。在该报告书中专门设立“公众参与”章

① 北京市第一中级人民法院（2014）一中行初字第10172号行政判决书。

节，记载了此次环境影响评价过程中有关公众参与的具体情况，包括公众参与的形式与方法、公众意见汇总分析、根据公众意见优化方案的情况等内容。

2012 年 11 月 14 日，京冀筹备组、辽宁公司向环保部提交了《关于报送〈新建北京至沈阳铁路客运专线环境影响报告书〉的函》。同年 11 月 16 日，环保部受理该申请，并于同日委托环境保护部环境工程评估中心（以下简称评估中心）进行技术评估。同年 11 月 19 日，环保部在网站上公示其已经受理该项目环评文件，包括项目名称、建设地点、建设单位、受理时间，同时提供京沈客运专线环评报告书简本的链接。2012 年 12 月 26 日，水利部做出水保函〔2012〕408 号《关于对新建北京至沈阳铁路客运专线水土保持方案的批复》，基本同意主体工程水土保持评价。2013 年 1 月 11 日，评估中心向京冀筹备组、辽宁公司提出建议进一步补充论证工程选址选线与高速铁路设计规范的相符性及环境合理性，进一步论证降噪、减振、电磁防护等环境保护措施的效果及可行性，补充重点路段的景观评价内容，并要求其就该项目受理公示期间社会公众对项目环评公众参与的质疑问题进行说明。同时，评估中心暂停了该项目的环境影响技术评估流程。在京冀筹备组、辽宁公司修改、完善京沈客运专线环评报告书期间，京沈客运专线工程设计起点由北京站调整至星火站，星火站规模由 6 站台调整为 7 站台，东侧不突破既有铁路边界，同时对星火站至五环路段的线路方案进行进一步优化，实现新建铁路与既有铁路基本等高并行，并全部位于既有铁路东北环铁路的东侧，设置框架式声屏障 2.97 千米，5 米高直立式声屏障 1.39 千米，将新老铁路噪声一并治理。京冀筹备组、辽宁公司按照评估中心提出的修改意见完善了报告书，并将上述情况纳入京沈客运专线环评报告书。同年 8 月，京冀筹备组、辽宁公司向评估中心再次上报该报告书。同年 10 月 11~13 日，评估中心对线路沿线进行了现场踏勘，同年 10 月 14~15 日召开技术评估会形成专家审查意见。京冀筹备组、辽宁公司根据专家审查意见修改后，评估中心召开技术复核会，于同年 10 月 31 日做出《关于新建北京至沈阳铁路客运专线环境影响报告书的技术评估报告》，评估结论为：“本工程符合《中长期铁路网规划（2008 年调整）》和《铁路“十二五”发展规划》。项目选址基本符合沿线声环境功能区规划要求，沿线地方政府及相关部门已出具文件同意本项目的线路走向和设站位置方案。……星火站至五环路段因受既有铁路噪声的影响，现状声环境质量较差，本工程实施后对既有铁路噪声一并进行了治理，采取声屏障措施后的铁路噪声较现状有所好转。……工程的建设和运营将可能对沿线噪声、振动、生态、水环境、电磁环境等产生一定影响，通过在设计、施工、运营等阶段落实报告书提出的各项环保措施，强化施工期环境监理后，工程建设对环境的不利影响可得到控制和缓解，从环境保护角度分析，本工程建设基本可行。"

2013 年 11 月 14 日，环保部在其网站上公示拟对京沈客运专线项目环境影响评价文件做出审批意见，包括项目名称、建设地点、建设单位、建设项目概况以及主要环境影响及预防或者减轻不良环境影响的对策和措施。公示期为 2013 年 11 月 14 日至 2013 年 11 月 20 日，并告知自公示起五日内申请人、利害关系人可要求听证。同年 12 月 2 日，根据利害关系人申请，环保部组织了新建北京至沈阳铁路客运专线环境影响评价文件行政许可听证会。同年 12 月 4 日，环保部做出环评批复，并于 2014 年 1 月 10 日在其网站上予以公示。

房屋坐落于朝阳区滨河一号小区内的周某和房屋坐落于朝阳区丽都一号小区内的张某认为其房屋位于京沈客运专线工程星火站至五环路段，受噪声影响极大，对环保部做出的环评批复不服，提出行政复议申请。环保部于 2014 年 6 月 23 日维持环评批复。二人遂向北京市第一中级人民法院提起行政诉讼，请求撤销环保部的上述环评批复。

2. 思考分析

环保部对环评报告的公示是否违法?

依据《中华人民共和国环境影响评价法》第二十一条规定，除国家规定需要保密的情形外，对环境可能造成重大影响、应当编制环境影响报告书的建设项目，建设单位应当在报批建设项目环境影响报告书前，举行论证会、听证会，或者采取其他形式，征求有关单位、专家和公众的意见。建设单位报批的环境影响报告书应当附具对有关单位、专家和公众的意见采纳或者不采纳的说明。《环境影响评价公众参与暂行办法》第十一条规定，建设单位或其委托的环境影响评价机构，可以采取以下一种或多种方式，公开便于公众理解的环境影响评价报告书的简本。第十三条第一款规定，环境保护行政主管部门应当在受理建设项目环境影响报告书后，在其政府网站或者采用其他便利公众知悉的方式，公告环境影响报告书受理的有关信息。同时，环保部2012年第51号《关于发布〈建设项目环境影响报告书简本编制要求〉的公告》（以下简称51号公告）规定，自2012年9月1日起，建设单位向各级环保部门报送环境影响报告书，应同时提交报告书简本；各级环保部门在本部门网站上公示项目受理情况，应同时公布报告书简本；同时对建设项目环境影响报告书简本编制要求做出具体规定。

本案中建设单位与评价单位在京沈客运专线工程环境影响评价中采用现场张贴环评公告、在《中国环境报》上进行公示、发放公众参与调查表、召开座谈会等方式，征求公众意见，亦在铁三勘察设计院的网站上公示了京沈客运专线环评报告书简本。在京沈客运专线环评报告书中设公众参与专章，记载了征求公众意见的情况、公众意见的分析、处理情况等内容。环保部受理环评申请后，在网站上公示项目名称、建设地点、建设单位、受理时间等受理信息，同时提供京沈客运专线环评报告书简本的链接。受理后，按照《建设项目环境影响评价文件审批程序规定》第十一条的规定，由评估中心对京沈客运专线环评报告书进行技术评估。在技术评估后，举行听证会，听取有关公众的意见。在做出批准决定前以及做出被诉批复后，均按照《建设项目环境影响评价文件审批程序规定》第十五条的规定，在政府网站上予以公示。可见，建设单位、评价单位已经依法履行了环评公众参与的法律义务，环保部已经履行了公告有关环境影响评价报告书审批信息的职责，做出被诉批复符合法定程序。因现行法律、法规、规章均未规定环境影响评价报告书修改后应当重新予以公示，因此在京冀筹备组、辽宁公司按照评估中心的建议，修改和完善京沈客运专线环评报告书后未再次进行公示并无不当。因此，环保部对环评报告的公示不存在违法情形。

本案是涉及高铁项目环境影响评价的典型行政案件。京沈高铁是全国铁路“十二五”规划的重大建设项目，对国计民生具有重大意义。而该重大项目对环境产生的影响又离不开环境影响评价制度的规范与约束。因此，环评报告能否依法编制并通过环评审查成为保障公众环境权以及知情权的重要方面。本案中，人民法院经审查认为该环评报告并不存在违法情形，因而驳回原告的诉讼请求。法院着重审查了评价单位编制环评报告和行政主管机关许可环评报告的程序，充分保障了公众的参与权与知情权，同时又对行政机关基于专业性的裁量所做的判断与选择给予尊重，是环境影响评价制度落实过程中一项较为典型的案例。

二、阿科帝斯电子有限公司诉威海市环境保护局行政处罚案[①]

1. 案情介绍

2012 年 12 月 27 日，威海阿科帝斯电子有限公司（以下简称阿科帝斯电子公司）将公司由威海火炬高技术产业开发区（以下简称威海高区）初村镇搬迁至威海高区昌鸿工业园科技路 175-5 号，并于当日投产开始生产打印机硒鼓等产品（威海高区昌鸿工业园科技路 175-5 号的厂房原系威海市昌鸿房地产开发有限责任公司为汽车线束生产项目所建，该汽车线束生产项目向威海市环保局报批环境影响评价文件，获得威海市环保局批准）。2013 年 1 月 23 日，威海高区投资贸易促进局批复同意该公司变更经营范围和经营地址。2014 年 2 月 21 日，威海市环保局高区分局工作人员对阿科帝斯电子公司的生产现场进行检查，发现该公司未依法取得环境保护行政主管部门批准的环境影响评价文件，擅自在威海市高区昌鸿工业园科技路 175-5 号的厂房进行投产，并依法对公司人事部部长孙能军进行调查询问，制作调查询问笔录并拍照存证。孙能军证实阿科帝斯电子公司搬迁至现址时没有办理环评审批手续。经依法履行相关程序后，市环保局做出责令立即停产停业、罚款 12 万元人民币的行政处罚决定。阿科帝斯电子公司不服，申请行政复议后复议机关维持该处罚决定。该公司诉至法院，请求撤销市环保局的上述处罚决定。

① 山东省威海市中级人民法院 （2015）威行终字第 16 号行政判决书。

2. 思考分析

在已经进行过环境影响评价的项目上开展新的建设项目的，是否需要重新进行环境影响评价？

根据《环境保护法》第十条的规定，威海市环保局作为地方人民政府环境保护行政主管部门，依法有权对辖区内的环境保护工作实施统一的监督管理。《环境影响评价法》第十六条规定："建设对环境有影响的项目，建设单位应当根据国家关于建设项目环境保护分类管理的规定，按照建设项目对环境的影响程度，组织编制环境影响评价文件。"第二十四条第一款规定："建设项目的环境影响评价文件经批准后，建设项目的性质、规模、地点、采用的生产工艺或者防治污染、防止生态破坏的措施发生重大变动的，建设单位应当重新报批建设项目的环境影响评价文件。"第二十五条规定："建设项目的环境影响评价文件未经法律规定的审批部门审查或者审查后未予以批准的，该项目审批部门不得批准其建设，建设单位不得开工建设。"

本案中，虽然在阿科帝斯电子公司搬迁至高区昌鸿工业园之前，该园科技路 175-5 号的厂房已经昌鸿房地产开发有限责任公司就其汽车线束生产项目进行过环境影响评价并合法报批，但是阿科帝斯电子公司在 2012 年 12 月 27 日搬迁当日即开始生产打印机硒鼓等产品的活动是违法的。这是因为，之前该项目进行的环境影响评价是针对汽车线束生产建设项目而进行的，阿科帝斯电子公司搬迁至此后，原建设项目的性质、采用的生产工艺等均发生重大变化，根据上述法律规定，建设单位应当重新报批建设项目的环境影响评价文件。阿科帝斯电子公司在未重新取得环境影响评价文件的情况下擅自投产违反法律规定，应当依法处罚。

本案是关于企业迁址是否需要重新进行环境影响评价的典型案例。环境影响评价制度是为了处理好环境效益和经济效益冲突的制度，其作用在于从预防的角度解决好周边群众生活环境安全和生产企业自身的可持续发展的问题。当某一建设项目的性质、规模、地点等要素发生重大变动时，对周围环境的影响也相应变化，建设单位应当依法重新报批环境影响评价文件。本案中，虽然阿科帝斯电子公司在搬迁之前的原所在地进行过环评且符合相关标准，其搬迁后所租赁的厂房此前也取得过汽车线束生产项目的环评批准文件，但由于前后厂址环境不同，项目性质、生产工艺以及对周边环境的影响都已变化，故该公司应依法重新报批环境影响评价文件。

三、2016 年冬京津冀 20 多个城市空气重污染红色预警事件

1. 案情介绍

2016 年 12 月 17 日据经济之声《天下财经》报道，受不利气象条件影响，京津冀及周边地区将发生 2016 年入秋以来最严重的一次重污染天气过程。针对此次重污染天气，包括北京、天津、石家庄在内的 20 多个城市启动最高级别的红色预警。16 日零时起，河北省石家庄、保定、廊坊等八个城市已启动Ⅰ级应急响应；北京从 16 日晚上八点开始启动红色预警。国Ⅰ、国Ⅱ排放标准轻型汽油车将在全市范围内禁行，国Ⅲ及以上机动车单双号行驶。截至 22 日，京津冀及周边地区共有 27 个城市启动了红色预警，18 个城市启动了橙色预警，采取工业企业停产限产、工地停工、机动车限行等措施。有关专家说，重污染天气形成的必要条件之一是持续的静稳天气，也就是污染物不断积累的过程，启动重污染天气应急预警，能有效减少污染物排放，使污染物累积过程减缓。因此，采取红色预警措施越早越好。专家表示，本次红色预警由于及早预报、及时启动，加上社会各界主动积极响应，使重污染应急组织较过去更加有序、有力，充分发挥了削减峰值、缩短时长的作用。

2. 思考分析

面对严重的雾霾大气污染，各城市如何依法应对重污染天气？

《大气污染防治法》在新的背景下进行了修订。当前，污染物种类由二氧化硫、氮氧化物、颗粒物扩展到挥发性有机物、氨等大气污染物，点源污染已发展成区域污染，工业污染已发展成工业、生活、交通和农业污染叠加的污染。国家和社会已经面临了越来越严重的区域性雾霾，立法必须直面解决。这次通过的修订案除了规定了“加强对燃煤、工业、机动车船、扬尘、农业

等大气污染的综合防治，推行区域大气污染联合防治，对颗粒物、二氧化硫、氮氧化物、挥发性有机物、氨等大气污染物和温室气体实施协同控制”外，还专门设立“重点区域大气污染联合防治”“重污染天气应对” 两章，予以专门规范。该法第六章“重污染天气应对”要求国家建立重污染天气监测预警体系，国务院环境保护主管部门会同国务院气象主管机构等有关部门、国家大气污染防治重点区域内有关省、自治区、直辖市人民政府，建立重点区域重污染天气监测预警机制，统一预警分级标准。可能发生区域重污染天气的，应当及时向重点区域内有关省、自治区、直辖市人民政府通报。省、自治区、直辖市、设区的市人民政府环境保护主管部门会同气象主管机构等有关部门建立本行政区域重污染天气监测预警机制。县级以上地方人民政府应当将重污染天气应对纳入突发事件应急管理体系。省、自治区、直辖市、设区的市人民政府以及可能发生重污染天气的县级人民政府，应当制定重污染天气应急预案，向上一级人民政府环境保护主管部门备案，并向社会公布。县级以上地方人民政府应当依据重污染天气的预警等级，及时启动应急预案，根据应急需要可以采取责令有关企业停产或者限产、限制部分机动车行驶、禁止燃放烟花爆竹、停止工地土石方作业和建筑物拆除施工、停止露天烧烤、停止幼儿园和学校组织的户外活动、组织开展人工影响天气作业等应急措施。应急响应结束后，人民政府应当及时开展应急预案实施情况的评估，适时修改完善应急预案。

为进一步完善空气重污染应急机制，不断提高环境管理精细化水平，切实减缓污染程度、保护公众健康，按照京津冀及周边地区大气污染防治协作小组统一要求，结合当市实际，北京市政府在对《北京市空气重污染应急预案》进行修订完善的基础上，制定《北京市空气重污染应急预案（2016 年修订)》，自 2016 年 12 月 15 日起实施，《北京市空气重污染应急预案》（京政发〔2015〕 11 号）同时废止。该应急预案根据《环境空气质量指数（AQI）技术规定（试行)》（HJ 633-2012）分级方法，按照环境保护部关于统一京津冀城市重污染天气预警分级标准有关规定，依据空气质量预测结果，综合考虑空气污染程度和持续时间，将空气重污染预警分为四个级别，由轻到重依次为蓝色预警（四级）、黄色预警（三级）、橙色预警（二级）和红色预警（一级)。根据空气重污染预警级别，采取相应的健康防护引导、倡议性减排和强制性减排措施。对因沙尘暴形成的空气重污染，按照《北京市沙尘暴灾害应急预案》执行；对因臭氧引发的空气重污染，及时发布健康防护提示。针对2016年12月16日晚八点宣布的红色预警，该办法规定了以下应对措施：

第一，健康防护引导措施。①儿童、老年人和呼吸道、心脑血管疾病及其他慢性疾病患者尽量留在室内，避免户外活动；一般人群尽量避免户外活动。②室外执勤、作业等人员可采取佩戴口罩等防护措施。③中小学、幼儿园采取弹性教学或停课等防护措施。④医疗卫生机构组织专家开展健康防护咨询、讲解防护知识，加强应急值守和对相关疾病患者的诊疗保障。

第二，倡议性减排措施。①公众尽量乘坐公共交通工具出行，减少机动车上路行驶；驻车时及时熄火，减少车辆原地怠速运行时间。②加大对施工工地、裸露地面、物料堆放等场所实施扬尘控制措施力度。③加强道路清扫保洁，减少交通扬尘污染。④大气污染物排放单位在确保达标排放基础上，进一步提高大气污染治理设施的使用效率。⑤减少涂料、油漆、溶剂等含挥发性有机物的原材料及产品的使用。⑥企事业单位可根据空气污染情况采取错峰上下班、调休和远程办公等弹性工作方式。

第三，强制性减排措施。在保障城市正常运行的前提下：①在常规作业基础上，对重点道路每日增加一次及以上清扫保洁作业。②停止室外建筑工地喷涂粉刷、护坡喷浆、建筑拆除、切割、土石方等施工作业。③国Ⅰ和国Ⅱ排放标准轻型汽油车（含驾校教练车）禁止上路行驶；国Ⅲ及以上排放标准机动车（含驾校教练车）按单双号行驶（纯电动汽车除外），其中本市公务用车在单双号行驶基础上，再停驶车辆总数的30%。④建筑垃圾、渣土、砂石运输车辆禁止上路行驶（清洁能源汽车除外）。⑤对纳入空气重污染红色预警期间制造业企业停产限产名单的企业实施停产限产措施。⑥禁止燃放烟花爆竹和露天烧烤。⑦协调加大外调电力度，降低本市发电负荷。

针对该应急预案的要求，此次宣布红色预警的城市采取工业企业停产限产、工地停工、机动车限行等措施，同时多地要求中小学、幼儿园停课放假。

重污染天气的发生对民众身体健康产生了严重的危害，发生在1952年的“伦敦烟雾事件”导致了一万余人死亡。因此，积极应对重污染天气对于保障民众身体健康、保护良好的生存环境和生活环境意义重大。新修订的《大气污染防治法》对“重污染天气应对”的专章规定，以及各城市为此制定的空气重污染应急预案是稳步推进重污染天气应对的法制保障。

第三章
环境法律责任典型案例

第一节 环境法律责任基本原理

一、环境行政法律责任

1. 环境行政法律责任的含义

环境行政法律责任是指环境行政法律关系的主体违反环境行政法律规范或不履行环境行政法律义务所应承担的否定性的法律后果。该责任与环境行政违法行为之间有一定的因果关系，环境行政法律责任是环境行政违法行为所引起的法律后果。环境行政违法行为是指环境行政法律关系的主体违反行政法律规范，侵害法律所保护的环境行政关系，对社会造成一定程度的危害，但尚未构成犯罪的行为。

2. 环境行政法律责任的构成要件

一般而言，我国法理学所称的“法律责任”由行为人的一个主观要件（过错或过失）和三个客观要件（行为违法、有危害结果、违法行为和危害之间有因果关系）这四个要件共同构成。而在环境与资源保护法上的环境行政法律责任的构成方面，则要视具体的规定来确定，与其他性质的行政违法的规定有所不同。

（1）主体方面。环境行政法律责任的主体是环境行政法律关系主体。它包括环境行政主体和环境行政相对人。环境行政主体承担责任后，有故意或重大过失的工作人员亦应承担相应的责任。

（2）客观方面。环境行政法律责任的客观方面是指构成该责任的客观外在表现，具体包括行政违法行为、危害后果和两者之间的因果关系。环境行政法律责任是由环境行政违法行为而引发的法律后果，因此，环境行政违法行为是环境行政法律责任构成的必要条件。但由于环境资源行政法律关系的特殊性，危害结果和违法行为与危害结果之间有因果关系仅为环境行政法律责任的选择要件，而非必要条件。

（3）主观方面。这是环境行政违法主体实施行政违法行为时的故意或过失等心理状况。一般来说，环境行政法律责任承担并不以主观过错为条件，但公务人员及企业管理人员承担行政处分时除外。在特定情况下，如正当防卫和紧急避险的情形，虽然行为人的行为符合环境行政违法的构成要件，并且在事实上对一定社会关系形成侵害，但是，因为该行为的实施是为了保护更大的合法利益，所以应排除其违法性，免除对环境行政法律责任的追究。

3. 环境行政法律责任的责任形式

（1）环境行政主体承担环境行政法律责任的责任形式。由于环境行政主体是代表国家参与环境与资源保护法律关系的，因此，适用于自然人和法人的一般行政法律责任形式，不能完全适用于环境行政主体。环境行政主体承担环境行政法律责任的具体责任形式有四种。

其一，撤销违法行政行为的责任。这种责任发生在环境行政管理机关违法做出某种具体的行政行为，经过行政相对人申请复议或者提起环境行政诉讼，而由上级行政机关或者人民法院撤销其违法的具体行政行为的情况。

其二，履行法定职责的责任。这种责任发生在负有某种法定的环境管理义务的行政机关不履行其法定义务，经过行政相对人申请复议或者提起环境行政诉讼，由上级机关或者人民法院责令或判决其履行法定职责的情况。

其三，纠正不当的环境行政行为。纠正不当是对环境行政主体裁量权进行控制的行政责任方式。环境行政机关对滥用自由裁量权的不当环境行政行为要负环境行政法律责任。纠正消极的环境行政行为的具体方法是变更不当环境行政行为：如《行政诉讼法》第五十四条规定，对行政处罚显失公正的，人民法院可以判决变更。

其四，行政赔偿责任。这种责任发生在环境行政管理机关因其违法行为或者其不当的环境行政行为使行政相对人的合法权益受到侵害，行政相对人要求赔偿的情况。

（2）公务员承担环境行政法律责任的责任形式。公务员的环境行政行为违法后，一般不直接对行政相对人承担环境行政法律责任，但有关行政机关可要求其承担相应的行政法律责任。公务员承担环境行政法律责任的方式包括三点。

其一，通报批评。这是公务员所承担的惩戒性法律责任，由有权机关在会议上或文件上公布。其目的是为了教育有责任的公务员本人，也对其他公务员起到警诫的作用。

其二，赔偿损失。这是兼具惩罚性和补救性的责任承担方式。公务员的环境赔偿责任的特点，在于公务员并不直接向受害的行政相对人赔偿，而是先由行政机关承担赔偿责任，行政机关再根据追偿权向有故意或重大过失的公务员追偿已赔偿的款项的部分或全部。

其三，行政处分。这是公务员承担环境行政法律责任的主要形式，是国家行政机关依照行政隶属关系对违法失职的公务员给予的惩戒措施。1993 年国务院制定的《国家公务员暂行条例》（2006 年 1 月 1 日失效），第三十三条对国家公务员的行政处分分为：警告、记过、记大过、降级、撤职、开除共六类，2006 年 1 月 1 日生效的《公务员法》第五十六条也做了相同的规定。根据《公务员法》第五十八条、第五十九条的规定，公务员在受处分期间不得晋升职务和级别，其中受记过、记大过、降级、撤职处分的，不得晋升工资档次。受处分的期间为：警告，6 个月；记过，12 个月；记大过，18 个月；降级、撤职，24 个月。受撤职处分的，按照规定降低级别。公务员受开除以外的处分，在受处分期间有悔改表现，并且没有再发生违纪行为的，处分期满后，由处分决定机关解除处分并以书面形式通知本人。解除处分后，晋升工资档次、级别和职务不再受原处分的影响。但是，解除降级、撤职处分的，不视为恢复原级别、原职务。

（3）环境行政相对人承担行政法律责任的责任形式。环境行政相对人的环境行政法律责任是指因环境行政相对人违反环境保护法律法规，实施危害环境但尚未构成犯罪的行为，或不履行环境保护义务而应承担的否定性的法律后果。环境行政相对人承担环境行政法律责任的主要责任形式为行政处罚。环境行政处罚根据不同的标准可以进行不同的分类，按其性质和作用来分，可以分为四大类。

其一，声誉罚。声誉罚又称为精神罚或是申诫罚，是指环境资源管理行政主体对违法者的名誉、荣誉或者精神上的利益造成一定损害以表示警戒的处罚。声誉罚既适用于个人也适用于组织。它主要适用于轻微的环境资源违法行为或者尚未造成实际危害后果的环境资源违法行为。在环境与资源保护法中，有明确规定的声誉罚只有警告一种。警告是环境资源行政管理机关对违法行为人的告诫和谴责，它须以书面的形式做出，并向受罚的人或组织宣布和送达。

其二，行为罚。行为罚是限制和剥夺违法的相对人某种能力或资格的处罚措施，有时也称为能力罚。行为罚不同于自由罚，前者既可以针对个人，又可以针对组织，而后者只能适用于个人。环境资源行政处罚中的行为罚，是指环境资源行政管理机关依法限制或剥夺环境资源违法行为人某种特定行为的能力，令其作为或不作为的制裁方式，它是针对具有某种法定资格或在环境资源保护方面具有作为或不作为义务的违法行为人实施的制裁。其主要的处罚方式有：责令限期改正、责令停止违法行为、责令限量排污、责令清除固体废物、责令停止建设、责令重新安装使用污染防治设施、责令停止生产或使用、责令停业、责令关闭、责令停止开垦、责令退还非法占用土地、责令补种树木、责令恢复植被、责令限期恢复原状、责令采取补救措施、吊销排污许可证、吊销经营许可证、吊销捕捞许可证、吊销狩猎证、吊销驯养繁殖许可证等。

其三，财产罚。财产罚是指使被处罚人的财产权益受到损害的环境行政处罚，又称为经济罚。它通过剥夺环境资源违法行为人的某种财产利益，来达到使违法者从经济上无力或者不敢再违法的目的。这是一种行之有效的环境行政处罚。在环境与资源保护法中，财产罚的主要形式有：罚款、没收财物（包括没收非法财物、没收违法所得和没收从事非法活动的工具、财物）、责令支付消除污染费用、责令赔偿损失、加收排污费等。

其四，人身自由罚。环境行政处罚中的人身自由罚是指行政管理机关依法实施的在短期内限制或剥夺环境资源违法行为人的人身自由的一种制裁方式，是环境行政处罚中最为严厉的处罚种类。在环境与资源保护法中，人身自由罚的种类只有行政拘留一种，公安机关有权对有关违反环境行政法规的自然人予以行政拘留。如对向环境"排放、倾倒"毒害性、放射性物质或者传染病病原体等危险物质，涉嫌违反《治安管理处罚法》第三十条，构成非法"处置"危险物质行为的，环保部门应当根据全国人大常委会法工委《对违法排污行为适用行政拘留处罚问题的意见》（法工委复〔2008〕5 号）以及环境保护部《关于转发全国人大法工委〈对违法排污行为适用行政拘留处罚问题的意见〉的通知》（环发〔2008〕62 号）的规定，及时移送公安机关予以拘留。《环境保护法》第六十三条规定："企业事业单位和其他生产经营者有下列行为之一，尚不构成犯罪的，除依照有关法律法规规定予以处罚外，由县级以上人民政府环境保护主管部门或者其他有关部门将案件移送公安机关，对其直接负责的主管人员和其他直接责任人员，处十日以上十五日以下拘留；情节较轻的，处五日以上十日以下拘留：（一）建设项目未依法进行环境影响评价，被责令停止建设，拒不执行的；（二）违反法律规定，未取得排污许可证排放污染物，被责令停止排污，拒不执行的；（三）通过暗管、渗井、渗坑、灌注或者篡改、伪造监测数据，或者不正常运行防治污染设施等逃避监管的方式违法排放污染物的；（四）生产、使用国家明令禁止生产、使用的农药，被责令改正，拒不改正的。"

二、环境民事法律责任

1. 环境民事法律责任的概念

我国民事责任基本上分为违反合同的民事责任和侵权的民事责任。其中，侵权的民事责任又可以分为有过错的民事责任和无过错的民事责任两种。而环境污染的民事责任就属于无过错的民事责任。环境民事法律责任是指公民、法人和其他组织因污染环境和破坏环境，给他人造成人身或财产损失时应承担的民事方面的法律后果和责任。环境民事法律责任是环境民事法律制度不可缺少的重要组成部分，是保证环境执法和各种环境权益得以实现的可靠法律手段。

2. 环境民事法律责任的构成要件

环境民事法律责任的构成要件是指环境民事法律责任行为人承担环境侵权行为责任的条件，它是判断侵权行为人是否应负环境民事侵权责任的根据。环境污染和破坏对人身和财产造成的巨大损失，已为世界所瞩目。环境问题产生之初，有关部门也曾运用传统的侵权行为理论以及普通民事责任的形式来解决问题，但由于环境问题的科学性、技术性，以及环境污染因素的多样性、复杂性，使传统的民法理论显得无能为力，因此必须注入新的内容，重构环境法律责任的构成要件。环境民事法律责任的构成要件是对环境民事侵权立法和司法实践的高度概括，它不仅提示了环境民事侵权行为的基本内涵，而且对司法审判人员公平合理、准确无误地认定和处理环境民事侵权纠纷案件具有指导意义。与传统民事责任相比，环境民事法律责任在其构成要件上表现出了一定的特殊性，行为人主观上的过错和行为的违法性不再是环境民事法律责任的必要条件。概括起来，环境民事法律责任的构成要件如下。

（1）主观状态。主观状态为无过错责任。无过错责任是指因污染环境而给他人造成财产或人身损害的单位或个人，即使主观上没有故意或过失，也要对造成的损害承担赔偿责任。我国《民法通则》第一百零六条第二款、第三款规定："公民、法人由于过错侵害国家的、集体的财产，侵害他人财产、人身的，应当承担民事责任。没有过错，但法律规定应当承担民事责任的，应当承担民事责任。"第一百二十四条规定："违反国家保护环境防止污染的规定，污染环境造成他人损害的，应当承担民事责任。"这是环境侵权无过错责任的民法依据。另外，我国环境法中对环境侵权行为承担无过错责任也做了相应的规定。1982 年的《海洋环境保护法》是我国环境立法上确立无过错原则制度的先驱，该法第四十二条是关于环境侵权无过错责任的最早规定。我国《环境保护法》第四十一条规定："造成环境污染的，有责任排除危害，并对直接受到损害的单位或者个人赔偿损失……完全由于不可抗拒的自然灾害，并经及时采取合理措施，仍然不能避免造成环境污染损害的，免于承担责任。"修订之后的《环境保护法》第六十四条规定："因污染环境和破坏生态造成损害的，应当依照《中华人民共和国侵权责任法》的有关规定承担侵权责任。"另外，《大气污染防治法》第一百二十五条和《水污染防治法》第五十五条以及《固体废物污染环境防治法》第八十五条等，都没有把故意或者过失作为环境损害赔偿的要件。这些规定为环境侵权无过错赔偿责任提供了环境法上的根据。虽然新修订的《环境保护法》第六十五条规定了过错责任原则①，但是仅针对特定的环境中介服务机构造成的民事损害，而不是针对排污者的主观状态的规定。所以，从立法上讲，我国环境侵权行为，在归责原则上采用无过错责任，无论是《民法通则》，还是环境基本法、环境单行法都对其进行了明确规定，表现出立法体系上的内在统一性、完整性和逻辑上的严密性，也反映了当代侵权行为法的最新发展趋势，符合环境侵权无过错责任的世界潮流和各国环境立法上的通制。

任何事情都不是绝对的，无过错责任也是一样，当一些特定的原因和情形出现时，这种无过错责任是可以得到免除或减轻的。目前新修订的《环境保护法》和《大气污染防治法》中没有关于免责事由的直接规定。《水污染防治

---

①《环境保护法》第六十五条：环境影响评价机构、环境监测机构以及从事环境监测设备和防治污染设施维护、运营的机构，在有关环境服务活动中弄虚作假，对造成的环境污染和生态破坏负有责任的，除依照有关法律法规规定予以处罚外，还应当与造成环境污染和生态破坏的其他责任者承担连带责任。

法》第八十五条规定了不可抗力、受害人故意造成损害的，排污方不承担赔偿责任；受害人重大过失造成的，可以减轻排污方的赔偿责任；第三人造成的，排污方承担赔偿责任后，有权向第三人追偿。《海洋环境保护法》第九十条①和第九十二条②将第三者故意或过失、战争、不可抗拒的自然灾害、负责灯塔或者其他助航设备的主管部门在执行职责时的过失行为列为免除责任的情形。《侵权责任法》第二十六条至第三十一条③规定了不承担责任和减轻责任的情形，包括被侵权人的过错、第三人过错、不可抗力、因当防卫、紧急避险；而在环境污染责任一章中单独以第六十八条的规定④将第三人过错排除在外。

归纳我国《环境保护法》中环境污染赔偿责任的免责或减轻责任主要有以下情形。

其一，不可抗力。不可抗力是指不能抗拒、不能克服并且不能避免的客观情况，即在当时、当地条件下，主观上无法预见，客观上也无法避免和克服的情况。如一些自然灾害，如地震、火山爆发、山崩、海啸、台风等；还有一些社会现象，如战争、特殊的军事行动等。由这些情况造成的损害，一般来说排污单位是不承担责任的，但同时要求这些排污单位在不可抗力发生的情况下仍然要积极地采取合理措施，否则仍然不能免除排污单位的民事责任。

其二，由于受害人自己的故意行为导致损害的。《中华人民共和国侵权责任法》第二十七条规定，如果损害是由受害人故意造成的，行为人不承担责

---

①《海洋环境保护法》第九十条：完全由于第三者的故意或者过失，造成海洋环境污染损害的，由第三者排除危害，并承担赔偿责任。

②《海洋环境保护法》第九十二条：完全属于下列情形之一，经过及时采取合理措施，仍然不能避免对海洋环境造成污染损害的，造成污染损害的有关责任者免予承担责任：（一）战争；（二）不可抗拒的自然灾害；（三）负责灯塔或者其他助航设备的主管部门，在执行职责时的疏忽，或者其他过失行为。

③《侵权责任法》第二十六条：被侵权人对损害的发生也有过错的，可以减轻侵权人的责任。第二十七条：损害是因受害人故意造成的，行为人不承担责任。第二十八条：损害是因第三人造成的，第三人应当承担侵权责任。第二十九条：因不可抗力造成他人损害的，不承担责任。法律另有规定的，依照其规定。第三十条：因正当防卫造成损害的，不承担责任。正当防卫超过必要的限度，造成不应有的损害的，正当防卫人应当承担适当的责任。第三十一条：因紧急避险造成损害的，由引起险情发生的人承担责任。如果危险是由自然原因引起的，紧急避险人不承担责任或者给予适当补偿。紧急避险采取措施不当或者超过必要的限度，造成不应有的损害的，紧急避险人应当承担适当的责任。

④《侵权责任法》第六十八条：因第三人的过错污染环境造成损害的，被侵权人可以向污染者请求赔偿，也可以向第三人请求赔偿。污染者赔偿后，有权向第三人追偿。

任。《水污染防治法》第八十五条第三款规定："水污染损害是由受害人故意造成的，排污方不承担赔偿责任。"也就是说，损害的发生是由于受害人自身的故意造成的，则排污单位可以免除民事责任。实践中，有的排污工厂附近的农民，故意引用未经处理的污水灌溉，造成农田减产后，靠向工厂索赔吃"赔偿饭"这种情况，排污单位不承担责任。

其三，损害是由第三人造成的。根据《中华人民共和国侵权责任法》第二十八条规定，损害是因第三人造成的，第三人应当承担侵权责任。《海洋环境保护法》第九十条也规定："完全由于第三者的故意或过失造成污染损害海洋环境的，由第三者承担赔偿责任。"但是，由于环境侵权的特殊性，环境污染侵害的后果往往比较严重，而第三人承担责任能力又往往有限，如果仅由第三人承担责任，则受害人的合法权益往往得不到保护。为此，法律对受害人进行了倾斜保护，要求污染者承担连带责任。《中华人民共和国侵权责任法》第六十八条就明确规定，因第三人的过错污染环境造成损害的，被侵权人可以向污染者请求赔偿，也可以向第三人请求赔偿。污染者赔偿后，有权向第三人追偿。《中华人民共和国水污染防治法》第八十五条第四款亦规定，水污染损害是由第三人造成的，排污方承担赔偿责任后，有权向第三人追偿。

其四，受害人对损害的发生也有过错的。根据《中华人民共和国侵权责任法》第二十六条的规定，被侵权人对损害的发生也有过错的，可以减轻侵权人的责任。环境侵权也不例外，只不过举证责任倒置，侵权人对此负有举证责任。《中华人民共和国水污染防治法》第八十五条第三款就规定，水污染损害是由受害人重大过失造成的，可以减轻排污方的赔偿责任。

其五，紧急避险。根据《中华人民共和国侵权责任法》第三十一条规定，因紧急避险造成损害的，由引起险情发生的人承担责任。如果危险是由自然原因引起的，紧急避险人不承担责任或者给予适当补偿。紧急避险采取措施不当或者超过必要的限度，造成不应有的损害的，紧急避险人应当承担适当的责任。

（2）环境侵权行为。环境侵权行为不以违反环境法律法规为要件。根据《中华人民共和国侵权责任法》第六十五条规定，因污染环境造成损害的，污染者应当承担侵权责任。为此，污染者承担环境民事责任，不以环境违法为要件。只要企业排污行为污染环境造成人身财产损害，即便是合法排污，也要承担侵权责任。

（3）环境污染损害结果。环境污染损害结果即指污染环境须造成一定的损害事实，这是侵权行为损害赔偿法律关系赖以发生的依据。一个人只有在受到损害的情况下，才能请求民事法律补救。环境侵权适用无过错责任原则，不以过错为基本构成要件，但也必须遵循“无损害、无赔偿”的准则。环境污染损害结果是指由一定的行为或事件造成的人身或财产上的不利益，主要包括财产损失、人身伤害、精神损害等。

（4）环境侵权行为和损害结果的因果关系。因果关系认定作为一种探寻客观真实的主观活动，不可避免地要进行价值判断。在环境侵权领域，环境侵害的危害性及双方地位的不平等性决定了法律的天平只能倾向于受害方一边。在因果关系认定上采取有利于受害人一方的规则，在因果关系难以判明时给受害者以更多保护，显然更符合环境法的立法目的。因此，各国环境侵权领域纷纷对传统因果关系理论进行修正，突破陈规，普遍采用因果关系推定原则，并发展了一系列新理论。2010 年 7 月 1 日颁布实施的《中华人民共和国侵权责任法》第六十六条就规定，因污染环境发生纠纷，污染者应当就法律规定的不承担责任或者减轻责任的情形及其行为与损害之间不存在因果关系承担举证责任。也就是说，在环境污染致害的案件中，由于环境污染致害的原因及过程相当复杂，在时间上也动辄经年累月，技术性、专业性也极强，加害者往往又以技术秘密为借口拒绝提供信息资料，而受害人大多为一般民众，在诉讼中，面对强大的企业，受害人显得十分弱小，双方地位不平等、力量相差悬殊。为实现社会公平正义，在环境侵权领域实行举证责任转移或倒置方法，无疑是正确的。

3. 环境民事法律责任的承担方式

民事责任的承担方式是指违反民事义务的人承担法律后果的形式。我国《侵权责任法》第十五条规定：“承担侵权责任的方式主要有：①停止侵害；②排除妨碍；③消除危险；④返还财产；⑤恢复原状；⑥赔偿损失；⑦赔礼道歉；⑧消除影响、恢复名誉。以上承担民事责任的方式，可以单独适用，也可以合并适用。”由于环境污染致害是特殊侵权行为之一，那些适用于一般侵权行为的责任方式，未必都可以适用于环境污染致害的侵权行为。我国《水污染防治法》第八十五条第一款、《海洋环境保护法》第九十条、《环境噪声污染防治法》第六十一条第一款等都做了类似的规定。这些法律中，把“排除危害”和“赔偿损失”作为承担民事责任的主要方式。

（1）赔偿损失。赔偿损失是指加害人因自己的污染、破坏环境的行为，给他人造成了人身、财产和环境权益损害时，加害人应依法以其财产赔偿受害人的经济损失的一种责任形式。民事责任在本质上是一种财产责任，因此，赔偿损失是民事责任的主要方式，它也是环境民事法律责任中应用最广泛和最常见的一种形式。它既适用于环境污染侵权损害，也适用于环境破坏侵权损害。我国《固体废物污染环境防治法》第八十五条、《水污染防治法》第八十五条第一款、《海洋环境保护法》第九十条、《环境噪声污染防治法》第六十一条第一款等均做了相应规定。

（2）排除危害。排除危害是要求行为人采取措施消除因其侵权行为对受害人的合法权益造成的侵害、妨碍以及各种有害影响的责任方式。它通常发生在环境侵权行为发生或停止后，对他人的人身、财产和环境权益仍然存在侵害、妨碍或危险的情况。也可以说，这种责任方式是侵害行为发生还没有造成危害后果或避免造成更严重的后果的情况下，要求行为人采取措施以制止或排除危险。所以说，排除危害对于环境侵权来说，是一种积极的更能起到预防和防止作用的有效手段。正因为如此，我们认为，环境污染防治法中的排除危害实际上基本包括了《民法通则》中规定的停止侵害、排除妨碍、消除危险这三种责任方式的内容。

其一，停止侵害是要求环境侵权的加害人立即停止侵权行为的民事责任方式。停止侵害适用于环境污染、破坏的致害行为正在持续进行的状态。我国目前的环境污染防治法中还没有关于停止侵害责任方式的规定，而在一些资源法中停止侵害是以行政处罚的形式出现的。如我国《草原法》第十八条规定，草原所有权、使用权受到侵犯的，有关农牧业部门有权责令侵权人停止侵权行为，赔偿损失。

其二，排除妨碍适用于环境污染行为已经给受害者造成了妨碍或将要造成妨碍的情况。在这种情况下，受害人得依法请求排除妨碍。应当注意的是，首先，妨碍须为不正当，即妨碍须是民事违法行为，否则受害人不得请求排除。其次，妨碍既可以是实际存在的，也可以是势必要出现的。所谓势必要出现，是指确实构成某种危险，而不是受害人的想象和揣测。

其三，消除危险指要求侵权人消除因其行为给他人合法权益带来危险的一种责任方式。消除危险适用于环境侵权行为对他人的人身、财产以及环境权益构成威胁时，受害人得依法请求采取有效措施去除危险因素的威胁。所谓危险，并非指已造成实际的损害，而是指极有可能造成损害，是对受害人人身和财产很可能会造成损害的一种威胁。

（3）恢复原状。有些学者认为，承担环境民事责任的方式还应当包括恢复原状。恢复原状是要求环境侵权行为人将被侵害的环境权利恢复到被侵害前原有的状态的责任形式。它发生在环境被污染、破坏后在现有的经济技术条件能够恢复到原有的状态的情况下。如果环境的污染、破坏在现有的技术条件下难以恢复，或者恢复原状经济代价太高，明显不合理，则可以用其他责任形式代替恢复原状。我国的污染防治法律法规中没有规定恢复原状这一责任形式，一些资源法律中在规定恢复原状的责任形式时采用的是行政处罚方式，这是由我国自然资源的国有性质决定的。实际上，在环境法中应当强调采用恢复原状的责任形式。因为环境立法的目的就是要使环境保持在良好的状态，只有将被污染、破坏的环境加以恢复，才能达到这一目的。

以上几种承担环境民事责任的形式，既可以单独适用，也可以合并适用。具体实施时，应当根据保护受害人环境权益的需要和侵权行为的具体情况加以确定。

三、环境刑事法律责任

1. 环境刑事法律责任的概念和特征

刑事责任是指犯罪人因实施刑法禁止的行为而应当承担的，代表国家的司法机关依照刑事法律对其犯罪行为及其本人的否定性评价和谴责。环境刑事法律责任是刑事责任的一种，它是指行为人因违反环境法律法规造成或可能造成环境严重污染或破坏，依法应当承担刑事处罚的后果。环境刑事法律责任适用于已经或可能造成严重污染环境或严重破坏资源、造成严重危害社会的后果、构成犯罪的行为。一般认为，环境刑事法律责任除具有一般刑事责任的特点之外还有自身明显的特征。

（1）对环境保护的范围大。刑法对其他社会关系的保护主要是人身权和财产权；对环境的保护，则包括了对环境要素、环境权益、环境资源的保护，将这三者视同为人身权和财产权而加以保护。

（2）环境刑事法律责任的承担形式以适用财产刑为主。追究环境刑事法律责任的最根本目的是保护环境。环境被污染和破坏需要恢复，恢复和改善遭到污染和破坏的环境需要大量的人力、物力。所以，环境刑事法律责任一方面因实行并罚制度在对单位进行处罚时只能主要采取财产刑，另一方面在对自然人环境犯罪追究刑事责任时也必须考虑恢复和改善环境质量的需要，也采取人身刑和财产刑并罚。

（3）环境立法方面出现特别刑法。有些国家制定了特别刑法或专门制定了有关危害环境罪及其处罚的单行刑事法律。

（4）扩大刑罚的范围。刑法对环境的保护体现了以预防为主，很多国家确定了潜在的危险行为的抽象犯罪构成的刑法规定。

2. 环境犯罪的构成要件

环境犯罪是犯罪的一种形式，其构成要件与一般犯罪构成要件是一致的，包括环境犯罪主体、环境犯罪主观方面、环境犯罪客体、环境犯罪客观方面四个要件。

（1）环境犯罪的主体。环境犯罪的主体是指实施了污染或破坏环境的行为，依法应负刑事责任的人。环境犯罪的主体包括自然人和单位。环境犯罪的自然人主体应是年满16 周岁、具有刑事责任能力的人。但如果环境犯罪涉嫌投放危险物质的，已满 14 周岁不满 16 周岁的人，也可能构成犯罪主体。环境犯罪的单位主体是指违反环境保护法律法规，严重污染或破坏环境，依法应承担刑事责任的单位。20 世纪 70 年代以前，我国《刑法》学者对单位主体的犯罪资格基本上持否定态度，1979 年《刑法》对单位犯罪也没有做出规定。自 20 世纪 80 年代以后，由于单位犯罪的情况及社会危害性日益严重，1987 年《中华人民共和国海关法》首次规定了单位犯罪及其刑事责任，1997 年《刑法》修改的时候对单位犯罪及其刑事责任进行了规定。同样，对于单位能否成为环境犯罪的主体在《刑法》修订之前也存在很大的争议，而 1997 年《刑法》则全面承认了单位的环境犯罪主体资格，14 种环境犯罪中都规定了单位犯罪，是《刑法分则》规定单位犯罪最为集中的一部分。

（2）环境犯罪的主观方面。环境犯罪的主观方面是指行为人对所实施的污染或破坏环境的行为可能引起的危害环境的后果所持的心理态度。环境犯罪的主观方面是构成环境犯罪的必要条件。环境犯罪的主观罪过也是由故意和过失两种形式构成。一般来讲，污染环境犯罪故意多体现为间接故意，直接故意的可能性很小，而破坏环境资源犯罪故意可能是直接故意，也可能是间接故意。有人认为，在我国目前环境保护意识不强的情况下，环境问题本身的作用机制也不甚清楚，生产经营活动对环境的不良影响和危害后果尚未被广泛而清醒地认识，所以环境犯罪大多数是过失犯罪。比如行为人向水体排放有毒废水，应当预见到其排放有毒废水的行为将污染环境，造成重大环境污染事故的严重后果，却认为水体稀释能力大，轻信不会造成污染事故而结果使鱼虾大面积死亡及人畜中毒，从而构成轻信的环境犯罪。

（3）环境犯罪的客体。环境犯罪的客体是指受我国《刑法》所保护的，被环境犯罪行为所侵害的社会关系。关于环境犯罪的客体，我国理论界主要有公共安全说、双重客体说、安全幸福说、复杂客体说、环境保护制度说、环境社会关系说、环境权说。环境犯罪的对象还有其特殊性。我国《刑法》中环境犯罪对象可分为两类：一类是生物环境资源；另一类是非生物环境资源。

（4）环境犯罪的客观方面。环境犯罪的客观方面表现为污染、破坏环境及自然资源，使环境要素受到严重损害，危及公民身心健康或使生态系统、大量的公私财产受到严重威胁或危害的行为。

其一，危害后果的行为。它包括三个方面的内容：一是具有违法性的行为。《刑法》规定多个罪名明确规定了要以违反某种行政法规作为构成具体罪的前提。如违反水产资源法规、违反土地资源法规、违反森林资源法规等。

二是具体的行为方式。环境犯罪行为具体可归纳为污染行为和破坏行为两大类。污染环境的行为可以作为方式构成，也可以不作为方式构成，但通常表现为作为的方式；破坏环境的行为通常表现为积极的作为方式，不作为不能构成破坏行为。三是具备法定结果或情节的行为。行为人实施破坏或污染环境的情节所导致的危害后果是构成环境犯罪的要件。未达《刑法》规定的情节或后果，不构成环境犯罪。

其二，环境犯罪的形态。环境犯罪的形态主要有两种：一是结果犯，是指行为人实施危害环境的行为实际造成环境污染、破坏的后果，或造成人身重大伤亡、公私财产重大损失的后果，从而构成环境犯罪行为；二是行为犯，是指行为人只要实施了污染或破坏环境的行为，无论是否造成危害后果，无论是否使侵害对象处于某种危险之中，都构成环境犯罪的行为。

其三，环境犯罪的因果关系。我国《刑法》上的因果关系是指行为人的危害行为与危害结果之间存在着必然联系。行为人实施的行为与危害后果之间有必然联系是行为人承担刑事责任的前提。环境犯罪与传统刑事犯罪有所不同，在因果关系上体现为其特殊性和复杂性。环境犯罪行为与危害后果之间往往存在“多因一果”或“一因多果”，且许多环境污染行为不是即时完成的，而是持续长久的，因果关系出现隐蔽性和扩散性特点。由于因果关系的这些特点，应借鉴国外立法，在因果关系上适用推定原则。

3. 环境刑事法律责任的实现方式

环境刑事法律责任的实现是刑事责任实现的一种，是对犯罪分子适用刑罚的具体方式。根据我国《刑法》第三十二条的规定，刑罚分为主刑和附加刑。

（1）刑罚惩罚方式。《刑法》第三十三条、第三十四条规定的主刑和附加刑种类可以归纳为：生命刑，即死刑；自由刑，包括管制、拘役、有期徒刑和无期徒刑；财产刑，包括罚金和没收财产；资格刑，包括剥夺政治权利和驱逐出境等。

我国《刑法》在环境犯罪的刑事责任中没有生命刑，即死刑的适用，因为死刑只适用于社会危害性极大，主观故意的犯罪。环境犯罪适用最多的是自由刑，即以剥夺人身自由为内容的刑罚。根据环境犯罪的事实、情节等，分别适用管制、拘役、有期徒刑或无期徒刑。财产刑也是环境犯罪适用较多的种类，环境犯罪大多数都以追求利益为目的，对环境犯罪适用财产刑，即罚金或没收财产，不仅能惩罚行为人，还能为恢复被污染或破坏的环境提供资金。资格刑是剥夺犯罪分子行使一定的政治权利、享有的某些政治荣誉和某种职衔的刑罚。资格刑是剥夺犯罪分子享有一定权利的资格，目前我国《刑法》规定的资格刑只有剥夺政治权利，而对环境犯罪分子的职业权利的处罚没有做出规定。

（2）非刑罚处罚方式。我国《刑法》规定的非刑罚处罚方式有两种，即赔偿经济损失和司法行政处罚。

其一，赔偿经济损失。《刑法》第三十六条第三款规定："由于犯罪行为而使被害人遭受经济损失的，对犯罪分子除依法给予刑事处罚外，并应根据情况判处赔偿经济损失。"经济赔偿是一种民事责任承担方式，《刑法》的这一规定能更好地保护受害人的权利，特别适合环境犯罪惩罚。

其二，司法行政处罚。《刑法》第三十七条规定："对于犯罪情节轻微不需要判处刑罚的，可以免于刑事处罚，但是可以根据案件的不同情况，予以训诫或者责令悔过、赔礼道歉、赔偿损失，或者由主管部门予以行政处罚或者行政处分。"污染或破坏环境的行为在我国《刑法》中大多是以造成严重后果来定罪量刑，如果后果不严重就可能不构成犯罪。《刑法》规定非刑罚处罚方式可以对不构成犯罪的污染和破坏环境行为加以一定的处罚，有利于更好地保护环境。

4. 我国环境犯罪主要罪名及刑事法律责任

我国《刑法》第六章第六节规定了破坏环境资源保护罪，共规定了 14 个罪名。

（1）污染环境罪。违反国家规定，排放、倾倒或者处置有放射性的废物、含传染病病原体的废物、有毒物质或者其他有害物质，严重污染环境的，处三年以下有期徒刑或者拘役，并处或者单处罚金；后果特别严重的，处三年以上七年以下有期徒刑，并处罚金。单位犯本罪的，对单位判处罚金，并对直接负责的主管人员和其他直接责任人员按自然人犯本罪的规定处罚。

（2）非法处置进口的固体废物罪。违反国家规定，将境外的固体废物进境倾倒、堆放、处置的，处五年以下有期徒刑或者拘役，并处罚金；造成重大环境污染事故，致使公私财产遭受重大损失或者严重危害人体健康的，处五年以上十年以下有期徒刑，并处罚金；后果特别严重的，处十年以上有期徒刑，并处罚金。单位犯本罪的，对单位判处罚金，并对直接负责的主管人员和其他直接责任人员按自然人犯本罪的规定处罚。

（3）擅自进口固体废物罪。未经国务院有关主管部门许可，擅自进口固体废物用作原料，造成重大环境污染事故，致使公私财产遭受重大损失或者严重危害人体健康的，处五年以下有期徒刑或者拘役，并处罚金；后果特别严重的，处五年以上十年以下有期徒刑，并处罚金。单位犯本罪的，对单位判处罚金，并对直接负责的主管人员和其他直接责任人员按自然人犯本罪的规定处罚。

（4）走私固体废物罪。以原料利用为名，进口不能用作原料的固体废物、液态废物和气态废物的，依照《刑法》第一百五十二条第二款、第三款的规定定罪处罚，即逃避海关监管将境外固体废物、液态废物和气态废物运输进境，情节严重的，处五年以下有期徒刑，并处或者单处罚金，情节特别严重的，处五年以上有期徒刑，并处罚金，单位犯前款罪的，对单位判处罚金，并对其直接负责的主管人员和其他直接责任人员，依照前款的规定处罚。单位犯本罪的，对单位判处罚金，并对直接负责的主管人员和其他直接责任人员按自然人犯本罪的规定处罚。

（5）非法捕捞水产品罪。违反保护水产资源法规，在禁渔区、禁渔期或者使用禁用的工具、方法捕捞水产品，情节严重的，处三年以下有期徒刑、拘役、管制或者罚金。单位犯本罪的，对单位判处罚金，并对直接负责的主管人员和其他直接责任人员按自然人犯本罪的规定处罚。

（6）非法猎捕、杀害珍贵、濒危野生动物罪；非法收购、运输、出售珍贵、濒危野生动物，珍贵、濒危野生动物制品罪。非法猎捕、杀害国家重点保护的珍贵、濒危野生动物的，或者非法收购、运输、出售国家重点保护的珍贵、濒危野生动物及其制品的，处五年以下有期徒刑或者拘役，并处罚金；情节严重的，处五年以上十年以下有期徒刑，并处罚金；情节特别严重的，处十年以上有期徒刑，并处罚金或者没收财产。单位犯本罪的，对单位判处罚金，并对直接负责的主管人员和其他直接责任人员按自然人犯本罪的规定处罚。

（7）非法狩猎罪。违反狩猎法规，在禁猎区、禁猎期或者使用禁用的工具、方法进行狩猎，破坏野生动物资源，情节严重的，处三年以下有期徒刑、拘役、管制或者罚金。单位犯本罪的，对单位判处罚金，并对直接负责的主管人员和其他直接责任人员按自然人犯本罪的规定处罚。

（8）非法占用农用地罪。违反土地管理法规，非法占用耕地、林地等农用地，改变被占用土地用途，数量较大，造成耕地、林地等农用地大量毁坏的，处五年以下有期徒刑或者拘役，并处或者单处罚金。单位犯本罪的，对单位判处罚金，并对直接负责的主管人员和其他直接责任人员按自然人犯本罪的规定处罚。

（9）非法采矿罪。违反《矿产资源法》的规定，未取得采矿许可证擅自采矿，擅自进入国家规划矿区、对国民经济具有重要价值的矿区和他人矿区范围采矿，或者擅自开采国家规定实行保护性开采的特定矿种，情节严重的，处三年以下有期徒刑、拘役或者管制，并处或者单处罚金；情节特别严重的，处三年以上七年以下有期徒刑，并处罚金。单位犯本罪的，对单位判处罚金，并对直接负责的主管人员和其他直接责任人员按自然人犯本罪的规定处罚。

（10）破坏性采矿罪。违反《矿产资源法》的规定，采取破坏性的开采方法开采矿产资源，造成矿产资源严重破坏的，处五年以下有期徒刑或者拘役，并处罚金。单位犯本罪的，对单位判处罚金，并对直接负责的主管人员和其他直接责任人员按自然人犯本罪的规定处罚。

（11）非法采伐、毁坏国家重点保护植物罪；非法收购、运输、加工、出售国家重点保护植物、国家重点保护植物制品罪。违反国家规定，非法采伐、毁坏珍贵树木或者国家重点保护的其他植物的，或者非法收购、运输、加工、出售珍贵树木或者国家重点保护的其他植物及其制品的，处三年以下有期徒刑、拘役或者管制，并处罚金；情节严重的，处三年以上七年以下有期徒刑，并处罚金。单位犯本罪的，对单位判处罚金，并对直接负责的主管人员和其他直接责任人员按自然人犯本罪的规定处罚。

（12）盗伐林木罪。盗伐森林或者其他林木，数量较大的，处三年以下有期徒刑、拘役或者管制，并处或者单处罚金；数量巨大的，处三年以上七年以下有期徒刑，并处罚金；数量特别巨大的，处七年以上有期徒刑，并处罚金。盗伐国家级自然保护区内的森林或者其他林木的，从重处罚。单位犯本罪的，对单位判处罚金，并对直接负责的主管人员和其他直接责任人员按自然人犯本罪的规定处罚。

（13）滥伐林木罪。违反《森林法》的规定，滥伐森林或者其他林木，数量较大的，处三年以下有期徒刑、拘役或者管制，并处或者单处罚金；数量巨大的，处三年以上七年以下有期徒刑，并处罚金。滥伐国家级自然保护区内的森林或者其他林木的，从重处罚。单位犯本罪的，对单位判处罚金，并对直接负责的主管人员和其他直接责任人员按自然人犯本罪的规定处罚。

（14）非法收购、运输盗伐、滥伐的林木罪。非法收购、运输明知是盗伐、滥伐的林木，情节严重的，处三年以下有期徒刑、拘役或者管制，并处或者单处罚金；情节特别严重的，处三年以上七年以下有期徒刑，并处罚金。单位犯本罪的，对单位判处罚金，并对直接负责的主管人员和其他直接责任人员按自然人犯本罪的规定处罚。

除以上对直接破坏环境资源的行为定罪量刑外，对监管部门的渎职犯罪《刑法》第九章也做出了相应规定。涉及环境监管的罪名有违法发放林木采伐许可证罪、环境监管失职罪。环境监管失职罪是指负有环境保护监督管理职责的国家机关工作人员严重不负责任，导致发生重大环境污染事故，致使公私财产遭受重大损失或者造成人身伤亡的严重后果的行为，依法处三年以下有期徒刑或者拘役。

第二节 环境法律责任典型案例

一、黄骅市六通运输队诉新乐市环境保护局纠纷案[①]

1. 案情介绍

2014年6月1日晚20时50分左右，侯某驾驶冀JP7891、冀JVT64挂号罐车行驶至河北省新乐市木刀沟东阳桥西侧约200米处路北，向该处沙坑内倾倒废水（属于有毒物质，污染环境严重）时被查获。经查，以上车辆登记在黄骅市六通运输队，侯某挂靠在该运输队从事运输活动。新乐市环境保护局经现场检查后拟对黄骅市六通运输队做出行政处罚，认为倾倒污染物车辆登记在黄骅市六通运输队名下，黄骅市六通运输队系违法车辆所有权人，故做出责令30日内采取治理措施消除污染，并处罚款40万元的行政处罚。原告不服被告的行政处罚提起诉讼。

2. 思考分析

本案争议的焦点问题是谁是承担行政责任的主体，究竟是名义车主黄骅市六通运输队，还是实际车主侯某。

本案中冀JP7891、冀JVT64挂号罐车法定车主及营运证使用人标注的是黄骅市六通运输队，但该车辆实际由侯某所有、控制和经营，且侯某不是黄骅市六通运输队的职工，二者是挂靠关系。本案中，做出水污染行为的人是实际车主侯某，黄骅市六通运输队并未实施违法行为，不是违法行为人。因此，新乐市环境保护局对黄骅市六通运输队的行政处罚是错误的。本案中实

---

① 河北省新乐市人民法院（2015）新行初字第3号行政判决书。

际车主侯某多次本人或雇用他人违法向水体倾倒有毒物质，已构成污染环境罪被刑事处罚。

二、嘉兴市净湘金龙五金厂诉嘉兴市环境保护局纠纷案[①]

1. 案情介绍

嘉兴市净湘金龙五金厂（以下简称五金厂）1981 年投产，未依法办理环境影响评价审批，也未按规定设置排污口。2014 年 6 月 17 日，嘉兴市环境保护局（以下简称嘉兴市环保局）执法人员对五金厂进行环保执法检查过程中，发现其作为从事小五金表面处理、喷塑、喷漆的企业，未能向执法人员出具经过依法审批的环境影响评价文件；同时还发现，该企业在厂区南侧围墙下设置了两个直接对外的排放口，生产污水通过该排放口排放至厂外河道。执法人员对排放污水进行了取样并对现场进行拍照。同日，被告将取得的污水样品送至嘉兴市环境保护检测站进行监测，于 2014 年 6 月 19 日取得《监测报告》一份，显示其中锌浓度超过国家排放标准。

嘉兴市环保局根据查明的违法事实，认定净湘五金厂主要从事小五金表面处理、喷塑、喷漆等，自 1981 年投产以来尚未办理环境影响评价审批；厂区南侧围墙下有两个排放口，污水通过排放口排至厂外河道，未按规定设置排污口。依照《中华人民共和国环境影响评价法》第三十一条第一款规定，责令涉案项目停止生产，鉴于五金厂承诺不再继续实施涉案项目，故不再责令限期补办环境影响评价审批手续。就五金厂违规设置排污口的违法行为，依照《中华人民共和国水污染防治法》第七十五条第二款的规定，责令限期拆除违规设置的排污口，并处罚款 81000 元。

因五金厂排放重金属锌浓度超过国家排放标准，嘉兴市环保局于 2014 年 7 月 18 日以五金厂涉嫌超标排放重金属污染物，将案件移送至嘉兴市公安局。2014 年 12 月 15 日嘉兴市南湖区人民法院认定五金厂的四名员工犯污染

① 浙江省嘉兴市南湖区人民法院（2015）嘉南行初字第 4 号行政判决书。

环境罪，分别判处有期徒刑，并处罚金。

同年9月12日，嘉兴市南湖区环境保护局认为五金厂未经环保部门审批擅自从事五金加工，未配套建设废气治理设施，喷漆废气、烘干废气未经处理直排外界，且磷化废水三格池未采取“三防”措施，造成部分废水渗漏，违反“三同时”制度，依法做出停止生产，并处罚款50000元的行政处罚。

五金厂对嘉兴市环保局的行政处罚不服提起诉讼，原因有二：①嘉兴市南湖区环境保护局做出的行政处罚与嘉兴市环保局做出的行政处罚虽在文字表述上不同，但实质上为同一事项，即五金厂未能建立起废水排放配套的设施对河道造成了污染。但以上两个机构却对同一事项进行了两次罚款，违反了“一事不二罚”的法律规定。②2014年7月18日，嘉兴市环保局以案件涉及刑事犯罪为由将该案件移送至嘉兴市公安局。嘉兴市公安局在审核后对该案进行了立案处理，后经依法审理南湖区人民法院已对五金厂法定代表人判处刑罚，整个案件已经进入刑事司法程序且已审理终结。嘉兴市环保局不应当再对五金厂进行行政处罚。

2. 思考分析

本案中争议焦点有两个：一是嘉兴市环保局对五金厂的行政处罚与嘉兴市南湖区环保局对五金厂的行政处罚是否违反“一事不再罚”原则？二是五金厂法定代表人等四人以污染环境罪被定罪处罚后，还能否对五金厂的行政违法行为进行行政处罚？

（1）本案是否违反“一事不再罚”原则。作为建设项目的建设单位，依法必须承担的对建设项目进行环境影响评价的义务、环境影响评价文件必须依法送审报批的义务、环境保护配套设施必须依法同时建设并经验收合格后才能投入生产使用的义务，这三个法定义务之间并不存在可以相互替代的关系，其中任何一个义务不履行，都意味着义务人的一种违法行为。五金厂既没有进行环评，也没有依法将环评文件送审报批，更没有实现“三同时”要求。因为五金厂设立早于环境影响评价制度设立，故嘉兴市环保局在五金厂承诺不再继续涉案项目后便没有要求继续补报环评手续。2014年9月12日，嘉兴市南湖区环境保护局依据《建设项目环境保护管理条例》第二十八条对五金厂未经环保部门审批擅自从事五金加工，未配套建设废气治理设施，喷漆废气、烘干废气未经处理直排外界的违法行为进行处罚。嘉兴市环保局和南湖区环境保护局是依据不同的法律条款，对五金厂违法设置排污口和违反“三同时”制度的两个违法行为做出的不同的行政处罚，并不是“一事”，因而两个行政处罚也不是“再罚”。

（2）本案在刑事处罚后是否可以进行行政处罚。根据《中华人民共和国行政处罚法》第二十二条、第二十八条及《行政执法机关移送涉嫌犯罪案件的规定》第三条、第十一条、第十三条的规定，行政违法行为涉嫌犯罪，依法需要追究刑事责任时，行政机关应当依法向公安机关移送，不得以行政处罚代替移送，在移送案件前已经做出的拘留或罚款，可以相应折抵刑期或罚金。经公安机关审查或侦查，没有犯罪事实或不需要追究刑事责任的，应当将案件移送至行政机关追究其行政违法责任。依照以上规定，在五金厂法定代表人等四人被依法判处污染环境罪后，行政机关似乎没有权力再进行行政处罚。这其实是对以上法律规定的误读。

这是因为，上述规定适用的前提条件应当是：行政处罚和刑事处罚针对的是公民、法人或其他组织的同一违法行为或违法事实，该行为或事实在行政处罚及刑事处罚的规定上应当具有相同或基本相同的构成要件。而本案中，五金厂实施的违法行为包括：未经环保审批擅自从事污染项目生产、未遵守“三同时”制度、违规设置排污口、排放污水重金属超标等。其中，嘉兴市环保局以五金厂违规设置排污口为由进行行政处罚，而以五金厂排放污水重金属超标移送至公安机关追究刑事责任，二者并非同一违法行为和违法事实。

从我国环境保护法律体系及制度设计上看，为了实现保护环境的目的，在立法时，预设了事前、事中和事后三重预防和惩罚机制：事前预防机制主要体现在涉污项目立项时的环境影响评价及环保审批、项目建设时的“三同时”制度；事中监督机制主要体现在环保部门对辖区涉污企业的监督检查；事后追究机制主要是对造成污染结果的责任追究。三重机制环环相扣，共同织就环境保护的“法网”。任何一个阶段的违法行为都有相应的制裁措施和违法后果，在没有法律明确规定的情况下，相互之间不能吸收或取代。就本案事实而言，因五金厂设立的时间早于环保相关法律颁布实施的时间，故嘉兴市环保局的行政处罚针对的违规设置排污口的行为，应属事中监督范畴，而五金厂最终据以承担刑事责任的行为即排放污水重金属超标则归属于事后追究机制内。两者虽有牵涉，但不应归于“一事”，五金厂实际排污是否超标不影响对五金厂违规设置排污口违法事实的认定及违法责任的负担；同样，五金厂设置的排污口是否符合规定也不影响对废水排放造成污染后果认定及责任的追究。两个行为属于不同监管阶段的两个违法行为。

此外，两个行为在行政处罚及刑事处罚的构成要件上也不具有同一性。违法设置排污口评价的是设置排污口本身的行为，是否造成严重后果只是加重情节之一，而废水超标排放则是评价排污造成的污染后果。因此，嘉兴市环保局以五金厂超标排放重金属污染物移送公安机关后，对于五金厂违规设置排放口的环境违法行为仍有行政执法的法定职权和职责。

三、孙有礼等18人诉迁安第一造纸厂等九被告养殖损害赔偿纠纷案

1. 案情介绍

1997年11月12日原告孙有礼等18人签订集资创办养殖场合伙经营协议书，18人共同出资利用乐亭县王滩镇河口海域金银滩浴场至二锅盖地段联合经营三个文蛤养殖场、一个毛蚶养殖场、一个河道养殖场、一个乐启贝类养殖场，合伙从事滩涂贝类和鱼类的育、养、销的一体化经营。原告持有五份国有海域使用许可证，以及一份国有土地许可证，持证人同时与相关部门签有相对应的承包合同或协议书。原告已缴纳有关滩涂、土地使用费。六个养殖场经乐亭县水产局、河北省渔政处核定的滩涂贝类面积为1882亩，鱼类养殖面积为300亩。

2000年10月上旬到中旬，乐亭县王滩镇滦河、大青河入海口月沱、石臼沱海域、京唐港西侧海域、北港附近海域、湖林口海域滩涂贝类养殖区以及沿海排水闸河道鱼类养殖区发生重大渔业污染事故，养殖的滩涂贝类、鱼类出现大面积死亡，受污染面积经调查总计6882亩。原告使用的滩涂水域养殖的文蛤、青蛤、毛蚶、蛏子以及梭鱼、鲈子鱼成批死亡，原告遭受重大经济

损失。事故发生后，乐亭县水产局、乐亭县海洋局、乐亭县环境保护局、河北省渔政处、唐山市环境保护局均派人察看过损害现场。

2001 年 1 月 4 日至 2 月 7 日，根据农业部渔业局的指示，河北省渔政处、河北省乐亭县水产局组织五名水产专家，会同乐亭县渔政站渔政执法人员成立调查小组，对这次渔业事故进行了现场调查和分析评估。调查报告确认本次渔业污染事故的污染源主要来自滦河中游河北省迁安市的造纸、化工企业，依秦皇岛引青工程水质监测中心监测报告，华丰纸厂、华丰纸业公司、一纸厂、书画公司、濡远纸厂、启新纸厂、友谊化工厂、化工公司、冀滦公司的排污口排出的工业废水超标，工业废水直接流入滦河河道，通过滦县响堂镇孟营闸向东南流入滦乐灌渠，经乐亭县沿海各排水闸流放至渤海湾，使乐亭县滦河、大青河入海口附近月坨、石臼坨等处海水遭到严重污染，养殖水域滩涂贝类、鱼类大量死亡；同时认为，本次渔业污染事故主要污染物质系有机污染物以及重金属污染，各养殖场养殖条件、养殖方式均符合渔业养殖规范。

事故发生前后，被告华丰纸厂、一纸厂、书画公司、启新纸厂、濡远纸厂、冀滦公司均在生产、有污水排放。依唐山市环境保护局现有监测记录，2000 年 6 月至 2001 年 6 月，被告华丰纸厂、一纸厂、书画公司、启新纸厂、濡远纸厂、冀滦公司所排污水悬浮物、CODcr 均有不同程度的超标情况。友谊化工厂存在排污情况，所排废水中 pH 值为 1.45，CODcr 为 138.62，挥发性酚为 0.005，其属达标排放。华丰纸业公司拥有 2 万吨的稻草制浆生产线，在事故发生前生产并有污水排放，与华丰纸厂共用排污管道。

农业部渔业环境监测中心黄渤海区监测站对原告所属养殖水域内滩涂贝类、鱼类的死亡原因做出了鉴定。认定位于迁安市境内的华丰纸厂、华丰纸业公司、一纸厂、书画公司、濡远纸厂、启新纸厂、友谊化工厂、化工公司和位于滦县的冀滦公司生产排出的污水，通过不同渠道流入滦河河道，然后通过滦乐灌渠进入乐亭河系，沿乐亭县沿海各排水闸排放至渤海湾水产养殖水域，造成大面积的水质污染。调查涉及的滩涂贝类和鱼类养殖区，种类放养密度等养殖条件和底播、池塘等养殖方式均符合渔业养殖规范，事故发生期间周边养殖场贝类生长正常。由此可以推断，本次乐亭县近岸养殖海域滩涂贝类和鱼类死亡事故非养殖技术原因所造成。滦河流域以及滩涂贝类养殖区内各采样点 CODcr 浓度均大大超过《污水综合排放标准》一级标准，悬浮物、挥发性酚含量超标，滩涂贝类养殖区内各采样点悬浮物含量全部超过《渔业水质标准》。由此可以推断，本起污染事故与冀滦公司、华丰纸厂、华丰纸业公司、一纸厂、书画公司、濡远纸厂、启新纸厂和友谊化工厂将大量未达标的工业污水直接排入滦河，通过滦乐灌渠进入乐亭河系，经乐亭县沿海各排水闸流入大海，使乐亭县近岸养殖海域受到有机物和悬浮物严重污染，导致乐启、高维华、徐树田、孙有礼等五家贝类养殖场养殖的 1882 亩滩涂贝类和高维华养鱼场养殖的 300 亩鱼类大量死亡。最终确认，本次大清河、新潮河、小河子和长河入海口养殖海域滩涂贝类和鱼类死亡事故系唐山市滦河沿岸造纸和化工企业排放未达标污水所致。鉴定人对本次污染事故造成的原告养殖水产品损失进行评估。评估结果为本次污染事故造成损失额合计为 1365.97 万元。原告诉请法院判令被告停止侵害、消除影响，并连带赔偿损失。

被告华丰纸厂辩称，华丰纸厂排放的污水不含有重金属分子，主要污染成分为酸、悬浮物和化学需氧量，不含其他元素，达到排放标准，不会对原告养殖造成损害，故不承担对原告的赔偿责任。

被告友谊化工厂辩称，友谊化工厂属化工企业，主要生产工业用硫酸铝，一般情况下冷却废水中不会有产品流失物。1997 年工厂加大环保治理及水资源利用力度，废水排放变为水循环利用，因此无污水排放，与原告损害结果无关。被告产品硫酸铝系生产饮用水处理剂，1999 年 7 月通过河北省卫生厅饮用水卫生安全监督一所、河北省卫生防疫站、天津市卫生防病中心三家权威机构的验收，硫酸铝已达到饮用水处理标准，因此更对原告不存在损害。

被告化工公司辩称，化工公司属大型国有化工企业，公司设有专门环保机构，有较先进的环保监测手段和设备，生产中所排放的废水、废气均在国家规定的指标之内。公司持有环保部门颁发的“排放污染物许可证”，在 2000 年 10 月经河北省环境中心监测结论是达标排放。公司严格执行污染物排放监督检查制度，多次被化工部等单位评为清洁文明工厂及全国环境优美工厂。被告排废属合法排放范围，符合国家规定，即使原告确有损害事实的发生，但被告对其损害结果不存在过错，所以依法不应承担赔偿责任。

被告冀滦公司辩称，冀滦公司在 2000 年 7 月被命名为工业废水排放达标单位，并且经当地环保局跟踪检测也符合标准，不存在排放污水的事实。按照有关法律规定，认定损害赔偿责任应有损失事实及因果关系证明，被告没有排放污水，原告就没有法律根据要求被告承担赔偿责任。

2. 思考分析

本案为通海水域污染致养殖物损害赔偿纠纷，原告应就各被告存在排污行为、原告存在受污染损害的事实、被告排污行为与原告的损害事实之间具有因果关系完成初步的举证责任。①原告主体合法。原告 18 人依法投资订立合同开办养殖场，虽未持有渔业法所规定的养殖许可证，但其原因在于原告所在地唐山市乐亭县至今尚未发放养殖许可证，原告持有乐亭县人民政府核发的国家海域使用许可证和国有土地使用许可证是由有关主管机关认可确认的，承包合同也是合法有效的，应认定原告具有合法的养殖资格。②原告在污染事故发生后，立即上报当地及上级渔业行政主管机关，由乐亭县水产局和河北省渔政处组成专家组进行调查，并对原告的损失进行初步勘查评估，证明原告确有污染损害事实的存在。渔业环境监测站依法做出损失评估。③依据秦皇岛引青工程水质监测中心的水质检测报告，唐山市环境保护局的原始监测数据、处罚情况证明在事故发生前所有被告均实施了向滦河排放大量工业污水的行为，所排放污水中均含有大量的悬浮物、CODcr、挥发性酚等有害污染物质，其中一纸厂、华丰纸厂、华丰纸业公司、书画公司、濡远纸厂、启新纸厂、友谊化工厂、冀滦公司为超标排放，化工公司为达标排放。据此，原告已经完成环境民事侵权的证明责任。

依据《环境保护法》相关规定，在原告已就各被告存在排污行为、原告存在受污染损害的事实、被告排污行为与原告的损害事实之间具有因果关系完成初步举证责任后，九被告作为共同加害人应就法律规定的免责事由及其行为与损害结果之间不存在因果关系承担举证责任。

依照我国《环境保护法》和《海洋环境保护法》的规定，对完全不可抗拒的自然灾害、第三人或受害人过错造成的环境污染或损害结果被告可免于承担责任。本案中所有被告并无上述法定免责事由的存在。

在因果关系的证明方面，九被告并未证明其未排放污水或所排放的污水未流到滦河最终进入原告所属的养殖区域，或者证明排放的污水中不含有相关有害污染物质或含有污染物质的污水不能造成原告养殖生物死亡的后果。化工公司虽属达标排放，但并不意味着达标排放就不会造成环境污染的损害结果。国家规定的一定时期内的污染物排放标准，只是环境保护部门决定排污者是否需要缴纳超标排污费和进行环境管理的依据，而不是确定排污者是否承担民事赔偿责任的界限。我国现有法律法规并未将污染物的排放是否超过有关的排放标准作为确定排污者是否承担民事赔偿责任的必要条件，化工公司污水排放达标，可以不受行政法规定的处罚，却不符合《环境保护法》对民事责任追究上的民事责任构成要件的规定。

四、陈某鱼塘死鱼案

1. 案情介绍

2010 年 1 月 1 日，陈某与当地居委会签订一份《协议书》，承包面积约 4.5 亩，承包费每年 650 元，承包期七年。2012 年 4 月 20 日 20 时至 2012 年 4 月 21 日 8 时当地出现中到大雨。2012 年 4 月 21 日上午，陈某承包的鱼塘中出现鱼类死亡的现象，后塘内的鱼全部死亡，陈某将死鱼掩埋。

2012 年 4 月 23 日，当地环境监测中心站对鱼塘内的水和 A 公司排污口废水分别采样监测，发现鱼塘水中的氰化物含量为 0.0038mg/L，超过国家《渔业水质标准》的 7.6 倍；排污口废水中氰化物含量为 1.28mg/L，超过《渔业水质标准》的 256 倍。两种水体中均未检出有机磷农药。2012 年 10 月 28 日渔业环境监测站出具《渔业污染事故鉴定报告》认为：案涉鱼塘养殖水域是台庄河，在雨水冲刷的情况下，有可能是池塘淤泥泛浮，造成水质“微浑”；氰化物低于《地表水环境质量标准》的Ⅱ类水氰化物≤0.05mL/L 的标准，但不符合《渔业水质标准》氰化物≤0.005mL/L，外源性污染物的介入导致鱼死亡的可能性较大。

该鱼塘位于 A 公司西侧的水面，鱼塘周围还有 B、C 两家公司。A 公司系一家经许可制造、销售 2，3-二氰基丙酸乙酯的公司，是当地唯一使用氰化物的单位，其排水口与通向鱼塘的排水口相连通。B、C 公司日常也排放污水，但不含有氰化物。陈某将 A、B、C 三家公司告上法庭，要求连带赔偿经济损失 167775 元（其中造成放养鱼死亡的损失 64425 元、打捞死鱼费用 1200 元、鱼塘清污费用 36300 元、承包费损失 1950 元、可得利润损失 60000 元、交通费 500 元、鉴定费 2300 元、评估费 1100 元）。

2. 思考分析

（1）本案中 B、C 公司是否承担赔偿责任？本案中，A、B、C 三家公司都在陈某鱼塘周围，且有废水排放。依据《侵权责任法》第十条规定：“二人以上实施危及他人人身、财产安全的行为，其中一人或者数人的行为造成他人损害，能够确定具体侵权人的，由侵权人承担责任；不能确定具体侵权人的，行为人承担连带责任。”本案中，虽然三家公司都有日常污水排放行为，但是经当时实地监测，鱼塘内氰化物是渔业水质标准的 7.6 倍。由于氰化物属于国家严格管控的剧毒物品，且周围企业只有 A 公司在生产过程中使用氰化物。A 公司系鱼塘周边氰化物的唯一使用者，同时 A 公司的排污口与鱼塘排水口相连通，排污口氰化物浓度高于鱼塘内水氰化物浓度，可以推定外源性污染物介入导致鱼死亡的可能性较大。而 B、C 公司虽然有污染物的排放，但并无氰化物的排放，因此可以确定造成陈某鱼类死亡的是 A 公司的排污行为，应由 A 公司承担侵权责任。

（2）A 公司主张陈某鱼类死亡是由于其养殖水平低下所致，其氰化物排放量并没有超过地表水Ⅱ类水容许浓度，不应当赔偿损失。《侵权责任法》第二十七条规定：“损害是因受害人故意造成的，行为人不承担责任。”可见，如果侵害后果是由被害人故意造成的，A 公司可以免责。但本案中陈某的鱼是在一夜之间全部死亡的，如果是其养殖水平低下造成的，按照常理也不应当是一夜暴毙；更何况就算是陈某养殖水平低下，也不能算是其故意造成鱼类全部死亡的后果。因此，A 公司不能以陈某养殖水平低下免除自己的侵权责任。A 公司同时主张其氰化物的排放并没有超过地表水Ⅱ类水容许浓度，不应当适用渔业水质标准也是不成立的。这是因为在环境侵权中，侵权人承担民事责任并不要求行为具有违法性，只要具有污染行为并产生了损害后果就要承担民事责任。换言之，即使A公司氰化物的排放既符合地表水水质标准，又符合渔业水质标准（即不具有违法性），在氰化物造成损害后果的情形下，依旧要承担损害赔偿责任。

（3）本案中陈某在鱼全部死亡后并没有及时测算损失，最终的损失赔偿额应当如何计算。陈某在鱼死亡后未及时采取必要措施对死鱼进行计量称重，而是进行了掩埋处理，从而导致死鱼的损失无法计算。虽然陈某提交了购买鱼苗的证据，但是因为养殖条件较差，养殖技术水平较低，购买鱼苗的成本不能作为鱼类损失的计算依据。参照当地政府《关于国有渔业水域因工程建设占用补偿暂行办法》以及《国有渔业水域占用补偿标准基数和等级系数（试行）》规定，可以参考采用围网养殖补偿标准1500元/亩，结合当地补偿等级系数1.4，得出陈某的鱼类损失为9450元。除此之外，清除死鱼的人工费、交通费、鉴定费、评估费等损失应当按照实际情况计算。

五、村民与运输公司等因交通事故所致的环境污染责任纠纷案

1. 案情介绍

2010年7月6日，李某驾驶杨某所有的A牵引车与甲运输公司所有的B重型罐式货车相撞发生交通事故。事故造成杨某当场死亡，A、B两车财产毁损，B重型罐式货车所载的一甲胺溶液发生泄漏，产生环境污染。李某承担此次事故的全部责任，甲运输公司的驾驶员不承担责任。此次交通事故泄漏的一甲胺溶液对当地鱼塘、农田造成污染。当地村民提起诉讼，请求判令杨某遗属、甲运输公司连带赔偿因环境污染造成的财产损失7500元。

2. 思考分析

本案系有毒化学物质泄漏引起的环境污染责任纠纷，但有毒化学品的泄漏系交通事故引起。甲运输公司所有的B重型罐式货车载有有毒化学品，经由杨某所有的A牵引车碰撞发生事故导致有毒化学品泄漏。在该起环境污染责任纠纷中，发生有毒化学品泄漏的是甲运输公司，应当由甲运输公司承担

环境侵权责任。李某驾驶的杨某所有的A牵引车虽然对此次交通事故负全责，但是依据《侵权责任法》第六十八条规定，因第三人的过错污染环境造成损害的，被侵权人可以向污染者请求赔偿，也可以向第三人请求赔偿。污染者赔偿后，有权向第三人追偿。因此，载有化学物的车辆与其他车辆发生事故，造成化学物泄漏导致环境污染的，在载有化学物车辆对交通事故无责的情况下，受害人可以要求甲运输公司承担侵权责任，也可以要求杨某遗属承担侵权责任。甲运输公司在赔偿后有权向有过错的其他责任人进行追偿。

六、张长建等1721人与福建省榕屏化工公司环境污染损害赔偿纠纷案①

1. 案情介绍

福建省榕屏化工有限公司（以下简称榕屏公司）自1995年投产后，对周边地区陆续造成污染，1998年建设第二期工程时，对污染防治设施没有验收即投入使用，排放的废水、废气、废渣严重超标，对环境和人体造成严重损害。特别是排放的氯气，造成大片树林、竹林、果树、庄稼被污染枯死、鱼虾不能生存。当地乡人民政府出具《屏城乡溪坪村受榕屏公司污染情况》，据此张长健等1721人提起诉讼，请求判令榕屏公司立即停止侵害，赔偿农作物及竹、木等损失，清除厂内及后山废渣。

榕屏公司答辩称，其从建厂开始，就重视环保工作，到目前为止已投入了500多万元。工厂环保设备齐全、先进，规章制度健全，每年均两次委托省、市有关环保检测机构进行检测，"三废"全部达标排放，而且绝大部分是在国家最高允许排放限值的一个数量级以下。因此，工厂的达标排放不会造成原告农作物减产绝收，也不会造成人体任何损害。原告树木植被死亡，是附近一座机砖厂排出的废气所致，与公司的达标排放无关。

---

① 福建省高级人民法院（2005）闽民终字第349号民事判决书。

2. 思考分析

排污企业对周边农作物造成污染损害，企业能否以其排放行为符合环境标准为由作为抗辩？

环境污染侵权责任不同于一般侵权责任，环境污染侵权责任适用无过错责任原则，其构成要件包括污染者有污染环境的行为、受害人有损害、污染者污染环境的行为与受害人的损害之间有因果关系。首先，法律对污染者排污行为没有违法性要求，即即使排污企业的排放行为是符合环境标准的行为，只要其符合环境侵权责任的构成要件就要承担环境民事责任。其次，污染者的污染行为与受害人损失之间的因果关系的认定是环境污染责任纠纷中的重要问题。由于环境污染侵权不同于一般侵权，其致害途径复杂多样，在损害证明上具有科学技术性强、频繁发生以及“多因一果”等情形，为保护受害人利益，《侵权责任法》第六十六条规定，环境污染侵权实行因果关系的举证责任倒置，将污染行为与损害之间不存在因果关系的举证义务加于污染者。如果污染者不能证明因果关系不存在，则推定因果关系成立。因此，企业周边的农作物因受污染而造成损失，受害人起诉要求企业承担赔偿责任的，企业必须要提供证据证明其排放行为与农作物损害结果之间不存在因果关系，才能免除侵权责任。由于企业的排放行为符合标准并不代表企业的排放行为不存在危害，也不是法定的免责要件，故企业不能以此作为抗辩。

七、朱某、中华环保联合会与江阴港集装箱公司环境污染责任纠纷案

1. 案情介绍

2004 年上半年，江阴港集装箱公司（以下简称集装箱公司）未经环境保护行政主管部门环境影响评价和建设行政主管部门立项审批，自行增设铁矿石（粉）货种接卸作业。在作业过程中，该公司采用露天接卸，造成了铁矿石粉尘直接侵入周边居民住宅；采用冲洗方式处理散落在港区路面和港口外

道路上的红色粉尘，形成的污水直接排入周边河道和长江水域，并在河道中积淀，造成了周边环境大气污染、水污染，严重影响了周边地区空气质量、长江水质和附近居民的生活环境。虽经朱某等周边居民反映情况、江阴市人民政府召开协调会议，集装箱公司亦采取了整改措施，但仍未彻底消除污染现象。2009 年 7 月 6 日，朱某作为周边居民代表与中华环保联合会共同提起诉讼，请求判令集装箱公司停止侵害，使港口周围的大气环境符合环境标准，排除妨碍；对铁矿粉冲洗进行处理，消除对饮用水源地和取水口产生的危险；将港口附近的下水道恢复原状，铁矿粉泥做无害化处理。江苏省无锡市中级人民法院（以下简称无锡中院）受理案件后积极进行现场勘验并召集听证会，在此过程中，集装箱公司采取了一定的污染防治措施及治理措施。后双方在无锡中院主持下达成调解，由集装箱公司限期补办相关的行政许可审批手续，限期内未获得行政许可的，必须立即停止相关业务；在申办期内，必须做到无尘化装卸作业，不得向周边河流、水域排放任何影响水体质量的污染物，不得产生超过国家规定标准的噪声；每 30 天书面报告本协议履行情况，并附当地环境保护行政主管部门的环境监测报告。

2. 思考分析

环境公益诉讼是因应环境侵害的特殊性发展而来的一种权利救济方式。环境侵害不仅会侵害到某个具体民事主体的私人利益，同时也会对社会公共利益造成侵害。按照已有《民事诉讼法》关于原告资格的规定，“直接利害关系”是原告起诉的必备要件。而面对环境侵害对社会公共利益的侵害而言，“直接利害关系”的认定就十分困难。

因此，我国针对国内具体时间同时借鉴国外的公益诉讼制度确立了民事公益诉讼制度。2013 年 1 月 1 日实施的《民事诉讼法》第五十五条规定：“对污染环境、侵害众多消费者合法权益等损害社会公共利益的行为，法律规定的机关和有关组织可以向人民法院提起诉讼。”这是对包括环境污染民事公益诉讼在内的民事公益诉讼制度的立法确认。2015 年 1 月 1 日起施行的《环境保护法》第五十八条对可以提起环境公益诉讼的社会组织做出了规定：“对污染环境、破坏生态、损害社会公共利益的行为，符合下列条件的社会组织可以向人民法院提起诉讼：（一）依法在设区的市级以上人民政府民政部门登记；（二）专门从事环境保护公益活动连续五年以上且无违法记录。”随后，2015 年 1 月 7 日起施行的《最高人民法院关于审理环境民事公益诉讼案件适用法律若干问题的解释》第二条至第五条解释了《环境保护法》第五十八条要求的要素：“社会组织”是指依照法律、法规的规定，在设区的市级以上人民政府民政部门登记的社会团体、民办非企业单位以及基金会等；“设区的市级以上人民政府民政部门”是指设区的市，自治州、盟、地区，不设区的地级市，直辖市的区以上人民政府民政部门；“专门从事环境保护公益活动”是指社会组织章程确定的宗旨和主要业务范围是维护社会公共利益，且从事环境保护公益活动的社会组织，社会组织提起的诉讼所涉及的社会公共利益应与其宗旨和业务范围具有关联性；“无违法记录”是指社会组织在提起诉讼前五年内未因从事业务活动违反法律法规的规定受过行政、刑事处罚。2015 年 2 月 4 日实施的《最高人民法院关于适用〈中华人民共和国民事诉讼法〉的解释》第二百八十四条规定：“《环境保护法》《消费者权益保护法》等法律规定的机关和有关组织对污染环境、侵害众多消费者合法权益等损害社会公共利益的行为，根据《民事诉讼法》第五十五条规定提起公益诉讼，符合下列条件的，人民法院应当受理：（一）有明确的被告；（二）有具体的诉讼请求；（三）有社会公共利益受到损害的初步证据；（四）属于人民法院受理民事诉讼的范围和受诉人民法院管辖。”

环境民事公益诉讼制度正式确立之前，我国涉及环境公益的诉讼多是通过行政机关和地方检察院等公权力机关作为原告起诉的，环保组织起诉的案件非常少。据报道，2000~2013 年，全国环境公益诉讼案件总计不足 60 起。本案 2009 年发生，朱某与中华环保联合会共同起诉，兼具私益诉讼和公益诉讼的特点。朱某是周围受污染居民的代表，其本身也是环境污染的受害者，其与中华环保联合会共同作为原告起诉经无锡中院依法受理，这是在《民事诉讼法》和《环境保护法》明确规定环境民事公益诉讼制度之前对环境公益诉讼的原告主体资格问题的有益探索和实践。

八、污染环境罪

1. 案情介绍

2012 年 7 月下旬，山东兴氟新材料有限公司为处理副产品硫酰氯（系危险化学品），由公司总经理助理邢某与樊爱东联系，邢某在请示总经理刘根宪同意后，与樊爱东商定每吨给樊爱东 300 元由樊爱东拉走硫酰氯。同年 7 月 25 日樊爱东安排被告人王圣华、蔡军用罐车［车牌号为鲁 C16680（鲁 CC396 挂）］到山东兴氟新材料有限公司拉走 35 吨硫酰氯，山东兴氟新材料有限公司支付给樊爱东 10500 元。同年 7 月 27 日凌晨 2 时许，樊爱东、王圣华、蔡军将罐车开至高青县花沟镇唐口村南小清河大桥上，将该 35 吨硫酰氯倾倒于小清河中，硫酰氯遇水反应生成的毒气雾团飘至邹平县焦桥镇韩套村，将熟睡中的村民熏醒，致上百村民呼吸系统受损，并造成庄稼苗木等重大财产损失，村民韩某某因吸入酸性刺激气体，致气管和肺充血、水肿，直接加重心肺负荷，导致急性呼吸循环衰竭死亡。2012 年 7 月 28 日，王圣华被抓获归案，同日樊爱东、蔡军到公安机关投案自首。

2. 思考分析

樊爱东、王圣华、蔡军违反国家规定，往河中倾倒具有腐蚀性、刺激性的化学品硫酰氯，严重污染环境，并造成一人死亡、重大财产损失的特别严重后果，其行为构成污染环境罪。

九、污染环境罪

1. 案情介绍

2014 年 3~5 月，杨某甲从闫某处得知拉废酸液挺赚钱，便找到了杨某乙、张某商议，杨某乙、张某均同意。杨某甲、杨某乙、张某三人便合伙购买了用于拉废酸液的油罐车。后杨某甲、张某、杨某乙通过闫某联系，在没有任何相关手续的情况下，驾驶油罐车从天津静海王某负责的腾亿商贸公司及大港飞龙制管厂多次非法拉出废酸液共计约 600 吨，并将此废酸液分多次非法倾倒至黄骅市齐家务、吕某等地，造成环境污染。闫某、王某在明知杨某甲等人没有任何废酸液采购和处理手续的情况下，仍让杨某甲等人拉走，任其处理。

2. 思考分析

杨某甲、杨某乙、张某违反国家规定，多次合伙非法倾倒危险废物共计约 600 吨，严重污染环境；闫某明知杨某甲、杨某乙、张某无处置危险废物的资质，而为杨某甲、杨某乙、张某倾倒危险废物能获利提供信息、并为联系货源提供帮助；王某明知杨某甲、杨某乙、张某无处置危险废物的资质而放任杨某甲等人从其处拉走危险废物随意倾倒行为的发生。五被告人的行为均已构成污染环境罪。

十、非法处置进口的固体废物罪

1. 案情介绍

2013 年 12 月 21~23 日，陈某受黄某兴的雇请，双方商定运费价格后，陈某串招摩托车工友温某、黄某、卓某某等人各自驾驶二轮摩托车到本市某某镇某某村附近海边一旧服装堆放点为黄某兴运载进口的固体废物旧服装，运费由黄某兴付给陈某后，再由陈某发放给同案人温某、黄某、卓某某。其中 2013 年 12 月 21 日、22 日，陈某和温某、黄某、卓某某每天各运载三次，每次每人运载三包，运费均于当天付清。同月 23 日 10 时许，陈某和温某、黄某、卓某某到本市某某镇某某村附近海边旧服装堆放点各运载三包旧服装往碣石镇，当陈某及温某运载旧服装往碣石镇途经金碣路广福寺路段时被执法人员当场抓获，现场缴获固体废物旧服装六包，黄某、卓某某逃离现场。次日公安机关在本市某某镇某某村海边树林内查获尚未运载的固体废物旧服装共 11 包。陈某和温某、黄某、卓某某已运载进口固体废物旧服装共计 84 包。该批进口的固体废物旧服装没有合法手续。

2. 思考分析

黄某兴违反国家规定，雇用他人运载进口固体废物，陈某违反国家规定，受黄某兴的雇请运载境外的固体废物，温某、黄某、卓某某受雇运载境外固体废物，其行为已构成非法处置进口的固体废物罪。

十一、非法捕捞水产品罪

1. 案情介绍

2015 年 5 月 3 日 10 时（法定禁渔期）许，被告人郑某甲伙同被告人余某经商量后，携带事前购备的高压放电捕鱼器（俗称电鱼机）及竹竿、塑料桶等来到广东省佛山市顺德区陈村镇勒竹居委会勒竹渡口处的河边（禁渔水域），由被告人郑某甲在河边操作电鱼机电鱼，并将电晕的鱼用竹竿捞起，被告人余某在旁边持塑料桶将鱼装好。被告人郑某甲、余某等人共捕得生鱼一条、泥鳅 12 条。过程中，被告人郑某甲、余某被接报赶至的公安人员查获。

2. 思考分析

被告人郑某甲、余某无视国家法律，违反国家保护水产资源法规，在禁渔区、禁渔期使用禁用的工具、方法捕捞产品，情节严重，二被告人的行为已构成非法捕捞水产品罪。

十二、非法狩猎罪与非法猎捕、杀害珍贵、濒危野生动物罪

1. 案情介绍

2013 年 10 月 4 日 18 时许，经吴某甲提议，吴某甲、韦某、银某与其他

四人相约去捕鸟。后众人携带由吴某甲提供的V型捕鸟网和电瓶、银某提供的简易探照灯，由韦某驾车从广西融水苗族自治县汪洞乡池洞村沿着省道309线前往广西九万山国家级自然保护区，行驶至保护区内的白崖山（地名，位于保护区内杨梅坳保护站往池洞方向约2000米处），七人下车后在路边的位置架好灯，电源接通后由廖荣茂手持V型捕鸟网开始捕鸟，银某等人用随手折的树枝打鸟、捡打落在地上的鸟。数分钟后，韦某等四人觉得这个地点的鸟比较少，就继续驾车往池洞方向行驶约700米的距离另选了一个地点。后吴某甲、银某等人所带的电瓶没电，便与韦某等人会合。随后韦某、吴某甲、银某等人将简易探照灯接到柳微车电瓶上继续以照明的方式行猎。2013年10月5日1时许，公安人员巡逻至此，当场将韦某、吴某甲、银某抓获，并缴获桂B×××××五菱荣光面包车一辆、电筒一个、探照灯一个、捕鸟网一张，以及各种鸟类尸体若干，并在现场制作拍摄了指认现场和捕获鸟的照片，但未清点所捕获鸟的具体数量，亦未对相同鸟类进行分类清点。次日，在环江毛南族自治县东兴派出所对案发当晚公安机关所缴获鸟类进行重新清点为90只鸟类尸体，经广西壮族自治区林业厅野生动物管理专家委员会野生动物专家组鉴定，其中有国家二级重点保护野生动物小鸦鹃21只、绿鸠一只，广西区重点保护野生动物六种共31只，国家“三有”动物37只。案发后，公安机关已将扣押的鸟类烧毁。三人到案后，如实供述了捕鸟的犯罪事实。

2. 思考分析

吴某甲、韦某、银某等七人构成什么罪？

依照《中华人民共和国刑法》第三百四十一条第一款规定，非法猎捕、杀害国家重点保护的珍贵、濒危野生动物的，或者非法收购、运输、出售国家重点保护的珍贵、濒危野生动物及其制品的，处五年以下有期徒刑或者拘役，并处罚金；情节严重的，处五年以上十年以下有期徒刑，并处罚金；情节特别严重的，处十年以上有期徒刑，并处罚金或者没收财产；第二款规定，违反狩猎法规，在禁猎区、禁猎期或者使用禁用的工具、方法进行狩猎，破坏野生动物资源，情节严重的，处三年以下有期徒刑、拘役、管制或者罚金。

该条规定了非法猎捕、杀害国家重点保护的珍贵、濒危野生动物罪和非法狩猎罪两个罪名，在两罪均构成时应择一重罪处罚。这两个罪名在主观上都是故意犯罪。韦某、银某、吴某甲明知广西九万山是国家级自然保护区，禁止在自然保护区非法狩猎或非法猎捕、杀害珍贵、濒危野生动物，其进入保护区采用网捕方式放肆捕鸟，破坏了野生动物资源，且情节严重，首先构成非法狩猎罪。同时，他们采用网捕的方式捕鸟，还应预见到可能会杀害珍贵、濒危鸟类，其主观上有非法猎捕、杀害珍贵、濒危野生动物的间接故意，如捕杀了国家保护的珍贵、濒危鸟类，其行为还构成非法杀害珍贵、濒危野生动物罪。但是本案中韦某、银某、吴某甲非法猎捕、杀害珍贵、濒危野生鸟类的行为无法认定（因在猎捕现场还有另一伙人捕鸟，而当时公安机关并未区分两伙人猎捕鸟类的种类和数量，因此，无法确定该三人确实猎捕了珍贵、濒危野生鸟类），因此无法认定该三人构成非法猎捕珍贵、濒危野生动物罪。但该三人明知广西九万山是国家级自然保护区，仍违反狩猎法规，在禁猎区内采用网捕的方式捕获鸟类，破坏野生动物资源，情节严重，其行为已触犯《刑法》，构成非法狩猎罪。

十三、非法猎捕、杀害珍贵、濒危野生动物罪与非法收购、运输、出售珍贵、濒危野生动物及其制品罪

1. 案情介绍

2011 年七八月某日，文县碧口镇白果村金洞坡社村民张某对高某说让帮忙买一张盘羊皮子（扭角羚，当地人称为盘羊），别人绷鼓用。高某答应帮忙联系。2012 年 2 月和 3 月，高某分别打电话联系高兴某、杨某，询问是否有盘羊皮子出售，高、杨二人称，这段时间没有，什么时间有什么时间打电话。4 月某日，高兴某路过杨某家院坝时，杨让高到他家商量事，杨对高说："明天我们进林打盘羊去。"高说："那就去。"此时严某正好路过杨某家，杨某又对严某说："明天一早进林里打盘羊去。"严某说："要是有时间的话，我就去。"三人协商后各自回家。次日早，三被告人携带火药枪各一支、小刀各一

把、狗各一条和化肥袋，行至甘肃白水江国家级自然保护区核心区小西沟上坡上，发现一只扭角羚，高兴某便朝其打了一枪，接着杨某开了第二枪，扭角羚便从山包上掉至沟里。三人走到小西沟河坝时发现扭角羚已经死亡。随后将扭角羚肢解后放在该地各自回家。当晚高兴某便电话联系高某，让明日一早来取扭角羚的皮和头。次日，高某来到高兴某家后，四人同往猎杀扭角羚的地方，高某背上扭角羚的皮和头，高兴某、杨某、严某背上扭角羚肉，回到高兴某家。高某以750元的价格从三被告人处购得扭角羚皮一张，头颅一具，肉15斤，后被告人高某欠款离开高兴某家。高兴某、杨某、严某将剩下的扭角羚肉用秤称后还有80斤，高兴某又打电话联系文县范坝乡范坝街从事饮食的范生满（另案处理），随后高兴某、杨某、严某三人以960元的价格将扭角羚肉销赃给范生满，三人各得赃款320元。几日后，杨某又从高某处收回欠的750元赃款，高兴某、杨某、严某各得赃款250元。三人共得赃款1710元，每人分得570元。高某将收购来的扭角羚头颅、皮、肉运回家后，便联系了张某，张某用250元收购扭角羚肉15斤。10月9日，张某用300元收购扭角羚皮一张，高某得赃款550元。剩下的扭角羚头颅开始发臭后，高某将扭角羚头颅丢到庙湾里的一石洞内。扭角羚头颅、皮张已收缴。经鉴定，被猎杀的为国家一级保护动物扭角羚，一只扭角羚的价值为375000元；皮张和头颅属于扭角羚的其他部分，其价值标准按照该种动物价值标准的20%予以折算，评估价为75000元。2013年9月12日，高兴某到甘肃省森林公安局白水江分局投案自首。

2. 思考分析

高兴某、杨某、严某、高某构成什么罪？

《中华人民共和国刑法》第三百四十一条第一款的规定包含非法猎捕、杀害珍贵、濒危野生动物罪和非法收购、运输、出售珍贵、濒危野生动物、珍贵、濒危野生动物制品两个独立罪名。本案中，四被告既有非法猎捕、杀害珍贵、濒危野生动物的行为，又有非法出售珍贵、濒危野生动物的行为。那么，是否可以认为四被告构成两个罪名而实行数罪并罚呢？根据《最高人民法院关于执行〈中华人民共和国刑法〉确定罪名的规定》，《中华人民共和国刑法》

第三百四十一条第一款的规定包含非法猎捕、杀害珍贵、濒危野生动物罪和非法收购、运输、出售珍贵、濒危野生动物、珍贵、濒危野生动物制品两个独立罪名，同时触犯两个罪名的，应择一重罪处罚。

十四、非法占用农地罪

1. 案情介绍

2011年6月，被告人郭某甲向郭某波、郭某奕等村民租用位于揭西县塔头镇潭溪村委濂溪村京棉公路北侧（又名亩八）约20亩的集体农用地。2012年1月，因申报建设用地所需，被告人郭某甲借用揭西县新越工贸发展有限公司的名义与揭西县塔头镇濂溪村经济联合社为上述租用的土地补签租地协议，后被告人郭某甲以揭西县潭溪砂砖制造有限公司的名义在该土地上生产砂砖，之后，为扩大生产规模，被告人郭某甲又陆续向其他村民租用周边的土地累计约40亩。2013年1月22日，揭西县国土资源局向被告人郭某甲发出行政处罚决定书，责令其停止土地违法行为，但被告人郭某甲拒不履行行政处罚决定，继续在该土地上生产砂砖。经揭阳市国土资源局认定：被告人郭某甲非法占用揭西县塔头镇濂溪村的土地面积共计17782平方米（折26.67亩），其中耕地面积为17429平方米（折26.14亩），耕地中的基本农田为12495平方米（折18.74亩），该基本农田原耕作层已完全被覆盖，耕种条件已被破坏。

2. 思考分析

被告人郭某甲无视国家法律，违反土地管理法规，未经法定程序审批，擅自改变土地用途，数量较大，且造成基本农田大量毁坏的后果，其行为侵犯了国家对土地的管理制度，已构成非法占用农用地罪。

十五、非法收购、运输、出售国家重点保护野生植物罪

1. 案情介绍

2013 年 2 月初，经陈某坤提议，并与邓某华、荣某一起雇请四名砍伐工（另案处理）在宜春市铜鼓县带溪乡陈某坤的自留山场上砍伐南方红豆杉树五棵，锯成长 1.8 米~2 米，直径 20 厘米~30 厘米规格的红豆杉原木 20 余根。当日晚上，陈某坤雇佣两辆“爬山虎”（农用车）将这批红豆杉原木运下山，再由荣某雇请一辆“龙马”牌货车装载这批红豆杉。邓某华联系王某升后，由王某升带领运往高安市准备出售给况某安，在前往高安途中，由不知内情的荣福生（公诉机关称不起诉）驾驶赣 AE5958 越野车在前探路，待到况某安家中时，邓某华、荣某将这批红豆杉原木以 16000~28000 元/立方米的价格出售给况某安，之后况某安请况某利帮助量方。

2013 年 2 月初，胡春生（公诉机关称在逃）通过王某升的介绍、带领，驾驶一辆“全顺”牌面包车装载九根直径 20 厘米~30 厘米的红豆杉原木运至高安出售给况某安，况某安请况某利帮助量方，王某升从中获利 1000 元。

钟某果于 2013 年 8 月认识了刘老板（公诉机关称身份不详），刘老板结识钟某果后向其提出要收购南方红豆杉原木做家具。钟某果遂联系了陈某、罗某庆寻找南方红豆杉货源，罗某庆再联系了崔某文，崔某文通过刘长伦（公诉机关称不起诉）、阿峰（公诉机关称身份不详）结识李某平，李某平再伙同陈志忠、谢某强联系况某利，得知况某利手中有待出售南方红豆杉原木。2013 年 8 月间崔某文与刘长伦、阿峰（阿峰还带有另一年轻男子）两次来到高安市龙潭镇与李某平、况某利会面，并在高安市石脑镇鹊子龙养殖场门前看了南方红豆杉原木（交易未成功）。2013 年 9 月 5 日崔某文再次与罗某庆、李某平、谢某强、陈志忠至高安市龙潭镇与况某利进行南方红豆杉交易。当日，崔某文等人在位于高安市龙潭镇万善村的况某利木材加工厂后面看到了另一批南方红豆杉原木（系赣 CG4303 货车上扣押的南方红豆杉原木），该批南方红豆杉原木是况某安从邓某华、胡春生处及零散收购而来。崔某文遂向

况某利要求购买这批红豆杉，况某利遂联系况某安商谈红豆杉购买事宜。崔某文等人最终商定以 35000 元/立方米的价格向况某安收购这批南方红豆杉原木，并约定支付介绍费给李某平、谢某强、陈志忠等人。同年 9 月 10 日下午崔某文、罗某庆到高安市龙潭镇万善村提货，并支付了 10000 元定金给况某利、况某安，约定余款待货到沪昆高速宜春服务区由广东刘老板验货后支付。当日傍晚，况某安雇请了由况某利介绍的原审被告人刘某驾驶赣 CG4303 货车运输这批南方红豆杉原木准备运至广东。同日晚 23 时许，崔某文和罗某庆，况某利和况某安分别驾驶两辆小车到达宜春服务区，9 月 11 日凌晨 1 时许，刘某驾驶装载南方红豆杉原木的赣 CG4303 货车到达宜春服务区，在双方进行验货、交易时被民警当场抓获。经分宜亚林林业司法鉴定中心鉴定，上述红豆杉为南方红豆杉，属国家一级重点保护植物，材积为 6.647 立方米，折合活立木蓄积为 10.226 立方米。

2012 年 10 月，况某利通过陈志忠的介绍得知上海有人要购买红豆杉树，况某利遂雇请刘某驾驶赣 CG4303 货车将存放于高安市龙潭镇上港村墙里自然村的红豆杉原木（系况某利零散收购而来）运输至上海浦东新区曹路镇海潮村原审被告人张某富的苗圃里，并以 35000 元/立方米的价格出售给原审被告人吴某良，获得赃款 20 万元，吴某良通过原审被告人黄某飞的介绍以 50000 元/立方米的价格出售给原审被告人张某富，并获得赃款 30 万元，吴某良、黄某飞对从中获利的 10 万元赃款各得 5 万元。2012 年 12 月张某富找黄某飞要求将这批红豆杉退货，黄某飞以 30 万元的价格再从张某富手中收购了这批红豆杉原木，后黄某飞将其中部分红豆杉原木用于其住房地板铺设。经分宜亚林林业司法鉴定中心鉴定，上述红豆杉为南方红豆杉，属国家一级重点保护植物，材积为 4.829 立方米，折合活立木蓄积为 7.43 立方米。

2. 思考分析

况某安、况某利、吴某良、黄某飞、张某富犯非法收购、运输、出售国家重点保护植物罪，判处有期徒刑，并处罚金；邓某华、荣某犯非法运输、出售国家重点保护植物罪、滥伐林木罪，数罪并罚；陈志忠犯非法收购、出售国家重点保护植物罪，判处有期徒刑，并处罚金；陈某坤犯非法运输、出售国家重点保护植物罪，判处有期徒刑，并处罚金；崔某文、罗某庆、钟某果、陈某、李某平、谢某强犯非法收购国家重点保护植物罪，判处有期徒刑，并处罚金；王某升犯非法运输、出售国家重点保护植物罪，判处有期徒刑，并处罚金；刘某犯非法运输国家重点保护植物罪，判处有期徒刑，并处罚金。

十六、盗伐林木罪

1. 案情介绍

2014 年 3~6 月，普某某与甲、乙、丙、丁、戊、戌共七人多次至峨山县化念镇山场（系集体所有）及华宁县山场盗挖了共计 19 棵清香树树桩。经鉴定，以上树桩价值 123000 元。后法院认定七被告犯盗窃罪，数额巨大，分别被判处有期徒刑，并处罚金。

2. 思考分析

该案为什么定为盗窃罪而非盗伐林木罪？

本案中，七被告具有非法占有的目的，实施了盗挖集体山场清香树树桩的行为，构成了盗窃罪而非盗伐林木罪。依据《最高人民法院关于审理破坏森林资源刑事案件具体应用法律若干问题的解释》第十五条规定：“非法实施采种、采脂、挖笋、掘根、剥树皮等行为，牟取经济利益数额较大的，依照《刑法》第二百六十四条的规定，以盗窃罪定罪处罚。”在本案中，应当区分被告人实施的是盗伐林木行为，还是挖去林木树根行为，前者若数量较大则符合盗伐林木罪的构成要件，而后者牟取经济利益数额较大时构成盗窃罪。因此，本案中挖树根的行为构成盗窃罪而非盗伐林木罪。

十七、滥伐林木罪

1. 案情介绍

2013 年 12 月初至 2014 年 1 月 4 日，被告人江某在未办理林木采伐许可证或者低产林改造手续的情况下，擅自雇请民工在其租赁李庆神等五户的山地内毁林开垦。经勘查，毁林活立木蓄积共计 146.7499 立方米，幼树 5302 株。案发后，江某主动到公安机关投案。

2013 年 5 月，被告人李某以 60 万元的价格向熊伟明收购了位于上林县三里镇双良村下文柏庄雷怀山（地名）上的速生桉树后，于同年 9 月，在未办理林木采伐许可证的情况下，让李振东雇请民工砍伐上述地点的速生桉林木。经鉴定，被砍伐林木面积为 3.6 公顷，株数为 4436 株，林木蓄积量为 612.99 立方米，出材量为 500.742 立方米，小径材 15.54 立方米。案发后，被告人李某主动到公安机关投案，如实供述了其犯罪事实。

2. 思考分析

滥伐林木罪的构成要件中要求主观上是故意，具有滥伐数量较大的客观方面。以上两个案例中被告人江某和李某都是在违反法律规定，未取得林业主管部门批准的情形下采伐林木，达到数量较大的后果，符合滥伐林木罪的客观构成要件。案例二中被告人李某辩称其已经到林业部门办理有关采伐许可证手续，且未到现场指挥砍伐，主观上不具备滥伐林木的主观故意的理由不成立。李某虽然向林业主管部门提出了采伐申请，但其明知采伐林木应当要得到林业主管部门的许可，仍在还未获得采伐许可的情况下就请工人伐木，主观上是滥伐林木的故意，符合滥伐林木罪的主观方面构成要件。

十八、盗伐林木罪与滥伐林木罪

1. 案情介绍

2012年4月29日，烟台市牟平区高陵镇下潘格庄村与烟台市富圣置业有限公司（以下简称富圣公司）签订土地承包合同，将该村村东约150亩的山峦荒滩承包给富圣公司，该土地的地上附着物树木等由富圣公司所有。2013年11月，烟台市牟平区高陵镇下潘格庄村村委会主任徐甲为将该块土地转包给他人，未经富圣公司同意，指使该村党支部委员徐乙找人把该土地上生长的杨树砍伐卖掉。徐乙遂联系了在当地做木材生意的唐丙，让唐丙将该批杨树砍伐。唐丙购买了该批杨树，并将买树款6000元付给了徐甲。2014年3月18日，唐丙组织人将该批杨树砍伐后运走。砍伐当天，其电话联系徐乙，让徐乙找人帮助修理了运输木材的道路。经鉴定，该批被砍伐的杨树共39棵，立木蓄积为17.0265立方米。2014年6月19日，徐甲将卖树款6000元交给了富圣公司。

2. 思考分析

本案中徐甲、徐乙、唐丙构成什么犯罪？

本案一审法院认为，被告人徐甲、徐乙以非法占有为目的将他人所有的林木卖给他人砍伐的行为均构成盗伐林木罪；被告人唐丙未办理林木采伐许可证擅自砍伐林木的行为构成滥伐林木罪。二审法院认为，徐甲、徐乙并不具有非法占有的目的，而是为了促成该块土地的转包实施了砍伐行为，徐甲、徐乙及唐丙法律意识淡薄，在未办理林木采伐许可证的情况下擅自砍伐林木，数量较大，其行为均构成滥伐林木罪。本案中对徐甲、徐乙的罪名认定由一审的盗伐林木罪到二审的滥伐林木罪，考察了盗伐林木罪与滥伐林木罪的区别。

盗伐林木罪与滥伐林木罪在构成要件上具有明显的差别，主要反映为四个方面。

其一，犯罪对象不同。二者的犯罪对象都是森林和其他林木，但在具体内容上却有分别。滥伐林木罪的对象是具有所有权或者采伐权的森林和其他林木；而盗伐林木罪的对象则是既无所有权也无采伐权的森林和其他林木。

其二，犯罪客观方面不同。滥伐林木行为以违反《森林法》为前提，客观行为包括有采伐许可证而不按照其规定要求的采伐行为，以及无证任意采伐具有所有权的采伐森林或林木的行为；而盗伐林木行为则纯属是无采伐许可证的采伐行为，行为人是在林木所有人、看管人或主管机关不知情的情况下，私自秘密采伐不具有所有权的森林或其他林木，因此，盗伐林木行为本身具有非法占有林木的性质。

其三，犯罪主观方面不同。滥伐林木罪与盗伐林木罪的主观罪过形式上虽都属故意，但两罪的故意内容存有差别。前者主观既可以是直接故意，也可以是间接故意，即行为人虽然不希望造成森林损害结果的发生，但是又不设法防止，而采取听之任之、漠不关心的态度。无论主观罪过是直接故意还是间接故意，其主观内容都不包含非法占有林木的目的。而盗伐林木罪只能是直接故意，而且行为人主观上具有非法占有林木的目的。盗伐林木罪可能是自用、销售盈利、转送他人或转归单位所有等，但不影响盗伐林木罪的构成。

其四，犯罪主体不同。盗伐林木罪的主体是林木所有者以外的自然人或单位；而滥伐林木罪的主体既可以是林木所有者、承包经营管理者，也可以是其他自然人或单位。

十九、非法收购盗伐、滥伐林木罪

1. 案情介绍

2011 年 12 月 19 日，杨春银、鲁海、来某甲三人商定，由鲁海、来某甲砍伐木料，杨春银以每根杠木 14 元的价格进行收购。鲁海、来某甲砍伐木料，运输车辆由杨春银联系。12 月 20 日早，鲁海到凤县八方山朱家沟口进沟砍伐、拖运木料。当晚 22 时许，来某甲乘坐杨春银雇用的彭某的陕 C20284 号货车到八方山拉运木材，来某甲、鲁海现场组织装料。在装车过程中，被河口森林派出所当场查获，在车上查获杠木 225 根，未装车的杠木 68

根，共查获非法砍伐的杠木 293 根。经鉴定，盗伐林木的立木蓄积为 19.862 立方米。2013 年 1 月 21 日，杨春银以每根 10 元的价格，从河口镇沙坝村姬某甲（已判决）处，非法收购姬某甲盗伐、滥伐的松木椽子 175 根，后被杨春银转手出售。经鉴定，立木蓄积 6.8814 立方米。2013 年 10 月左右，杨春银欲收购张某甲自留山上的林木，二人商定，由张某甲组织人砍伐，杨春银予以收购，张某甲从中赚取差价。因张某甲自留山上车辆无法通行，为转运木料，杨春银又联系潘某某修路，并支付了修路费用。2013 年 11 月起至 2014 年 3 月，杨春银、张某甲在河口镇安河寺村六组大坟园沟张某甲家自留山上砍伐木材四次，共砍伐林木 82 株，截得木料 234 根，后木料被杨春银出售。2013 年 12 月前后，张某甲将其自留山上最大的一株水青冈树卖给了雷某，该树被雷某砍伐。经鉴定，杨春银、张某甲滥伐的 82 株林木，立木蓄积 37.0770 立方米，张某甲卖给雷某的一株林木，立木蓄积 2.6166 立方米。

2. 思考分析

杨春银非法收购盗伐、滥伐的林木两次，立木蓄积共计 26.7434 立方米。杨春银与张某甲共谋滥伐林木，立木蓄积 37.0770 立方米。鲁海、来某甲盗伐林木，立木蓄积 19.862 立方米。张某甲滥伐林木，立木蓄积 39.6936 立方米。据此，法院认为，杨春银明知是盗伐、滥伐的林木而予以收购，收购林木的立木蓄积达 26.7434 立方米，情节严重，其行为已构成非法收购盗伐、滥伐林木罪。杨春银与张某甲共谋滥伐林木，立木蓄积达 37.0770 立方米，数量较大，其行为亦构成滥伐林木罪。鲁海、来某甲违反国家森林管理法规，以非法占有为目的，盗伐国有林木，立木蓄积达 19.862 立方米，数量较大，其行为已构成盗伐林木罪。张某甲违反国家森林管理法规，未办理林木采伐许可证，随意采伐本人自留山上的林木，立木蓄积达 39.6936 立方米，数量较大，其行为已构成滥伐林木罪。

第四章 污染防治法案例分析

第一节 大气污染防治法

一、长溢公司诉高明环保局环保行政命令案[①]

1. 案情介绍

长溢公司处于佛山市高明区。为了扩大生产规模，长溢公司于 2012 年 2 月委托某环保科技有限公司对其申请增加干式、湿式生产线各一条及新增 10 蒸吨燃煤锅炉一台进行环境影响评价。2012 年 11 月 29 日，长溢公司收到了高明区环境保护局做出的《关于佛山市高明长溢合成革有限公司增设一干一湿生产线项目环境影像报告书批复的函》（以下简称批复函），该函同意原告新增一台 10 蒸吨燃煤锅炉。

佛山市人民政府 2012 年 3 月 15 日颁布了《关于划定佛山市高污染燃料限制区域的通告》，划定包括高明区在内五区的高污染燃料限制区，长溢公司并没有划入该限制区域。2013 年 7 月 22 日，高明市环保局做出《关于燃煤、燃

① 广东省佛山市中级人民法院（2015）佛明法行初字第 8 号行政判决书。

重油、燃木材锅炉整治工作的通知》(以下简称《通知》),通知该区需淘汰小、旧锅炉,不再审批新建10蒸吨以下锅炉。该《通知》出台后,高明市环保局没有明确告知长溢公司2012年11月已经审批的10蒸吨锅炉是否能够新建。于是长溢公司认为其已经审批的10蒸吨锅炉可以继续建设,并于2013年12月30日主动将原有的两台小、旧锅炉申请注销,同时备案;长溢公司依据上述批复函向环保局提交了《新增一台10蒸吨/小时锅炉申请书》及订购锅炉的买卖合同复印件作为备案。环保局在收到长溢公司提交的新建锅炉申请及订购锅炉等备案材料后,没有做出任何回复或警示。

2014年4月16日,佛山市人民政府做出《关于扩大高污染燃料限制区域的通知》,将长溢公司所在区域划入扩大的高污染燃料限制区域内。2014年4月23日,环保局就佛山市扩大高污染燃料限制区域的通知一事召开会议,包括长溢公司在内的17家企业派代表参加了会议并出具承诺书,承诺在2014年10月1日前完成锅炉的淘汰或者改造。2014年5月26日,长溢公司购买10蒸吨锅炉一台,后向环保局及区质量技术监督局申请报装批复及办理验收备案手续,但以上两部门则以各种理由不予回复。2014年7月16日,长溢公司收到环保局做出的《关于落实高污染燃料限制使用区域相关规定的通知》,通知其在当年9月30日前将现有的高污染燃料燃用设施予以拆除或者改造;逾期则由环保部门责令拆除或者没收。长溢公司为了降低损失,将已经购买的锅炉低价退回厂家,造成直接损失420000元。此后原告轮流使用已经报注销的两台锅炉(YLW-3500WA、YLW-4600WA)。

2014年10月13日,环保局到长溢公司处进行执法检查,发现其已于2013年12月30日申请注销的两台燃煤锅炉(YLW-3500MA、YLW-4600MA)仍在使用,遂进行调查取证。2014年10月16日,环保局做出责令改正决定书,责令长溢公司立即自行拆除上述两台燃煤锅炉。长溢公司认为其使用属于有正当理由,环保局责令改正决定书错误,同时请求环保局赔偿其相应的损失420000元。

2. 思考分析

长溢公司是否可以以其具有正当理由而违法使用燃煤锅炉免除行政处罚?

该案发生于2014年，适用修订之前的《环境保护法》和《大气污染防治法》。

首先，环保局具有执法权。根据《环境保护法》第七条第二款“县级以上地方人民政府环境保护行政主管部门，对本辖区的环境保护工作实施统一监督管理”和《大气污染防治法》第四条第二款“县级以上人民政府环境保护行政主管部门对大气污染防治实施统一监督管理”的规定，高明区环境保护局作为县级人民政府环境保护行政主管部门，在检查中发现长溢公司存在违反《大气污染防治法》的行为，调查取证后做出行政处罚决定，其主体适格。

其次，长溢公司存在违法使用燃煤锅炉的事实，不能免除行政责任的承担。根据《大气污染防治法》第二十五条第二款的规定，大气污染防治重点城市人民政府可以在本辖区内划定禁止销售、使用国务院环境保护行政主管部门规定的高污染燃料的区域；该区域内的单位和个人应当在当地人民政府规定的期限内停止燃用高污染燃料，改用天然气、液化石油气、电或者其他清洁能源。同时，该法第五十一条也规定：“违反本法第二十五条第二款或者第二十九条第一款的规定，在当地人民政府规定的期限届满后继续燃用高污染燃料的，由所在地县级以上地方人民政府环境保护行政主管部门责令拆除或者没收燃用高污染燃料的设施。”本案中佛山市人民政府发布的扩大佛山五区高污染燃料限制适用区域的通知中已经明确将长溢公司所在区域划入限制区，而环保局也在4月23日通知了原告，原告也出具了10月1日前完成锅炉改造或升级的承诺。2014年7月16日环保局以通知的形式告知长溢公司其处于规定的限制区域内，需在2014年9月30日前完成高污染燃料锅炉的拆除或者改造。在此，包括长溢公司新申请的锅炉以及其之前已经申请报废的两台锅炉均属于被淘汰之列，长溢公司在10月1日之后使用两台淘汰锅炉的事实确实存在，违反了《大气污染防治法》中关于高污染燃料限制区制度的法律规定，应当承担其法律后果，即由环保局责令改正。

二、中华环保联合会与德州晶华集团振华有限公司环境污染责任纠纷案

1. 案情介绍

2000年德州晶华集团振华有限公司（以下简称振华公司）成立，其经营范围为电力生产、平板玻璃、玻璃空心砖、玻璃深加工、玻璃制品制造等。该公司的优质超厚玻璃项目、高档优质汽车原片项目皆通过环境影响评价的审批和“三同时”验收。振华公司有三条浮法玻璃生产线，1号线已于2011年全面停产，2#线、3#线因玻璃生产特殊工艺要求及冬季供暖，一直继续生产。虽然振华公司为此投入资金建设了两线脱硫除尘设施，但2号线、3号线两个烟囱长期超标排放大气污染物。据德州市环境保护监测中心站的监测，2012年3月、5月、8月、12月，2013年1月、5月、8月，振华公司废气排放均能达标；但2013年11月，2014年1月、5月、6月、11月及2015年2月二氧化硫、氮氧化物及烟粉尘存在超标排放情况。德州市环境保护局分别于2013年12月、2014年9月、2014年11月、2015年2月对振华公司进行行政处罚，处罚数额均为10万元。而2014年12月，山东省环境保护厅也对振华公司进行行政处罚，罚款10万元。

2015年3月21日，中华环保联合会向德州市中院起诉，对振华公司污染大气行为提起环境公益诉讼，要求立即停止污染行为，增设大气污染防治措施；索赔因超标排放污染物造成的损失2746万元（按照被告大气污染防治设施投入及运营的成本计算得出）以及因拒不改正超标排放污染物行为造成的损失780万元（以10万元为基数，自2015年1月1日开始暂计算至2015年3月19日）；公开赔礼道歉。

2015年3月23日，德州市环境保护局责令振华公司立即停产整治，2015年4月1日之前全部停产，停止超标排放废气污染物。2015年3月27日，振华公司生产线全部放水停产，并于德城区天衢工业园以北养马村新选厂址，原厂区准备搬迁。

2. 思考分析

（1）中华环保联合会是否是本案的适格主体？

本案件是典型的、由环保组织提起的大气污染环境公益诉讼案件。根据《环境保护法》第五十八条规定，对污染环境、破坏生态、损害社会公共利益的行为，符合下列条件的社会组织可以向人民法院提起诉讼：①依法在设区的市级以上人民政府民政部门登记；②专门从事环境保护公益活动连续五年以上且无违法记录。中华环保联合会于 2005 年 4 月 22 日在民政部登记成立，自登记之日至本案起诉之日已逾十年，从事环境保护公益活动满五年，并无违法记录。因此，原告中华环保联合会是本案的适格主体。

（2）振华公司排放大气污染物的行为是否构成环境公益诉讼中的适格被告？

《最高人民法院关于审理环境民事公益诉讼案件适用法律若干问题的解释》（以下简称环境民事公益诉讼司法解释）第一条规定，法律规定的机关和有关组织依据《民事诉讼法》第五十五条、《环境保护法》第五十八条等法律的规定，对已经损害社会公共利益或者具有损害社会公共利益重大风险的污染环境、破坏生态的行为提起诉讼，符合《民事诉讼法》第一百一十九条第二项、第三项、第四项规定的，人民法院应予受理。本案中，振华公司自 2013 年 11 月起长期多次向大气环境超标排放二氧化硫、氮氧化物、烟粉尘等污染物，经环保部门多次行政处罚仍旧不予改正，其行为显然已经是“具有损害社会公共利益重大风险的环境污染行为”，属于环境公益诉讼针对的对社会公共利益造成侵害或有重大风险的行为。

（3）中华环保联合会可以要求振华公司停止侵害并承担赔礼道歉的民事责任吗？

环境民事公益诉讼司法解释第十八条规定，对污染环境、破坏生态，已经损害社会公共利益或者具有损害社会公共利益重大风险的行为，原告可以请求被告承担停止侵害、排除妨碍、消除危险、恢复原状、赔偿损失、赔礼道歉等民事责任。因此，中华环保联合会要求振华公司立即停止超标向大气排放污染物以及在省级以上媒体向社会公开赔礼道歉的诉讼请求是有法律依据的。由于振华公司在中华环保联合会起诉后已于 2015 年 3 月 27 日放水停产，停止使用原厂区，已经停止侵害。而环境权益具有公共权益的属性，优良的环境为人们提供美学价值，振华公司超标排放大气污染物，会影响到公众对于蓝天白云的精神需求，侵害了社会公共的精神性环境权益，应当承担赔礼道歉的民事责任。

（4）本案的损害赔偿数额如何计算？

中华环保联合会为了证明振华公司造成的损失，委托环境保护部环境规划院鉴定振华公司排放大气污染物致使公私财产遭受损失的数额，包括污染行为直接造成的财产损坏、减少的实际价值，以及为防止污染扩大、消除污染而采取必要合理措施所产生的费用。环境保护部环境规划院环境风险与损害鉴定评估研究中心利用虚拟治理成本法计算得到的环境损害为：污染物的主要性质为烟粉尘、二氧化硫和氮氧化物，其中二氧化硫超标排放时段为2014年6月10日至2014年8月17日，共计68天，氮氧化物超标排放时段为2013年11月5日至2014年6月23日、2014年10月22日至2015年1月27日，共计327天，烟粉尘超标排放时段为2013年11月5日至2014年6月23日，共计230天，结合污染物排量计算出虚拟治理成本为142.8万元、400.52万元、6.27万元。同时，振华公司所在区域为空气功能区二类区，该区域的生态损害数额为虚拟治理成本的3~5倍，受诉法院按照虚拟治理成本的4倍计算出生态损害数额，即（142.8万元+400.52万元+6.27万元）×4=2198.36万元。

（5）振华公司主张其已投入脱硫设备，运营成本1815万元，应当据此减轻责任的主张成立吗？

根据《侵权责任法》第六十六条规定，因污染环境发生纠纷，污染者应当就法律规定的不承担责任或者减轻责任的情形及其行为与损害之间不存在因果关系承担举证责任。《最高人民法院关于审理环境侵权责任纠纷案件适用法律若干问题的解释》第七条规定，污染者举证证明下列情形之一的，人民法院应当认定其污染行为与损害之间不存在因果关系：①排放的污染物没有造成该损害可能的；②排放的可造成该损害的污染物未到达该损害发生地的；③该损害于排放污染物之前已经发生的；④其他可以认定污染行为与损害之间不存在因果关系的情形。而振华公司主张的其已投入脱硫设备，运营成本

1815万元，应当减轻责任之抗辩理由不属于法定的不承担责任或者减轻责任的情形，因此不能得到支持。更何况，污染损害数值的计算本就是针对其已经配备了脱硫设施之后产生的虚拟治理成本，因此，配备脱硫设施并不会减少该损失额，如果没有该设施的话，损害数额会更高。

（6）中华环保联合会要求振华公司赔偿因超标排放污染物造成的损失780万元的诉求能否成立？

中华环保联合会要求振华公司赔偿因超标排污造成损失的780万元的计算依据是以10万元罚款额为基数，从2015年1月1日开始暂计算至2015年3月19日共78天连续计算。《中华人民共和国大气污染防治法》第九十九条规定："违反本法规定，有下列行为之一的，由县级以上人民政府环境保护主管部门责令改正或者限制生产、停产整治，并处十万元以上一百万元以下的罚款；情节严重的，报经有批准权的人民政府批准，责令停业、关闭……（二）超过大气污染物排放标准或超过重点大气污染物排放总量控制指标排放大气污染物的……"《环境保护法》第五十九条规定："企业事业单位和其他生产经营者违法排放污染物，受到罚款处罚，被责令改正、拒不改正的，依法做出处罚决定的行政机关可以自责令改正之日的次日起，按照原处罚数额按日连续处罚。"以上两条规定针对的是行政处罚而非民事责任，而且我国目前环境民事公益诉讼司法解释中并没有规定惩罚性赔偿，该主张不应被支持。

（7）中华环保联合会"增设大气污染防治设施，经环境保护行政主管部门验收合格并投入使用后方可进行生产经营活动"的诉讼请求，因该项诉讼请求不属于环境民事公益诉讼司法解释规定的承担责任的方式中的任何一种，且振华公司已经于原告起诉之后放水停产，原厂停止使用，另选新厂址，因此该项诉请不能被支持。

第二节 水污染防治法

一、陈德龙诉成华区环保局水污染行政处罚案[①]

1. 案情介绍

陈德龙系个体工商户，是龙泉驿区大面街道办德龙钢化玻璃加工厂的业主，自 2011 年 3 月开始在成都市成华区保和街道办事处天鹅社区一组租用厂房从事钢化玻璃加工生产。2012 年 11 月 2 日，成华区环保局在现场检查时发现陈德龙有涉嫌私自设置暗管偷排污水的行为。成华区环保局于当日向陈德龙送达了《约见通知书》，后对陈德龙的行为进行立案调查。经调查取证，于 2012 年 11 月 5 日做出 《限期整改决定书》，要求陈德龙立即拆除私设暗管、生产废水收集后循环利用不能外排、生活废水综合利用。由于陈德龙在 2012 年 7 月 20 日实施了未办理环评手续、环保设施未验收投入生产的违法行为，已被成华环保局罚款 2 万元，这次私设暗管排污属于第二次环境违法行为。经过听证等程序后，成华区环保局于 2012 年 12 月 11 日做出《行政处罚决定书》，对陈德龙私设暗管的违法行为进行处罚，因其之前已因环境违法被处罚，此次除责令立即拆除暗管外，适用最高额度罚款 10 万元。陈德龙对此行政处罚不服，向成都市成华区人民法院提起诉讼，请求撤销该处罚。

2. 思考分析

（1）陈德龙的钢化玻璃加工厂注册地在龙泉驿区大面街道办，成华区环保局是否具有行政执法权？

① 成都市成华区人民法院（2014）成华行初字第 29 号行政判决书。

根据《环境保护法》第十条的规定："县级以上地方人民政府环境保护主管部门，对本行政区域环境保护工作实施统一监督管理。"据此，成都市成华区环境保护局对成华区范围内的公民、法人或者其他组织实施的环境违法行为享有监督管理的职权，有权做出行政处罚或责令改正的行政命令。

本案中一个重要问题即是登记地在龙泉驿区，而污染行为发生在成华区的环境污染行为由哪个区域的环境保护局监督管理。本案中陈德龙的加工场注册地在龙泉驿区，而其实际租用了成华区的厂房从事生产。根据《中华人民共和国行政处罚法》第二十条的规定，行政处罚由违法行为发生地的县级以上地方人民政府具有行政处罚权的行政机关管辖，《环境行政处罚办法》第十七条的规定，县级以上环境保护主管部门管辖本行政区域的环境行政处罚案件。造成跨行政区域污染的行政处罚案件，由污染行为发生地环境保护主管部门管辖。本案中，陈德龙的实际生产加工、形成环境违法事实的具体地点在成都市成华区，因而，成华区环境保护局对陈德龙在其辖区内发生的具体环境违法行为具有合法的违法管制追究管辖权。

（2）陈德龙提交了成都市成华区环境监测站于 2012 年 5 月 22 日的《检测报告》，以证明其排放的水质达标，这是否构成免除本案行政处罚的事由？

陈德龙提交了其污水排放达标的《检测报告》，以证明其排放的污水属达标排放且并未造成危害后果，此种情形下不应当对其行政处罚或不应当罚款 10 万元。

其一，污水达标排放且没有危害后果不能构成不处罚私设暗管行为的理由。《水污染防治法》第二十二条规定："向水体排放污染物的企事业单位和个体工商户，应当按照法律、行政法规和国务院环境保护主管部门的规定设置排污口；禁止私设暗管或采取其他规避监管的方式排放水污染物。"第七十五条第二款规定："违反法律、行政法规和国务院环境保护主管部门的规定设置排污口或者私设暗管的，由县级以上地方人民政府环境保护主管部门责令限期拆除，处两万元以上十万元以下的罚款。"可见，私设暗管行为是《水污染防治法》单独规范的一种违法行为，我国法律之所以将私设暗管行为单独列为违法行为，是因为该行为的行为人主观上就是要逃避监管，主观恶性大。只要具有私设暗管的违法行为，不管实际排放污水是否达标，能否产生环境污染的后果，都构成因该行为而承担行政责任的要件。行政违法行为是承担环境行政责任的必备要件，而危害结果和因果关系则属于选择要件。

其二，污水达标排放且没有危害后果发生不能构成减轻私设暗管处罚的理由。这是因为，私设暗管行为本质上是行为人为了逃避监管故意而为之，其主观恶性十分明显；污水达标排放且没有发生损害后果只是这个个案的结果，不能以客观结果的好坏就减轻行为人主观恶性较大行为的行政处罚。

（3）对陈德龙适用 10 万元罚款的处罚是否适当？

《环境保护法》第七十五条第二款规定："违反法律、行政法规和国务院环境保护主管部门的规定设置排污口或者私设暗管的，由县级以上地方人民政府环境保护主管部门责令限期拆除，处两万元以上十万元以下的罚款。"对陈德龙处以 10 万元的罚款在法律规定的处罚额度内，不存在违法的情形。那么，成华区环保局在法定范围的"两万元以上十万元以下"的范围内进行自由裁量，而处以最高额 10 万元的罚款，是否适当呢？笔者认为，成华区环保局在法律规定的处罚额度内进行处罚，其行为本身无不法性可言，而其之所以选择最高额度处罚是因为陈德龙在 2012 年 7 月 20 日就因为未办理环评手续、环保设施未验收即投入生产的违法行为受到过行政处罚，陈德龙还故意私设暗管进行排污，实施二次违法行为，对其适用最高额罚款并无不妥。

二、上海勤辉混凝土有限公司诉奉贤区政府责令关闭案

1. 案情介绍

上海勤辉混凝土有限公司（以下简称勤辉公司）成立于 2006 年 2 月 13 日，位于黄浦江上游沿岸，经营范围包括混凝土生产、加工、销售。2010 年 3 月 23 日，该公司住所地暨实际生产经营地被划入上海市黄浦区饮用水水源二级保护区。2014 年 5 月 28 日，上海市环保局对勤辉公司生产经营地现场检查，发现其混凝土搅拌生产线正在生产。上海市环保局以二级水源保护区内排放污染物的建设项目不应纳入建设项目环评文件和环保设施"三同时"竣工验收管理为由，将该案件转由奉贤区环保局行政处罚并报奉贤区人民政府

责令关闭。2015 年 2 月 9 日，上海市奉贤区人民政府以勤辉公司在饮用水水源二级保护区内从事混凝土制品制造，生产过程中排放粉尘、噪声等污染物为由，做出责令该公司关闭的决定。勤辉公司不服，诉至上海市第一中级人民法院，要求撤销上述决定。

2. 思考分析

（1）勤辉公司建设时间是 2006 年 2 月，奉贤区政府依据 2008 年的《水污染防治法》做出责令关闭的决定是否合法？

勤辉公司于 2006 年成立，其所处区域被划为二级饮用水水源保护区是在 2010 年，新《水污染防治法》实施是在 2008 年。奉贤区政府有权依据后实施的《水污染防治法》对饮用水水源保护区划定之前就存在的勤辉公司进行处罚吗？《水污染防治法》第五十九条规定："禁止在饮用水水源二级保护区内新建、改建、扩建排放污染物的建设项目；已经建成的排放污染物的建设项目，由县级以上人民政府责令拆除或关闭。"第八十一条规定："有下列行为之一的，由县级以上地方人民政府环境保护主管部门责令停止违法行为，处十万元以上五十万元以下的罚款；并报经有批准权的人民政府批准，责令拆除或关闭……（二）在饮用水水源二级保护区内新建、改建、扩建排放污染物的建设项目的……"依据以上两条规定可以看出，对于饮用水水源二级保护区划定后法律严格禁止新建、改建、扩建排放污染物的建设项目，如果有的，由环保部门处以十万元以上五十万元以下的罚款，同时报经有权人民政府批准责令拆除或关闭；而对于饮用水水源保护区划定前就已经建成的排放污染物的建设项目，由县级以上人民政府责令拆除或关闭。因此，本案中勤辉公司虽然在保护区划定之前就存在，但只要是属于排放污染物的项目，其所在地的县级人民政府，即奉贤区政府就有权责令其拆除或关闭。

（2）勤辉公司混凝土搅拌生产线并未向水体排放污染物，其排放的粉尘、噪声等污染是否属于《水污染防治法》中对饮用水水源地保护的法律规定的禁止情形？

勤辉公司认为，其只排放了粉尘（大气污染物）和噪声，并未向水体排放污染物，《水污染防治法》针对的是水体污染的防治，大气污染物和噪声污染不属于该法调整，因此其混凝土生产线也不能算作饮用水水源保护区制度中禁止设立的建设项目。该理由不成立。环境保护部环函〔2009〕33号复函中称：“《水污染防治法》第五十九条第一款中规定的‘排放污染物的建设项目’并非特指排放水污染物的建设项目，也应包括排放大气污染物、固体废物等其他污染物的建设项目。”可见，饮用水水源保护区制度中对于排放污染物的建设项目的规范并不仅局限于排放水污染物。勤辉公司从事的混凝土生产客观上存在粉尘排放，按照常理具有对水体产生影响的可能性，适用《水污染防治法》的处罚于法有据。

（3）本案是涉及饮用水水源保护的典型案例。饮用水安全与人民群众健康息息相关，近年来，饮用水水源安全问题备受社会关注。2008年修订的《水污染防治法》明确了国家建立饮用水水源保护区制度，既对以后新建、改建、扩建项目做出了具体规定，也规定了在饮用水水源保护制度确立之前已经建成的建设项目如果属于法律禁止的情形，也应当由县级以上人民政府责令拆除或关闭。同时，环境作为一个整体，不能截然区分开各种不同污染物质的环境影响，因此“十三五”规划中明确要求推进多污染综合防治和环境治理，实行联防联控和流域共治，深入实施大气、水、土壤污染防治行动计划。本案的判决对于饮用水水源保护制度建立之前已存在的建设项目的拆除及关闭具有重要的指导意义，同时也明确了环境污染联防联控的要求，有利于保护人民群众饮水安全。

三、定扒造纸厂水污染责任纠纷案

1. 案情介绍

贵阳市乌当区定扒造纸厂（以下简称定扒纸厂）自2003年起经常将生产废水偷偷排入南明河或超标排放锅炉废气，多次受到当地环境保护行政主管部门处罚。但该造纸厂仍采取夜间偷排的方式逃避监管，向南明河排放污水。中华环保联合会、贵阳公众环境教育中心提起诉讼，请求判令定扒纸厂立即停排污水，消除危险并支付原告支出的合理费用。贵州省清镇市人民法院

（以下简称清镇法院）受理案件的同时，即依原告申请采取了拍照、取样等证据保全措施，固定了证据，并裁定责令定扒纸厂立即停止排污。经法院委托贵阳市环境中心监测站对定扒纸厂排放的废水取样检测，废水中氨氮含量等指标均严重超过国家允许的排放标准，其排污口下游的南明河水属劣五类水质。经原告申请，法院协调由贵阳市两湖一库基金会从环境公益诉讼援助基金中先行垫付上述检测费用。清镇法院确定由一名审判员和两名环保专家担任人民陪审员共同组成合议庭。审理过程中，合议庭充分发挥专家作用，召开专家咨询委员会会议对被告的排污行为进行论证，依法采信了专家意见。该院还针对其他几家造纸厂排污行为提出由环境保护行政主管部门对这些造纸厂进行查处的司法建议，将南明河的污染问题一并解决。

2. 思考分析

清镇法院一审认为，定扒造纸厂取得的排污许可证载明，其能够排放的污染物仅为二氧化硫、烟尘等，不包含废水。但定扒造纸厂却采取白天储存、夜间偷排的方式，利用溶洞向南明河排放严重超标工业废水，从直观上、实质上都对南明河产生了污染，严重危害了环境公共利益，故其应当承担侵权民事责任，判令定扒造纸厂立即停止向南明河排放污水，消除对南明河产生的危害，并承担原告合理支出的律师费用及贵阳市两湖一库基金会垫付的检测费用。

为加大环境司法保护力度，贵阳市积极探索环境保护案件集中管辖和三审合一的模式，即由清镇法院生态保护法庭负责审理贵阳市辖区内所有涉及环境保护的刑事、行政、民事一审案件。本案被告地处贵阳市乌当区，清镇法院系按照上述环境污染案件跨行政区域管辖的规定受理并审理本案。本案审理中，合议庭在受理案件的同时保全证据，及时采取先予执行措施，协助原告申请环保基金垫付评估、鉴定、分析检测费用，依法采信专家意见，邀请环保专家担任人民陪审员，进行了一系列有益的探索。清镇法院还注意与环境保护行政主管部门协调联动，及时采取措施制止被告及其他纸厂的排污行为，使南明河的生态环境得到改善。

四、锦汇公司等六企业环境污染侵权赔偿纠纷案[①]

1. 案情介绍

锦汇公司、常隆公司、富安公司、施美康公司、申龙公司、臻庆公司是在泰兴市经济开发区内从事化工产品生产的企业，在其化工产品生产过程中产生副产盐酸、对羟基苯甲醚催化剂废硫酸、丁酸、二氧化硫、氯乙酰氯、氨基油尾气吸收液（以下简称副产酸）。副产酸属于危险化学品，其生产、出售、运输、储存和处置有专门的规范。江中公司、祥峰公司、鑫源公司、全慧公司分别设立于2004~2011年，经营范围分别包括危险化学品、化工原料批发、零售等，均领取《危险化学品经营许可证》，但没有固定组织机构和人员，没有获得处理废酸等危险废物的经营许可证。

锦汇公司于2011年1月1日与江中公司签订工矿产品购销合同，约定每月向江中公司提供副产酸800吨，价格20~100元不等。2011年12月至2013年3月，江中公司戴卫国等人至锦汇公司提取副产酸8224.57吨，锦汇公司每吨补贴给江中公司20元。江中公司戴卫国等人将上述副产酸中的5460.18吨倾倒至如泰运河、古马干河。常隆公司、富安公司、施美康公司、申龙公司、臻庆公司在2010~2012年，都通过产品购销的方式处理了副产酸，江中公司、祥峰公司、鑫源公司、全慧公司等公司为收购公司。当地环保联合会认为，以上六家企业将副产酸这一危险废物交由没有许可证的四家企业倾倒，造成了水污染，起诉六家企业要求承担责任。

2. 思考分析

（1）当地环保联合会是否具有原告主体资格？

2012年实施的《民事诉讼法》第五十五条规定："对污染环境、侵害众多消费者合法权益等损害社会公共利益的行为，法律规定的机关和有关组织可

---

① 最高人民法院（2014）苏环公民终字第00001号民事判决书。

以向人民法院提起诉讼。”2015 年实施的《环境保护法》第五十八条对可以提起环境民事公益诉讼的主体范围做了限制规定，即“（一）依法在设区的市级以上人民政府民政部门登记；（二）专门从事环境保护公益活动连续五年以上且无违法记录”。本案中作为原告的环保联合会是 2014 年 2 月 25 日在当地民政局登记设立的社会组织，其宗旨是围绕可持续发展战略，贯彻落实科学发展观，围绕实现当地环境保护目标和维护公众环境权益，发挥政府与社会之间的桥梁和纽带作用，推动当地及全人类环境保护事业的进步与发展。其业务范围包括提供环境决策建议、维护公众环境权益、开展环境宣传教育、政策技术咨询服务等。该环保联合会于 2014 年 8 月 4 日依据《民事诉讼法》第五十五条的规定提起本案环境民事公益诉讼，有充分的法律依据。而 2015 年 1 月 1 日正式施行的《中华人民共和国环境保护法》不适用于本案。故当地环保联合会具有原告主体资格。

（2）锦汇公司以出售方式处置其生产的副产酸的行为与造成如泰运河、古马干河环境污染损害结果之间是否存在因果关系？

锦汇公司等六被告负有防范其生产的副产酸污染环境的义务。副产酸属于危险化学品，其生产、出售、运输、储存和处置有专门的规范。《水污染防治法》第二十九条第一款规定，禁止向水体排放油类、酸液、碱液或者剧毒废液。副产酸作为企业生产化工产品过程中产生的副产品，在无法进入市场的情况下，应当按照国家法律法规的规定由有资质处理危险废物的机构进行处置。锦汇公司生产经营过程中产生的副产酸属于危险化学品，其生产、出售、运输、储存和处置有专门的规范，锦汇公司应对副产酸的处置具有较高的注意义务。向水体倾倒数万吨酸液必然会导致环境污染，这是人所共知的常识。

锦汇公司等六被告作为副产酸的生产厂家，在明知副产酸的市场需求弹性不足的情况下，应当预见到相当数量副产酸不可能作为原料进入生产领域，过剩副产酸的无序流转存在极大环境风险。锦汇公司六被告对案涉副产酸的处置行为必须尽到谨慎注意义务并采取一切必要的、可行的措施防止其最终被倾倒。表面上看，锦汇公司通过与江中公司签订《工矿产品购销合同》，将副产酸出售给江中公司，江中公司的倾倒行为对水体造成的影响与锦汇公司无关。但事实上，锦汇公司作为出卖人出售副产酸，买受人江中公司仅支付1元/吨的价款，锦汇公司反而支付20元/吨的运输费用或者其他补贴给江中公司，此种补贴出售行为明显不符合买卖合同的基本特征。锦汇公司等六被告在明知副产酸极有可能被非法倾倒的情况下，却对此持放任态度，向并不具备副产酸处置能力和资质的企业销售副产酸，应视为一种在防范污染物对环境污染损害上的不作为，该不作为与环境污染损害结果之间存在法律上的因果关系。虽然锦汇公司并未直接实施倾倒行为，但其在明知副产酸市场低迷，对其进行无害化处理需花费高昂处理费用的情况下，采用补贴运输费用等方式将副产酸交给不具备处置资质的江中公司，并长期放任江中公司将副产酸倾倒入河，造成如泰运河、古马干河水体大面积污染。锦汇公司等六被告的补贴销售行为是违法倾倒案涉副产酸得以实施的必要条件，也是造成如泰运河和古马干河环境污染的直接原因。如锦汇公司对其处分副产酸方式的性质果真认知为合法行为和行业惯例，那么完全可以直接与有副产酸处置资质的企业签订委托处置合同并向其支付报酬，而根本无须采取此种先以象征性价格出售再远超售价进行补贴的方式。对锦汇公司等六被告而言，以1元/吨的象征性价格并支付20~100元/吨不等的补贴向倾倒者销售，案涉副产酸实际上已经处于被抛弃状态。其将实际上已经处于被抛弃状态的副产酸补贴销售给江中公司等企业，不仅给倾倒者提供了污染源，而且客观上使倾倒者获取了非法利益，其行为与如泰运河、古马干河环境污染损害结果之间存在事实上的因果关系。

（3）本案中锦汇公司的环境损害责任应如何计算？

向水体倾倒危险废物的行为直接造成了区域生态环境功能和自然资源的破坏，无论是对长江内河水生态环境资源造成的损害进行修复，还是将污染引发的风险降至可接受水平的人工干预措施所需费用，均将远远超过污染物直接处理的费用；由于河水的流动和自我净化，即使倾倒点水质得到恢复，也不能因此否认对水生态环境曾经造成的损害。水环境具有流动性，污染行为瞬间发生，损害现场无法复原，这属于“环境修复费用难以计算”的情形，可以采用虚拟治理成本法来计算环境修复费用。

（4）该案审理过程中，北京市朝阳区自然之友环境研究所针对当地其他污染企业提起的环境民事公益诉讼案件是否会减轻锦汇公司责任？

法院依据锦汇公司被江中公司倾倒副产酸的数量计算出锦汇公司应承担的环境修复费用，与其他污染企业的责任不存在交叉或重叠。案件是否存在其他污染主体或漏列其他污染主体，其实并不影响判决的公正性。因为本案并非按照总体的环境污染损害结果来计算环境修复费用，而是按照污染者各自倾倒污染物的种类及数量来计算环境修复费用，判决结果并没有免除或减少其他可能存在的污染者的环境侵权责任，也没有加重包括锦汇公司在内的六家被告企业的环境侵权责任。

五、聂胜等149户村民与平顶山天安煤业股份有限公司五矿等水污染责任纠纷案

1. 案情介绍

自2003年6月起，聂胜等149户村民因本村井水达不到饮用水的标准，而到附近村庄取水。聂胜等人以平顶山天安煤业股份有限公司五矿（以下简称五矿）、平顶山天安煤业股份有限公司六矿（以下简称六矿）、中平能化医疗集团总医院（以下简称总医院）排放的污水将地下水污染，造成井水不能饮用为由提起诉讼，请求判令三被告赔偿异地取水的误工损失等共计212.4万元。河南省平顶山市新华区人民法院一审认为，三被告排放生产、生活污水污染了辛庄村井水，导致聂胜等149户村民无法饮用而到别处取水，对此产生的误工损失，三被告应承担民事责任。

2. 思考分析

本案中三被告如何分配损害赔偿责任？

本案系多方排污导致地下水污染，危害饮用水水源，严重威胁聂胜等人的身心健康。三被告的生产、生活污水排入地下，污染环境，应当承担民事责任并无不当。涉案地下水污染系多个责任主体、多个排污行为叠加所致，

如何厘清不同排污行为产生的主次责任以及三被告承担责任的比例划分是本案的关键问题。本案中鉴定人员出庭证明，即便三被告排放的生产废水是达标污水，也肯定会含有一定的污染因子，五矿、六矿职工及家属排放的生活污水与五矿、六矿排放的生产污水只能按主次责任划分。五矿、六矿职工及其家属所排生活污水约占致损生活污水总排量的 60%，法院据此认定三被告对因其排放生产污水造成的本案误工损失共同承担 40%的赔偿责任；五矿、六矿就其职工及家属排放生活污水造成的其余 60%误工损失共同承担 60%的赔偿责任。

六、连云港市赣榆区环境保护协会诉王某环境污染案[①]

1. 案情介绍

2012 年以来，王升杰经营的石英石加工厂未依法在环境保护部门办理《排污许可证》进行生产。其购买工业废盐酸清洗石英石，将酸洗过程中产生的 100 余吨含酸废水通过渗坑排放至连云港市赣榆区龙北干渠，导致龙北干渠及与其相连的芦沟河受到严重污染，损害了公共利益。2013 年6 月 26 日至7 月 10 日，原赣榆县环境监测站对石英厂污染水域污水、地表水进行多次环境监测，石英厂排水出口及龙北干渠等处的污水及受污染的河水中 pH 值和氟化物严重超标，其中 pH 值最高超标 4.38 倍，氟化物最高超标45.8 倍。王某的石英厂所排污水污染的水体龙北干渠属通榆河北延送水工程部分，应符合国家地表水环境质量Ⅲ类标准。后经当地环境保护部门处理，该石英厂已停止经营。赣榆区环境保护协会据此起诉石英厂业主王某，王某对造成环境污染的事实予以承认，并表示会尽力赔偿污染所造成的损失。

2. 思考分析

本案王某对造成环境污染的事实予以承认，案件的焦点主要为损害赔偿

---

① 江苏省连云港市中级人民法院（2014）连环公民初字第 00002 号民事判决书。

的认定。

关于认定损害赔偿主要有两种不同的观点：①鉴定人认为，针对王升杰排放含酸废水情况，处理含酸废水主要采用碱中和法，考虑不产生二次污染，根据纯碱和盐酸中和反应化学方程式，理论上处理 1 吨含酸量 5%的废水需要 0.145 吨纯碱，处理 100 吨含酸废水需要纯碱 14.5 吨，其污染治理成本约为 21800 元。《江苏省通榆河水污染防治条例》规定通榆河及主要供水河道水质应符合国家地表水环境质量Ⅲ类标准，龙北干渠为通榆河北延送水工程部分，其环境功能区类型为Ⅲ类。根据国家环境保护部《关于开展环境污染损害鉴定评估工作的若干意见》（环发〔2011〕60 号）中环境污染损害数额计算推荐方法，Ⅲ类河流水质污染修复费用应为虚拟治理成本的 4.5~6 倍，取其 5 倍为计算依据，污染修复费用为 109000 元。②专家证人认为，评估报告的金额较符合本案客观实际，但本案中涉及酸废水的污染指标有两项，一是 pH 值，二是氟化物的超标，该评估报告采取纯碱中和法只能解决 pH 值超标问题，不能解决氟化物污染问题。建议采取氢氧化钙进行处理，这样处理成本亦会降低。考虑盐酸回调及污水处理的运输费用，综合计算 100 吨酸性废水的总处理费用约为 14616.7 元，根据国家环境保护部《关于开展环境污染损害鉴定评估工作的若干意见》，按照虚拟治理成本法的倍数计算 100 吨含酸废水污染修复费用约为 75000 元。以上可见，专家证人的评估意见更加合理。

根据《水污染防治法》第二十九条规定，禁止向水体排放油类、酸液、碱液或者剧毒废液。第三十五条规定，禁止利用渗井、渗坑、裂隙和溶洞排放、倾倒含有毒污染物的废水、含病原体的污水和其他废弃物。被告王某未经环境保护主管部门批准取得《排放污染物许可证》，违法采取酸洗方式清洗石英石，将酸洗后的含酸废水未进行无害化处理即通过渗坑排放，造成水污染并影响了水域周边土壤等生态环境，其应对其造成的环境污染损害承担赔偿责任。王某主张其经济非常困难，自愿在经济赔偿能力不足的情况下，通过提供有益于环境保护的劳务活动抵补其对环境造成的损害，符合“谁污染，谁治理，谁损害，谁赔偿”的环境立法宗旨，较单纯赔偿更有利于环境的修复与治理，故法院判决同意王某可以通过提供劳务代替其不能偿还的金额。连云港市赣榆区环境保护局表示同意对王某提供的劳务进行监管。参照目前全国职工日工资标准，被告王某提供环境保护劳务的工作量应相当于其环境污染赔偿不足的金额。

第三节 固体废物污染环境防治法

一、晋海家居用品公司诉上海市奉贤区城市管理局案[①]

1. 案情介绍

2013 年 12 月，上海市奉贤区城市管理行政执法局（以下简称区城管局）在该区某镇河岸边发现一堆垃圾，其中有晋海家居用品（上海）有限公司（以下简称晋海公司）成品标示卡、塑料外包装袋等废弃物，遂当场制作《现场检查笔录》，拍照取证，并向该公司开具了责令改正通知书和谈话通知书，后再次核查现场发现有焚烧痕迹。经调查，晋海公司承认该处垃圾为其产生的生产垃圾，但并非其倾倒；后案外人岳某于 2014 年 1 月向区城管局承认曾向晋海公司收购废弃物，其丈夫此后将无价值的废弃物倾倒的事实。2014 年 2 月，区城管局对晋海公司做出罚款 4.5 万元的行政处罚决定。晋海公司不服提起行政诉讼。

2. 思考分析

区城管局发现的现场垃圾虽然是晋海公司的生产废弃物，但是由案外人岳某收购，并由其处理，而岳某并非晋海公司员工，因此晋海公司不应当受到行政处罚。晋海公司能否以第三人岳某已收购其生产废弃物为由而不承担行政责任？

---

① 上海市第一中级人民法院（2014）沪一中行终字第 384 号行政判决书。

《固体废物污染环境防治法》第八十八条规定，固体废物是指在生产、生活和其他活动中产生的丧失原有利用价值或者虽未丧失利用价值但被抛弃或者放弃的固态、半固态和置于容器中的气态的物品、物质以及法律、行政法规规定纳入固体废物管理的物品、物质。晋海公司产生的上述废物属于固体废物。《固体废物污染环境防治法》第十六条、第十七条规定，产生固体废物的单位应当采取措施防止或者减少固体废物对环境的污染，并且不得擅自倾倒、堆放、丢弃、遗撒固体废物。《市容卫生管理条例》（以下简称《条例》）第三十八条第二款、第三款则进一步规定，单位产生的废物，由单位负责收集、运输或者委托市容环境卫生作业服务单位收集、运输，并由市容环境卫生管理部门统一处置。该《条例》第二十八条明确禁止乱倒垃圾、污水、粪便，乱扔动物尸体等废弃物。根据上述规定，晋海公司应当对其在生产过程中产生的固体废物自行妥善收集、运输，或交由专门单位收集、运输，不得擅自处置，避免造成污染，即依法收运废物系晋海公司的法定义务。晋海公司将其产生的废物卖给案外人岳某，虽然有转移废物所有权的意思，但可以看出也包含晋海公司同意岳某代为运输、处置废物的意思。而岳某并不符合收集、运输相关废物的要求，不能成为运输、处置本案废物的合法主体，晋海公司对此应当知晓。故晋海公司将废物交给岳某并不意味着其已履行完毕上述义务，岳某的行为应视为代晋海公司对废物进行收集、运输、处置，行为主体仍为晋海公司，其后果也应当由晋海公司承担。

二、楠海印刷厂不服平谷环保局环保行政处罚案[①]

1. 案情介绍

平谷环保局于 2014 年 7 月 8 日对楠海印刷厂进行调查，发现该生产车间门口擅自堆放废油墨桶（依据《国家危险废物名录》属于危险废物 HW12），且危险废物贮存场所未设立危险废物识别标志。平谷环保局认为，楠海印刷

① 北京市平谷区人民法院（2014）平行初字第 89 号行政判决书。

厂的上述行为违反了《固体废物污染环境防治法》第五十五条、第五十二条的规定，责令楠海印刷厂停止违法行为，限期改正，并处以六万元的罚款。楠海印刷厂对此不服，提起诉讼。

2. 思考分析

楠海印刷厂认为其所用油墨均系国家环保产品，不会也没有对周边环境造成污染，因此不应当承担行政责任。

根据《固体废物污染环境防治法》第八十八条规定，固体废物是指在生产、生活和其他活动中产生的丧失原有利用价值或者虽未丧失利用价值但被抛弃或者放弃的固态、半固态和置于容器中的气态的物品、物质以及法律、行政法规规定纳入固体废物管理的物品、物质。《危险废物贮存污染控制标准》规定，危险废物是指列入国家危险废物名录或者根据国家规定的危险废物鉴别标准和鉴别方法认定的具有危险特性的废物。根据《固体废物污染环境防治法》制定的《国家危险废物名录》已经将“900-253-12 使用油墨和有机溶剂进行丝网印刷过程中产生的染料和涂料废物油墨”列入其中。根据《固体废物污染环境防治法》第十七条规定：“收集、贮存、运输、利用、处置固体废物的单位和个人，必须采取防扬散、防流失、防渗漏或者其他防止污染环境的措施；不得擅自倾倒、堆放、丢弃、遗撒固体废物。”第五十二条规定：“对危险废物的容器和包装物以及收集、贮存、运输、处置危险废物的设施、场所，必须设置危险废物识别标志。”但在环保局的执法检查中发现，楠海印刷厂在生产车间门口堆放废油墨桶，而危险废物贮存场所未设立危险废物识别标志。同时《固体废物污染环境防治法》第七十五条规定，对不设置危险废物识别标志的以及未采取相应防范措施，造成危险废物扬散、流失、渗漏或者造成其他环境污染的行为责令停止违法行为，限期改正，处以一万元以上十万元以下的罚款。

可见，楠海印刷厂存在的不设置危险废物识别标志的行为，以及未采取相应防范措施造成危险废物扬散的行为已经具有违法性，符合承担行政责任的必备要件。至于是否实际发生环境污染并不影响油墨为危险废物，不能排除楠海印刷厂未设置危险废物识别标志的违法性。

在被告执法过程中，原告未提供其使用的油墨系环保产品的证据，且是否实际发生环境污染并非确定油墨是否为危险废物的标准。

三、上海市松江区叶榭镇人民政府与蒋荣祥等水污染责任纠纷案

1. 案情介绍

2011 年 2 月，上海市松江区叶榭镇人民政府发现叶榭镇红先河周边水质、土壤、植被受严重污染，红先河河水有异味、水质变黄、河道旁小动物无故死亡，生态环境受到破坏。2011 年 3 月 27 日晚叶榭镇派出所发现董某正将其驾驶的号牌为豫 P28879 槽罐车中的工业废酸排放至红先河南侧100 米处的雨水井中，现场将董某抓获。经公安机关侦查查明，2011 年 2~3 月，蒋某在没有取得危险废物经营许可证的情况下，指派其驾驶员董某将从佳余公司、浩盟公司、日新公司收集的六车废酸倾倒在叶榭镇红先河内，造成红先河严重污染。为此，蒋某、董某分别被判处有期徒刑两年和一年三个月。佳余公司、浩盟公司、日新公司分别被上海市环境保护局罚款 46 万元、16 万元、16 万元。

本次污染事故发生后，为及时妥善处置各类污染物，避免造成二次污染，恢复河道原有的功能和生态，叶榭镇政府拨款并委托叶榭镇水务管理部门负责对污染河道进行了治理。为此，叶榭镇政府起诉蒋某、董某以及佳余公司、浩盟公司、日新公司承担民事赔偿责任。

2. 思考分析

(1) 蒋某、董某承担了刑事责任后还需承担民事责任吗?

蒋某以营利为目的，在没有取得危险废物经营许可证的情况下，指派其雇佣的驾驶员董某将废酸倾倒至叶榭镇政府境内通向红先河的雨水井中，造成红先河严重污染，其行为已构成犯罪，受到了刑事处罚。同时，其违法倾倒危险废物的行为造成了严重的环境污染，承担刑事责任并不能免除对损害后果的民事责任的承担。董某虽为蒋某雇佣的驾驶员，但其对未经处理的废

酸倾倒至雨水井可能造成的危害后果应当具有明显的预见能力，然其并未能对此不法行为及时予以提醒或制止，而是盲目地听从蒋某的指派，故意将废酸倒入雨水井中导致红先河严重污染。因此，董某对损害后果的发生具有重大过错，应当与其雇主蒋某承担连带赔偿责任。

（2）佳余公司、浩盟公司、日新公司作为危险废物生产者未依法申报危险废物的具体情况，同时擅自将生产的危险废物委托给不具备处置资质的单位或个人处置。其不是直接引发环境污染事故的直接责任人，是否对环境污染事故的损害承担连带赔偿责任？

《固体废物污染环境防治法》第五十三条第一款规定："产生危险废物的单位，必须按照国家有关规定制订危险废物管理计划，并向所在地县级以上地方人民政府环境保护行政主管部门申报危险废物的种类、产生量、流向、贮存、处置等有关资料。"第五十七条第三款规定："禁止将危险废物提供或者委托给无经营许可证的单位从事收集、贮存、利用、处置的经营活动。"危险废物生产者不仅要将危险废物的具体情况向主管部门进行申报，还应当委托有处置资质的单位对危险废物进行处置。佳余公司、浩盟公司、日新公司在生产过程中所产生的废酸属于危险废物，上述三公司在处理该危险废物时，应当依照《中华人民共和国固体废物污染环境防治法》相关规定，向当地的环保主管部门申报上述危险废物的种类、产生量、流向、贮存以及处置等资料，同时应按照国家规定填写危险废物转移联单并经有权审批的环保主管部门批准同意转移的情况下，交由有相应处理危险废物资质的单位进行处理。而上述三公司均没有如实向当地环保主管部门申报危险废物的具体情况，亦未按照国家规定填写危险废物转移联单并取得有权审批的环保主管部门批准转移的同意，擅自处理生产过程中产生的废酸，与此后蒋某指派董某将未经处理的废酸倒入雨水井而导致红先河严重污染的行为之间有直接的因果关系，佳余公司、浩盟公司、日新公司理应与蒋某承担连带赔偿责任。

四、青圃岭村林某等 394 名村民与福建省固体废物处置有限公司环境污染案

1. 案情介绍

福建省固体废物处置有限公司于 2000 年 5 月 25 日成立，其综合处置场位于闽侯县青口镇青圃岭村，2002 年 3 月起从事危险废物的处理处置工作。青圃岭村村民不断投诉被告的综合处置场对环境造成严重污染。2010 年 5 月 11 日，环保部要求福建省固体废物处置有限公司尽快落实综合处置场周围 800 米内居民的搬迁工作。此后，综合处置场进行二期技术改造。2010 年 8 月，福建省固体废物处置有限公司因其处置场焚烧炉旧烟囱排放的粉尘污染林某的白地瓜等，补偿林某 180000 元。2010 年 11 月，综合处置场一期焚烧炉（旧焚烧炉）停产。当月 19 日，林某等 394 人认为，福建省固体废物处置有限公司的污染致村民人身财产损害，诉至法院。

2. 思考分析

法院委托沧州科技事务司法鉴定中心对被告危险废物综合处置场焚烧炉在焚烧时所排放的废气和该综合处置场生产时所排放的废水及其他污染物对以该焚烧炉为中心，800 米卫生防护距离范围内的原告所种植的农作物、经济作物及生活的原告及其他居民的身体健康的影响情况及严重程度进行鉴定。结果认定案涉焚烧设备向厂外排放的烟气中含有二噁英成分，会对周围环境以及周边居民的身体健康产生不良影响。

林某等 394 人农作物损失容易计算，比照各农作物的正常产量，计算出减产数额，从而得出农作物的损失金额。因为林某等 394 人所受人身损害的严重程度不一，难以对人身损失金额进行鉴定，可参照 1992 年 11 月 20 日中华人民共和国化学工业部《关于转发〈关于建立化工有毒有害作业岗位津贴制度的通知〉的通知》（以下简称《通知》）中“有毒有害岗位津贴标准”予以计算。该《通知》中将岗位津贴等级的划分以“有毒作业分级”国家标准为依据，并结

合实际劳动条件状况，分为甲、乙、丙、丁四个等级，日津贴标准提高后分别为：甲等——极度危害：2.0元；乙等——高度危害：1.5元；丙等——中度危害：1.2元；丁等——轻度危害：0.9元。据此标准对其所受人身损害以津贴的形式予以赔偿。

第四节 噪声污染防治法

姜某与荆某噪声污染纠纷案

1. 案情介绍

2009年起荆某租用了谷某的房屋和院落，此院落与姜某住所前后相邻，仅一墙之隔。荆某在租用的院落里对钢铁制品进行切割作业，产生的噪声使姜某不堪忍受。姜某先后向村委会及当地环境保护行政主管部门反映，但问题仍未得到解决，遂提起诉讼，请求判令荆某停止侵害，排除妨碍，将产生噪声污染及粉尘污染的钢铁制品搬离与姜某相邻的院落，赔偿其精神损失8000元。当地法院一审判令荆某立即停止侵权、排除妨害，将产生噪声的钢铁制品搬离与姜某相邻的院落，并赔偿姜某精神损失抚慰金2000元。荆某不服上诉，二审法院维持原判，驳回上诉请求。

2. 思考分析

当事人以受到他人在装卸、运送、加工钢铁制品过程中产生的噪声的侵害为由，向法院起诉要求对方承担侵权责任的，法院能否予以支持？

我国《环境保护法》第四十二条规定："排放污染物的企事业单位和其他生产经营者，应当采取措施，防治在生产建设或其他活动中产生的废气、废水、废渣、医疗废物、粉尘、恶臭气体、放射性物质以及噪声、振动、光辐射、电磁辐射等对环境的污染和危害。”可见，我国《环境保护法》中防治的污染包括噪声污染。该法第五十八条规定：“因污染环境和破坏生态造成损害的，应当依照《侵权责任法》的有关规定承担侵权责任。”可见，《侵权责任法》中关于环境侵权的内容应当适用于噪声污染导致的侵权责任。在工业生产、建筑施工、交通运输和社会生活中产生的严重噪声污染，侵害人们安宁生活、工作和学习的权利，导致人们身心健康受损。本案中，荆某在装卸、运送、加工钢铁制品过程中产生的噪声，超过了一般人可容忍的程度，严重干扰了周边人群的正常生活，应承担停止侵害、排除妨碍及赔偿损失的民事责任。噪声污染给受害人身心健康造成的损害具有持续性和隐蔽性等特点，受害人的症状往往不明显且暂时无法用精确的计量方法反映。运用日常生活经验法则及事实推定规则，可以认为钢铁制品加工、搬卸的噪声会比较严重地影响相邻院落居民正常的生活和休息，符合一般人的认知规律，而且噪声污染对身心健康造成损害，也是被公众普遍认可的。在荆某未举出反证证明其产生的噪声未对姜某产生损害的情况下，即使姜某尚未出现明显症状，其生活受到噪声侵扰而导致精神损害的事实也是客观存在的。荆某否认噪声污染给姜某造成了实际损害，应举证证明，但荆某不能举出其院落中发出的噪声对姜某的身体健康未产生损害的证据。因此，法院结合荆某加工钢铁制品产生噪声的时间、双方距离的远近、噪声的大小，酌情做出了由荆某赔偿姜某精神损失抚慰金 2000 元的判决。

第五节　其他污染

一、陆某诉永达公司光污染纠纷案

1. 案情介绍

上海市居民陆某居室西侧与永达公司经营场所的东侧相邻，中间间隔一条宽 15 米左右的公共通道。永达公司为给该经营场所东面展厅的外部环境照明，在展厅围墙边安装了三盏双头照明路灯，每晚七时至次日凌晨五时开启。这些位于陆某居室西南一侧的路灯，高度与陆某居室的阳台持平，最近处离陆某居室 20 米左右，其间没有任何物件遮挡。这些路灯开启后，灯光除能照亮永达公司的经营场所外，还能散射到陆某居室及周围住宅的外墙上，并通过窗户对居室内造成明显影响。在陆某居室的阳台上，目视夜间开启后的路灯灯光，亮度达到刺眼的程度。由于这些路灯散射的强烈灯光直入陆某居室，使陆某夜晚难以安睡，为此出现了失眠、烦躁不安等症状，工作效率低下。陆某为此于 2004 年 9 月 1 日提起诉讼。

2. 思考分析

（1）永达公司在自己权益范围内安装为自己提供照明的路灯，是否构成环境污染中的光污染？

上海市质量技术监督局发布的《城市环境装饰照明规范》中载明：光污染的定义是由外溢光/杂散光的不利影响造成的不良照明环境，狭义地讲，即为障害光的消极影响；外溢光/杂散光的定义是照明装置发出的光中落在目标区域或边界以外的部分；障害光的定义是外溢光/杂散光的数量或方向足以引起人们烦躁、不舒适、注意力不集中或降低对于一些重要信息（如交通信号）

的感知能力，甚至对于动、植物亦会产生不良的影响时，即称为障害光。永达公司的经营场所与周边居民小区距离甚近，中间无任何物件遮挡，永达公司路灯的外溢光、杂散光能射入周边居民的居室内，数量足以改变居室内人们夜间休息时通常习惯的暗光环境，且超出了一般公众普遍可忍受的范围。因此，永达公司设置的路灯，其外溢光、杂散光确实达到了《城市环境装饰照明规范》所指的障害光程度，已构成由强光引起的光污染。

（2）永达公司在自己的经营场所设置路灯，为自己的经营场所外部环境提供照明，本无过错，是否要对陆某承担民事责任？

我国《环境保护法》第二条规定，本法所称环境，是指影响人类生存和发展的各种天然的和经过人工改造的自然因素的总体。所以，路灯灯光也属于环境因素的一种。行为人在自己权益范围内安装为自己照明使用的路灯，是民事主体充分行使处分权的体现，本无过错。但是，如果该灯光射入他人居室内，且灯光数量足以改变人们夜间通常习惯的暗光环境，超出一般公众可以忍受的范围时，就可能对他人的健康造成损害，形成环境污染中的一种，即光污染。永达公司完全有条件以其他形式为自己经营场所的外部环境提供照明，或者通过采取遮挡等必要的措施来避免自己设置的路灯侵害他人合法权益。环境污染对人体健康造成的实际损害结果，不仅包括那些症状明显并可用计量方法反映的损害结果，还包括那些症状不明显且暂时无法用计量方法反映的损害结果。光污染对人体健康可能造成的损害，目前已被公众普遍认识。陆某因永达公司的灯光使其难以安睡，为此出现了失眠、烦躁不安等症状，这是涉案灯光对陆某的实际损害。

根据《中华人民共和国民法通则》第一百二十四条规定："违反国家保护环境防止污染的规定，污染环境造成他人损害的，应当依法承担民事责任。"旧《环境保护法》第四十一条规定："造成环境污染危害的，有责任排除危害，并对直接受到损害的单位或者个人赔偿损失。"永达公司开启的路灯灯光，已对陆某的正常居住环境和健康生活造成了损害，确构成环境污染。且永达公司没有合理的免责事由，应承担排除危害的法律责任。若因此给陆某造成了实际损失，陆某负有举证证明光污染对其造成的实际损失数额的责任。

二、养猪合作社诉环保局纠纷案

1. 案情介绍

湖南省某市某村养猪合作社自2004年正式投入生猪养殖起，常年存栏量500头以上。在一直未办理环保审批手续、配套环保设施未经环保部门验收、未取得排污许可证的情况下，养猪合作社将部分生猪养殖产生的废渣、废水直接排放至团湾水库。2014年12月，市环保局经法定程序后责令该合作社立即停止生产，并罚款五万元。但该养猪合作社始终未停止违法排污。2015年1月，市环保局又做出责令停止排污决定。养猪合作社不服，向当地法院就2014年的行政处罚提起行政诉讼。

2. 思考分析

农村养猪合作社未办理环保审批手续、配套环保设施未经环保部门验收、未取得排污许可证排污的行为是否应当受到行政处罚？

新修订的《环境保护法》第四十九条第三款规定："畜禽养殖场、养殖小区、定点屠宰企业等的选址、建设和管理应当符合有关法律法规规定。从事畜禽养殖和屠宰的单位和个人，应当采取措施，对畜禽粪便、尸体和污水等废弃物进行科学处置，防止污染环境。"可见，我国对于农业及农村环境污染的防治是十分重视的。原国家环境保护总局2001年发布的《畜禽养殖污染防治管理办法》第六条规定："新建、改建和扩建畜禽养殖场，必须按建设项目环境保护法律法规的规定，进行环境影响评价，办理有关审批手续。畜禽养殖场的环境影响评价报告书（表）中，应规定畜禽废渣综合利用方案和措施。"第八条规定："畜禽养殖场污染防治设施必须与主体工程同时设计、同时施工、同时使用；畜禽废渣综合利用措施必须在畜禽养殖场投入运营的同时予以落实。环境保护行政主管部门在对畜禽养殖场污染防治设施进行竣工验收时，其验收内容中应包括畜禽废渣综合利用措施的落实情况。"第十条规定："畜禽养殖场排放污染物，不得超过国家或地方规定的排放标准。在依法实施污染物排放总量控制的区域内，畜禽养殖场必须按规定取得《排污许可证》，并按照《排污许可证》的规定排放污染物。”可见，畜禽养殖主体应当依照以上规定履行环境影响评价、“三同时”以及排污许可证等义务，同时要实现达标排放。本案中养猪合作社作为常年存栏量为500头以上猪的规模养殖场，应当按照上述规章的规定，在项目建设之初，进行环境影响评价，在项目建设同时，建设配套的环境保护设施，并取得排污许可证，按排污许可证的规定排污。养猪合作社却在未进行环境影响评价，自建的配套环境保护设施未经验收合格的情况下，进行养殖生产，导致废渣、废水直接排放，也并未取得排污许可证，破坏了周围环境，违法事实存在。国务院1998年颁布的《建设项目环境保护管理条例》第二十八条规定：“违反本条例规定，建设项目需要配套建设的环境保护设施未建成、未经验收或者经验收不合格，主体工程正式投入生产或者使用的，由审批该建设项目环境影响报告书、环境影响报告表或者环境影响登记表的环境保护行政主管部门责令停止生产或者使用，可以处十万元以下的罚款。”因此，养猪合作社存在违反环境保护法律法规的行为，污染了农村及农业环境，应当受到行政处罚。

第五章
自然资源法案例分析

第一节　土地资源保护

1. 案情介绍

芬兰、德国在土地整治上不断探索与实践，确立了新的土地整治理念，将土地整治目标从促进规模化、产业化经营向进一步完善农田配套设施、改善生态环境、提升农田景观价值转变，实现了农地利用多样性和可持续发展需要。

芬兰土地整理最基本的内容是小块并大块。在土地整治项目中，地块重新安排，地块之间的距离缩短并被整合成较大的地块，这一方面能满足农业规模化经营的需要，提高土地利用效率；另一方面减少了耕种所需的耕种时间以及村庄到地块之间的交通时间，有利于减少汽油消耗、降低碳排放。在芬兰，有关专家选取了坐落于芬兰西部科克米克与哈尔亚瓦尔塔交界处的杰瑞村项目区，该村的耕地被高速公路、当地道路、农田道路、铁道和主要沟渠等分割为多块，2004~2010 年，该地开展土地整理，将地块数量由 396 块降低至 188 块。该整治方式，不仅提高了土地利用效率，还通过降低农业交通量实现碳减排。以杰瑞村土地整治项目为例，扩展到芬兰全境，意味着芬兰土地整治对气候影响的总货币价值为每年近 150 万欧元，土地整治气候效益非常显著。

德国的土地整治项目注重农田景观恢复与重建。如波茨坦土地整治项目，规模为1.35万亩，涉及产权人250人。1833年，该项目由LENNE园艺师规划设计，以“无忧愁行宫、无忧愁景观”为主题，呈现意大利农庄风格。但因第二次世界大战，农庄被烧毁并长期丢弃，土地产权边界不清楚，难以将土地重新分配给个人。1996年，当地市政府提出恢复重建，土地整治局以“二战”前的项目耕地质量评估结果为依据进行土地确权和分配，恢复了田园景观和农业生产条件。该项目由欧盟、德国政府和州政府全额投资500万欧元，从1996年开始实施，历时16年，到2012年建成。整治后的效果达到了设计水平。

芬兰、德国土地整治建设尽可能减少对自然生态环境的负面影响。在土地整治过程中，两国均尽量使用天然材料，保证生态功能，如在修建沟渠以及道路过程中，多用石材为主的建筑材料，尽可能少用混凝土，沟渠护坡采用石头嵌入土壤的方式，以利于植被自然生长，保持沟渠的生态功能和区域生态系统整体功能。在Luopajaervi和Pajunneva两个土地整治项目中，涉及的沟渠均为土沟，生产路或部分田间道路采用素土、砂砾石而非混凝土或沥青路面，只有主干道才使用混凝土路面；同时，在道路与耕地之间建设隔离带，为生物提供栖息场所，保护生物多样性。

芬兰、德国两国均强调土地整治中的公众参与，充分尊重土地所有者权益意愿，尽可能将此落实到项目规划设计方案中，使建设方案更加合理、更加优化。一个土地整治项目从提出申请、组织论证、规划设计、征求意见、修改完善建设方案、开展权属调整到工程开工建设等前期工作时间一般在三年以上，充分听取公众意见，完善整治方案。如芬兰在Seinäjoki北绕行公路土地整治项目中，为了修建一条五公里长的主要公路，需要对周边500公顷土地进行整治。涉及耕地126宗，平均每宗三公顷到四公顷，80个使用单元。如果继续保持原有权属状态不改变，在公路修建后将增加新宗地25块，宗地总数达到151块，而平均每宗土地面积小于三公顷，呈现严重的碎片化状态。为了避免这种情形的发生，当地经过长达三年的论证，在进行充分的公众参与之后，于2006年3月形成较为详细的道路和排水规划，在无人提出上诉的情况下，当年 12 月形成了具有法律效力的土地重新分配方案。当地农民于 2007 年 1 月 1 日接受了新调整的宗地产权。经过整治后，23 户农民的耕地集中在新修建的公路一侧，只有三户农民的耕地跨新修建公路的两侧，农户的耕地面积与整治前的耕地面积相等或有所增加。

2. 思考分析

我国土地整治工作全面展开，域外土地整治经验对我国土地整治有什么借鉴意义？

2012 年 3 月 16 日，国务院正式批准《全国土地整治规划（2011~2015 年）》（国函〔2012〕23 号），规划到 2015 年，全国再建成 4 亿亩旱涝保收的高标准基本农田，通过农田整治、宜耕后备土地开发和损毁土地复垦补充耕地 2400 万亩，进一步夯实农业现代化基础；积极稳妥地推进村庄土地整治，严格规范城乡建设用地增减挂钩试点，整治农村散乱、废弃、闲置和低效建设用地 450 万亩，优化城乡建设用地布局和结构；全面推进旧城镇、旧厂矿改造和城市土地二次开发，切实提高土地节约集约利用水平；全面推进生产建设新损毁土地全面复垦和自然灾害损毁土地及时复垦、历史遗留损毁土地复垦率达到 35%以上，进一步保护和改善生态环境，保障土地可持续利用。2016 年 8 月 15 日，国家国土资源部第 18 次部长办公会审议并原则通过《全国土地整治规划（2016~2020 年）》（送审稿）。会议指出，全国大力推进土地整治，加强高标准农田建设，全面完成了"十二五"时期各项土地整治目标任务，在促进耕地保护和节约集约用地、推动城乡统筹发展和生态文明建设中发挥了不可替代的作用。"十三五"时期，要紧密围绕全面建成小康社会新的目标要求，遵循新发展理念，坚持最严格的耕地保护制度和最严格的节约集约用地制度，实施藏粮于地和节约优先战略，以提升粮食产能为目标，大力推进农用地整理和高标准农田建设，夯实农业现代化基础；以促进城乡统筹发展为导向，大力推进城乡散乱、闲置、低效建设用地整理，推动美丽宜居乡村建设和新型城镇化发展；以精准扶贫、精准脱贫为要求，大力推进贫困地区土地综合整治，加大政策、项目、资金支持，助力脱贫攻坚；以保护生态环境为前提，大力推进废弃、退化、污染、损毁土地的治理、改良和修复，促进土地资源永续利用。

土地整治工作成为我国经济新常态下推进农业现代化、实现生态文明的重要一环，借鉴域外先进经验，我国在土地整治中应当体现以下先进理念。

首先，土地整治应把生态理念放在首位。芬兰、德国在开展土地整治时，坚持生态理念，沟渠以土沟渠为主，大部分田间道路、全部生产路以素土或泥结石路面为主，少用混凝土或钢筋混凝土，为未来土地归并留下了余地。在我国，一是土地整治应厚植绿色发展理念。深化山水林田湖生命共同体的认识，大力倡导生态型设计理念，坚持耕地数量、质量、生态并重原则，采用低碳型工程技术措施对田、水、路、林、村进行综合整治，建设生态良田、修复国土生态，提升土地生态修复与涵养功能。二是大力推进绿色基础设施建设。构建健康、可持续的生态系统，筑牢生态安全屏障，切实减少排水沟建成全混凝土沟的比例，减少碳排放量。建设生态道路、沟渠、林网以及农田渍水净化系统，维护农田生态系统碳循环。三是提升山水林田湖生命共同体整体功能。以水土保持为重点，因地制宜地推进小流域综合治理，修复和改善退化土地生态系统，提高土地生态系统抗干扰能力和自我修复能力，保护生物多样性，促进土地利用可持续发展。

其次，土地整治应发挥多功能、多效益特征。芬兰、德国均将土地整治区域景观建设作为提升农田价值的重要内容，对山水林田湖统一规划，建设山水田园风光，努力提供人们观光、休闲、娱乐的新空间，并注重自然元素和历史文化的保护与修复。在我国，一是要推进土地整治向国土综合整治转型发展。结合整治区域地质地貌、生物、水文、气候等因素，科学规划，精细设计，强化农田景观规划与建设，形成人与自然和谐发展格局，做到“虽由人作，宛自天开”的精美。二是要注重乡土文化传承和修复。遵循生态性、乡土性、美学性、人性化的原则，优化城乡土地利用结构和布局，加强传统村落历史文化和特色建筑保护，并加大城乡接合部等区域绿色开发空间和绿道建设。三是要充分挖掘农业生态景观资源价值。结合现代农业发展，建设一批高效生产、绿色果蔬、休闲体验、旅游观光、科研学习等环境优美的生态型农业园区，促进第一产业、第二产业、第三产业融合发展和农村发展。

再次，土地整治应不断创新管理方式和实施模式。芬兰和德国的土地整治法律法规健全，管理体制科学，工作责任明确。土地整治工程施工质量监管由设计机构负责，不再委托监理机构。这与我国土地整治监管工作形成鲜明对比，参与我国土地整治的服务机构由土地测绘、投资咨询、规划设计、施工监理、工程造价咨询、审计等多个机构构成，每一个机构的服务费用十分有限，导致服务工作的深度和质量达不到要求，严重影响土地整治质量。

我国土地整治需要注重管理方式创新。一是推行土地整治第三方服务模式。由政府向社会购买服务，将土地整治项目相关服务工作统一向社会购买服务，交由一个机构承担，提升服务质量；各级行政管理部门将精力和工作重点放在土地整治制度建设和实施监管方面，各级土地整治机构负责技术指导。二是推进土地整治由政府主导向需求导向转变。充分调动农村集体经济组织和现代农业经营主体的积极性，由地方自主申报、自主实施、自主利用和自主管理，政府给予资金补助。三是健全土地整治公众全程全面参与机制。切实解决我国土地整治公众参与机制不完善、制度不健全、参与渠道不通畅等问题，完善公众参与制度，充分吸收各方面意见和智慧，优化设计方案，确保项目顺利实施，保障农民利益。

土地整治实施中运用信息化手段加强实施监管。一是全面推进土地整治调查评价工作信息化。借助土地利用变更调查、土地评价、不动产权登记等有利条件，全面了解和掌握土地整治项目区土地资源权属和利用状况，开展土地质量评价，为推进土地整治权属调整等提供科学依据。二是全面推进土地整治规划设计信息化。要求土地整治规划设计应以国土资源遥感监测“一张图”为底图，对山水林田湖进行统一规划设计和评审，避免对自然景观和关键元素的损毁；强调土地整治统一修复，着力提升生态修复与景观建设效果。三是全面推进土地整治监管工作信息化。完善土地整治监测监管信息系统，实行及时动态备案，发挥监测监管系统自动预警功能，及时发现实施中存在的问题，提高监管质量和水平，确保土地整治项目规范有序地实施。

最后，土地整治的一项核心工作在于提高工程质量。一是全面修订土地整治有关技术标准。明确各类基础设施和耕地建设质量标准和选用材料要求，减少项目的随意性，确保建设质量。二是全面加强土地整治工程建设质量管理。从设计、施工、监理、验收等环节，加强质量控制，确保土地整治建设质量符合有关标准。三是建立质量终身责任追究机制。制定土地整治工程建设质量责任追究机制，确保项目实施单位和责任人重视工程质量，严格按照有关技术规范实施。四是落实项目后期管护责任与资金。改革项目设施管护制度，实行谁使用谁管护的原则，推进项目设施资产化管理，为后期管护提供资金来源，确保土地整治工程设施持续发挥效益。

第二节 森林资源保护

一、连塘钾长石有限公司诉自然保护区管理局、林业局案

1. 案情介绍

连塘钾长石有限公司成立于 2006 年，主要经营钾长石、钠长石、瓷泥、石英的开采、销售。2006 年 7 月 17 日，该公司与当地国土资源局签订了一份《采矿权出让合同》，该合同约定该公司受让莲塘采石场的采矿权；出让年限四年（自颁发采矿许可证之日起计算）；合同还约定了出让价、环境保护等内容。2010 年 8 月 30 日，当地国土局向该公司颁发了《采矿许可证》，该证载明了开采方式为露天开采，有效期限四年，即 2010 年 8 月 30 日至2014 年 8 月 30 日，还载明了其他内容。2014 年 1 月 3 日，该公司以当地林业局为被告向法院提起行政诉讼，请求履行林业行政许可法定职责，同年 2 月 25 日该公司因再次申请办理行政许可手续而撤诉。同年 2 月 28 日，该公司再次向当地林业局提出《请求批准采矿占用林地的申请书》。2014 年 3 月 7 日，当地自然保护区管理局向该公司做出《关于连塘钾长石有限公司申请批准采矿占用林地的回复》（以下简称《回复》），该《回复》认为，“连塘钾长石矿开采地点位于莲塘村三组乌瓦棂山头，此区域属于衡山国家级自然保护区的实验区范围（2007 年 4 月经国务院批准）。根据《中华人民共和国自然保护区条例》第二

十六条规定：‘禁止在自然保护区内进行砍伐、放牧、狩猎、捕捞、采药、开垦、烧荒、开矿、采石、挖沙等活动。但是，法律、行政法规另有规定的除外。’该公司在自然保护区开采系法律、法规禁止性行为”。《回复》决定：“依据该条规定，做出不予办理占用林地手续。”该公司不服，遂再次提起行政诉讼。

2. 思考分析

（1）自然保护区管理局与林业局共同做出的不予办理占用林地手续的具体行政行为是否合法？

自然保护区管理局与林业局在《回复》中，认定“莲塘钾长石矿开采地点位于莲塘村三组乌瓦槐山头”，并认为“此区域属于衡山国家级自然保护区的实验区范围（2007 年 4 月经国务院批准）”。故适用《中华人民共和国自然保护区条例》（以下简称《条例》）第二十六条关于禁止在自然保护区内进行砍伐、开矿、采石等活动的规定。如果莲塘钾长石矿确实位于国家级自然保护区内，依据《条例》的规定，应当禁止其在自然保护区内进行砍伐、开矿、采石等活动。但作为行政主管机关，必须依法做出具体行政行为，自然保护区管理局及林业局应当依法证明衡山国家级自然保护区在 2007 年 4 月经国务院批准，且该公司的采矿点位于该自然保护区内，若自然保护区管理局和林业局未出示该证据就拒绝办理占用林地审批手续属于认定事实不清。

（2）连塘钾长石有限公司是否有权开采矿藏？

根据《矿产资源法》第三条规定，矿产资源属于国家所有，开采矿产资源须经批准取得采矿权。连塘钾长石有限公司已办理了采矿许可证，拥有了采矿权，此时是否能开采呢？答案是否定的。采矿不是一个单一行为，要实现采矿目的，必然要使用矿产资源占用的林地。根据《矿产资源法》《森林法》及《森林法实施条例》的规定，若采矿区（点）不在自然保护区范围内，林业局即应办理许可手续。《森林法》第十八条规定，进行勘查、开采矿藏和各项建设工程，必须占用或者征用林地的，经县级以上人民政府林业主管部门审核同意后，依照有关土地管理的法律、行政法规办理建设用地审批手续；《森林法实施条例》第十六条规定，勘查、开采矿藏等需要占用林地的，应经县级以上林业主管部门审核同意后，领取使用林地审核同意书，再办理建设用地审批手续；第十七条规定，需要临时占用林地的，应当经林业主管部门批准。由上述规定可见，连塘钾长石有限公司不仅涉及矿产资源的开采权，还涉及林业资源的使用林地许可，以及林权、建设用地使用权等方面，虽然本案事实上是连塘钾长石有限公司已先取得采矿许可，但拥有了采矿权并不必然取得使用林地许可，采矿权是连塘钾长石有限公司采矿的必要条件，而非充分条件。所以，即使连塘钾长石有限公司取得了采矿权，也要获得相应的林地使用许可证。

二、中华环保联合会诉无锡市蠡湖惠山景区管理委员会案

1. 案情介绍

无锡市蠡湖惠山景区管理委员会于 2009 年 10 月至 2010 年 7 月建设了无锡市动植物园、欢乐园，该项目是无锡市重点生态环境工程和“为民办实事”项目。在建设过程中，其先后搬迁了自然村落、乙炔厂、工矿企业等，清理了开山宕口和一批私埋乱葬坟墓并进行了复绿，使当地生态环境、人居环境都得到了一定程度的改善。

在该项目建设过程中，无锡市蠡湖惠山景区管理委员会未经批准和办理相关手续，改变了部分林地用途。经查明共计两部分，一部分为在建设动物场馆与道路过程中占用林地合计 17477 平方米，另一部分为占用 3677 平方米林地建造了观光电梯连通动物园和欢乐园、消防储水池作为景区必需交通和消防设施。无锡市蠡湖惠山景区管理委员会占用 21154 平方米林地的行为，已经被无锡市滨湖区农林局行政处罚 232694 元罚款（已缴纳完毕）并要求其补办改变林地用途手续。17477 平方米林地的占用部分因立项规划手续、建设用地手续均已完备，在案件审理过程中，无锡市蠡湖惠山景区管理委员会已经就该部分补办改变林地用途手续缴纳了 1143508 元植被恢复费。3677 平方米的林地占用行为所建观光电梯和消防储水池为游览配套设施，对森林防火、提供急救通道等具有重要作用，但是该部分目前尚不具备立即补办完成改变

林地用途手续的条件。另外在该动物园、欢乐园项目中，存在一块约 2500 平方米的山体土壤裸露的宕口地块，系 20 世纪 80 年代开山采石的遗留状态。无锡市蠡湖惠山景区管理委员会未在该地块进行任何建设，目前该地块在无锡市蠡湖惠山景区管理委员会与动物园、欢乐园共同管理使用范围内。

中华环保联合会系合法设立的民间环保组织，其在无锡设有工作点。该工作点工作人员在收到群众举报信后，赶赴该欢乐园、动物园景区进行实地查勘，发现有山体裸露、植被遭到破坏的情形，经上网查询有农林机关的行政处罚案件，故由其作为公益诉讼的原告向法院提起诉讼，要求无锡市蠡湖惠山景区管理委员会对生态破坏的行为进行补偿、弥补生态环境损害。

2. 思考分析

有关主体在未取得改变林地用途的审批手续的情况下进行开发建设，导致对环境造成损害的，其是否应当承担相应的民事责任?

环境是人类社会持续协调发展的必要前提，生态环境保护是一项极为重要的工作。环境保护涉及社会大众利益，污染破坏环境的行为既可能构成刑事犯罪，也可能仅承担民事责任。有关主体在未取得改变林地用途的审批手续的情况下进行开发建设，导致对环境造成损害的，其应当承担相应的民事责任。《侵权责任法》规定，因污染环境造成损害的，污染者应当承担侵权责任。侵权人因同一行为应当承担行政责任或者刑事责任的，不影响依法承担侵权责任。承担民事责任的方式主要有停止侵害、排除妨碍、消除危险、恢复原状、赔偿损失等。对于具体的责任形式，应当以恢复原状为主。在无法恢复原状的情况下，可以要求赔偿损失。在恢复原状的时候，如果违法的建设项目具有较大的公共利益，若直接恢复原状，可能造成对社会资源的浪费。在这种情况下，可以异地恢复，以尽量达到或超过原有的生态容量水平。对异地恢复的地点的选择，按照与原被侵权地联系最密切、恢复方案经济可靠的原则确定。

本案中无锡市蠡湖惠山景区管理委员会在改变林地用途 17477 平方米的行为后采取补缴植被恢复费的方式弥补了生态损害，承担了相应的民事责任。《森林法》第十八条规定："进行勘查、开采矿藏和各项建设工程，应当不占或者少占林地；必须占用或者征用林地的，经县级以上人民政府林业主管部门审核同意后，依照有关土地管理的法律、行政法规办理建设用地审批手续，并由用地单位依照国务院有关规定缴纳森林植被恢复费。森林植被恢复费专款专用，由林业主管部门依照有关规定统一安排植树造林，恢复森林植被，植树造林面积不得少于因占用、征用林地而减少的森林植被面积。”本案中，无锡市蠡湖惠山景区管理委员会未经审批占用 17477 平方米林地是事实，但动物园项目系城市绿地系统的组成部分，由于整体规划效果的需要，建设中确实移植和采伐了原有林地的部分林木，但后期又通过对原有建筑的拆除，恢复和新增了一定数量的林地，未造成原有林地生态的显著损害。无锡市蠡湖惠山景区管理委员会经过无锡市农林部门初审后按相关规定向江苏省林业局缴纳了全额植被恢复费 1143508 元，应当视为其已经按照法律规定弥补了生态损害。

无锡市蠡湖惠山景区管理委员会在欢乐园东侧山顶擅自改变 3677 平方米林地的用途，在未经取得相应手续前即将之建设成为联通动物园与欢乐园的观光电梯和消防储水池，该部分占用林地建设的行为对生态环境造成了破坏，且至今尚未具备办理占用林地的合法手续的条件。依照《江苏省实施森林法办法》第四十一条规定：“未经林业主管部门审核同意，擅自改变林地用途的，责令限期恢复原状。”依照该规定，无锡市蠡湖惠山景区管理委员会应当限期恢复原状。然而，本案在审理过程中，该 3677 平方米建设已经被纳入立项规划范围，且观光电梯同时具有逃生、急救通道的功能，是无锡市动植物园、欢乐园项目的必要组成部分，涉及较大的社会公共利益，如直接恢复原状，可能造成对社会资源的浪费。在环境侵权案件中，恢复原状不仅是指就地恢复原有的环境状况，更主要的是指恢复环境的生态容量，达到生态平衡，这更符合恢复原状的法理精神。如果能够就地恢复，即应就地恢复；若就地恢复确有困难，可以异地恢复，以尽量达到或超过原有的生态容量水平。

《森林法》第四条规定，防护林是指以防护为主要目的的森林、林木和灌木丛，包括水源涵养林，水土保持林，防风固沙林，农田、牧场防护林，护岸林，护路林。本案中的宕口地块 2500 平方米系由于本市 20 世纪 80 年代开山采石遗留的裸露山石地貌，周边林相为防护林。目前根据土地拨用手续，该宕口地块划入无锡市动植物园、欢乐园项目使用。《物权法》第一百二十条规定：“用益物权人行使权利，应当遵守法律有关保护和合理开发利用资源的规定。”因此，无锡市蠡湖惠山景区管理委员会及动物园管理处、欢乐园公司作为该地块的使用权人，有义务对该地块的状况进行持续整治，消除水土进一步流失的危险。

2011 年《国家环境保护“十二五”规划》明确要求支持环境公益诉讼。2013 年 1 月 1 日正式施行的修改后的《民事诉讼法》也已明确规定：“为保护环境健康与安全的公益目的，法律规定的机关和有关组织可以向人民法院提起环境公益诉讼。”本案中，中华环保联合会系依法成立的、非营利性的、全国性的环保组织，其作为诉讼主体启动公益诉讼，具有正当性。中华环保联合会提出的交通、住宿等费用及律师费在有证据支持的情形下，依法应当获得支持。

第三节　矿产资源保护

一、国金公司诉国土资源厅采矿权行政许可案

1. 案情介绍

国金公司于 2010 年 12 月 31 日通过挂牌程序，以 1.788 亿元的价格依法竞得安徽省某地银铅锌矿采矿权并签订了《采矿权成交确认书》，后于 2011 年 8 月 18 日与当地国土资源局签订了《采矿权出让合同》，并按规定缴纳了首期采矿权价款 7367 万元，提交了申办采矿权的相关材料。同时，国金公司还按省国土厅的要求于 2013 年 5 月 31 日与当地镇政府、安徽福鑫矿业有限公司签订了《关于银铅锌矿（金霸、永飞两矿）整合补偿协议》。在当时的挂牌出让文件中特别约定：“该矿区已关闭的金霸铅锌矿、永飞锌矿两矿补偿工作由庐江县人民政府负责处理到位。补偿费用由竞得人支付。”2013 年 8 月 12 日，国金公司向省国土厅政务窗口提交了划定矿区范围的申请，省国土资源厅向国金公司出具的《办件受理通知书》载明，“经审查，申请事项属于本行

政机关职权范围，且材料齐全、符合法定形式，现予以受理”。省国土资源厅却于2013年11月11日向国金公司送达《不予办理采矿登记通知》，以国金公司未支付补偿费用为由暂不予办理划定矿区范围，国金公司因此无法办理采矿许可证。国金公司于2013年11月15日向国土资源部申请行政复议，国土资源部于2014年1月29日做出行政复议决定维持省国土资源厅的具体行政行为。国金公司不服复议决定，遂诉至法院，请求依法撤销省国土资源厅做出的《不予办理采矿登记通知》，责令省国土资源厅履行法定职责为国金公司出具划定矿区范围批复文件并办理采矿许可证。

2. 思考分析

省国土厅以未支付补偿费为由做出《不予办理采矿登记通知》是否合法？

根据《矿产资源开采登记管理办法》第五条规定：“采矿权申请人办理采矿许可证时，应当向登记管理机关提交下列资料：（一）申请登记书和矿区范围图；（二）采矿权申请人资质条件的证明；（三）矿产资源开发利用方案；（四）依法设立矿山企业的批准文件；（五）开采矿产资源的环境影响评价报告；（六）国务院地质矿产主管部门规定提交的其他资料。”《矿业权出让转让管理暂行规定》第三十五条规定：“买受人应在规定时间内，按规定缴纳有关费用和拍卖价款，依法办理登记手续，领取许可证。逾期未缴齐费用和价款、未办理登记手续的，视买受人自动放弃买受行为，并承担相应的违约责任。”本案中，国金公司作为买受人，未能按照拍卖公告中“竞买须知”的规定以及协议约定向福鑫公司支付整合补偿款，违反了《矿业权出让转让管理暂行规定》第三十五条，所以省国土厅据此做出暂不予办理划定矿区范围的决定应当属于合理合法。

二、王某与刘某矿山转让合同纠纷案

1. 案情介绍

2007年8月27日，王某以兴隆县龙思敏大理石厂的名义与刘某订立了矿山转让合同书，该合同约定王某将兴隆县龙思敏大理石厂作价305万元转让给刘某。合同还对付款期限、违约责任等内容进行了约定。合同签订后，刘某共支付转让款等款项共计133.5万元。刘某修建了矿路及部分厂房，但未对该大理石矿进行开采。后王某以刘某未足额付款为由提起诉讼请求判令解除矿山转让合同，刘某返还矿山并给付违约金76万元。刘某提起反诉请求判令王某继续履行合同并赔偿损失108.8万元。承德市中级人民法院一审判决驳回双方的诉讼请求。双方不服上诉至河北省高级人民法院。二审法院于2011年2月做出判决，判令王某、刘某按照各自义务向有关部门提交相关资料，申请办理转让兴隆县龙思敏大理石矿的批准手续。

2. 思考分析

本案表面上看就是一个合同履行问题，但为什么法院没有简单按照当事人的诉讼请求判令解除合同或继续履行合同？

根据《合同法》的规定，一般的合同自合同成立时生效。法律和行政法规规定需要经批准或者登记才能生效的合同，当事人应当办理相应的报批手续。当事人签订采矿权转让合同后，未依法履行报批手续的，此时合同尚未生效。矿产资源是人类生存和经济社会可持续发展的重要物质基础。采矿权的转让审批，是国家规范采矿权有序流转，实现矿产资源科学保护、合理开发的重要制度。采矿权转让未经审批的，转让合同尚未发生法律效力。但按照法律规定，合法成立的合同仍然对双方当事人具有法律约束力，即当事人应当积极履行各自的义务，促使合同生效，以维护交易各方的合法权益。因此，在这种情况下，如果一方提起诉讼要求解除合同，法院不应当支持其主张，而是认定转让合同因未经审批而未生效，从而判令双方按照各自义务办理采矿权转让报批手续，积极促使合同生效，维护了采矿权市场交易秩序，也符合合同法鼓励交易、创造财富的原则。

附　录
环境保护法主要法律

中华人民共和国环境保护法

（1989 年 12 月 26 日第七届全国人民代表大会常务委员会第十一次会议通过 2014 年 4 月 24 日第十二届全国人民代表大会常务委员会第八次会议修订）

第一章　总　则

第一条　为保护和改善环境，防治污染和其他公害，保障公众健康，推进生态文明建设，促进经济社会可持续发展，制定本法。

第二条　本法所称环境，是指影响人类生存和发展的各种天然的和经过人工改造的自然因素的总体，包括大气、水、海洋、土地、矿藏、森林、草原、湿地、野生生物、自然遗迹、人文遗迹、自然保护区、风景名胜区、城市和乡村等。

第三条　本法适用于中华人民共和国领域和中华人民共和国管辖的其他海域。

第四条　保护环境是国家的基本国策。

国家采取有利于节约和循环利用资源、保护和改善环境、促进人与自然和谐的经济、技术政策和措施，使经济社会发展与环境保护相协调。

第五条 环境保护坚持保护优先、预防为主、综合治理、公众参与、损害担责的原则。

第六条 一切单位和个人都有保护环境的义务。

地方各级人民政府应当对本行政区域的环境质量负责。

企业事业单位和其他生产经营者应当防止、减少环境污染和生态破坏，对所造成的损害依法承担责任。

公民应当增强环境保护意识，采取低碳、节俭的生活方式，自觉履行环境保护义务。

第七条 国家支持环境保护科学技术研究、开发和应用，鼓励环境保护产业发展，促进环境保护信息化建设，提高环境保护科学技术水平。

第八条 各级人民政府应当加大保护和改善环境、防治污染和其他公害的财政投入，提高财政资金的使用效益。

第九条 各级人民政府应当加强环境保护宣传和普及工作，鼓励基层群众性自治组织、社会组织、环境保护志愿者开展环境保护法律法规和环境保护知识的宣传，营造保护环境的良好风气。

教育行政部门、学校应当将环境保护知识纳入学校教育内容，培养学生的环境保护意识。

新闻媒体应当开展环境保护法律法规和环境保护知识的宣传，对环境违法行为进行舆论监督。

第十条 国务院环境保护主管部门，对全国环境保护工作实施统一监督管理；县级以上地方人民政府环境保护主管部门，对本行政区域环境保护工作实施统一监督管理。

县级以上人民政府有关部门和军队环境保护部门，依照有关法律的规定对资源保护和污染防治等环境保护工作实施监督管理。

第十一条 对保护和改善环境有显著成绩的单位和个人，由人民政府给予奖励。

第十二条 每年 6 月 5 日为环境日。

第二章　监督管理

第十三条　县级以上人民政府应当将环境保护工作纳入国民经济和社会发展规划。

国务院环境保护主管部门会同有关部门，根据国民经济和社会发展规划编制国家环境保护规划，报国务院批准并公布实施。

县级以上地方人民政府环境保护主管部门会同有关部门，根据国家环境保护规划的要求，编制本行政区域的环境保护规划，报同级人民政府批准并公布实施。

环境保护规划的内容应当包括生态保护和污染防治的目标、任务、保障措施等，并与主体功能区规划、土地利用总体规划和城乡规划等相衔接。

第十四条　国务院有关部门和省、自治区、直辖市人民政府组织制定经济、技术政策，应当充分考虑对环境的影响，听取有关方面和专家的意见。

第十五条　国务院环境保护主管部门制定国家环境质量标准。

省、自治区、直辖市人民政府对国家环境质量标准中未作规定的项目，可以制定地方环境质量标准；对国家环境质量标准中已作规定的项目，可以制定严于国家环境质量标准的地方环境质量标准。地方环境质量标准应当报国务院环境保护主管部门备案。

国家鼓励开展环境基准研究。

第十六条　国务院环境保护主管部门根据国家环境质量标准和国家经济、技术条件，制定国家污染物排放标准。

省、自治区、直辖市人民政府对国家污染物排放标准中未作规定的项目，可以制定地方污染物排放标准；对国家污染物排放标准中已作规定的项目，可以制定严于国家污染物排放标准的地方污染物排放标准。地方污染物排放标准应当报国务院环境保护主管部门备案。

第十七条　国家建立、健全环境监测制度。国务院环境保护主管部门制定监测规范，会同有关部门组织监测网络，统一规划国家环境质量监测站（点）的设置，建立监测数据共享机制，加强对环境监测的管理。

有关行业、专业等各类环境质量监测站（点）的设置应当符合法律法规规定和监测规范的要求。

监测机构应当使用符合国家标准的监测设备，遵守监测规范。监测机构及其负责人对监测数据的真实性和准确性负责。

第十八条 省级以上人民政府应当组织有关部门或者委托专业机构，对环境状况进行调查、评价，建立环境资源承载能力监测预警机制。

第十九条 编制有关开发利用规划，建设对环境有影响的项目，应当依法进行环境影响评价。

未依法进行环境影响评价的开发利用规划，不得组织实施；未依法进行环境影响评价的建设项目，不得开工建设。

第二十条 国家建立跨行政区域的重点区域、流域环境污染和生态破坏联合防治协调机制，实行统一规划、统一标准、统一监测、统一的防治措施。

前款规定以外的跨行政区域的环境污染和生态破坏的防治，由上级人民政府协调解决，或者由有关地方人民政府协商解决。

第二十一条 国家采取财政、税收、价格、政府采购等方面的政策和措施，鼓励和支持环境保护技术装备、资源综合利用和环境服务等环境保护产业的发展。

第二十二条 企业事业单位和其他生产经营者，在污染物排放符合法定要求的基础上，进一步减少污染物排放的，人民政府应当依法采取财政、税收、价格、政府采购等方面的政策和措施予以鼓励和支持。

第二十三条 企业事业单位和其他生产经营者，为改善环境，依照有关规定转产、搬迁、关闭的，人民政府应当予以支持。

第二十四条 县级以上人民政府环境保护主管部门及其委托的环境监察机构和其他负有环境保护监督管理职责的部门，有权对排放污染物的企业事业单位和其他生产经营者进行现场检查。被检查者应当如实反映情况，提供必要的资料。实施现场检查的部门、机构及其工作人员应当为被检查者保守商业秘密。

第二十五条 企业事业单位和其他生产经营者违反法律法规规定排放污染物，造成或者可能造成严重污染的，县级以上人民政府环境保护主管部门和其他负有环境保护监督管理职责的部门，可以查封、扣押造成污染物排放的设施、设备。

第二十六条　国家实行环境保护目标责任制和考核评价制度。县级以上人民政府应当将环境保护目标完成情况纳入对本级人民政府负有环境保护监督管理职责的部门及其负责人和下级人民政府及其负责人的考核内容，作为对其考核评价的重要依据。考核结果应当向社会公开。

第二十七条　县级以上人民政府应当每年向本级人民代表大会或者人民代表大会常务委员会报告环境状况和环境保护目标完成情况，对发生的重大环境事件应当及时向本级人民代表大会常务委员会报告，依法接受监督。

第三章　保护和改善环境

第二十八条　地方各级人民政府应当根据环境保护目标和治理任务，采取有效措施，改善环境质量。

未达到国家环境质量标准的重点区域、流域的有关地方人民政府，应当制定限期达标规划，并采取措施按期达标。

第二十九条　国家在重点生态功能区、生态环境敏感区和脆弱区等区域划定生态保护红线，实行严格保护。

各级人民政府对具有代表性的各种类型的自然生态系统区域，珍稀、濒危的野生动植物自然分布区域，重要的水源涵养区域，具有重大科学文化价值的地质构造、著名溶洞和化石分布区、冰川、火山、温泉等自然遗迹，以及人文遗迹、古树名木，应当采取措施予以保护，严禁破坏。

第三十条　开发利用自然资源，应当合理开发，保护生物多样性，保障生态安全，依法制定有关生态保护和恢复治理方案并予以实施。

引进外来物种以及研究、开发和利用生物技术，应当采取措施，防止对生物多样性的破坏。

第三十一条　国家建立、健全生态保护补偿制度。

国家加大对生态保护地区的财政转移支付力度。有关地方人民政府应当落实生态保护补偿资金，确保其用于生态保护补偿。

国家指导受益地区和生态保护地区人民政府通过协商或者按照市场规则进行生态保护补偿。

第三十二条 国家加强对大气、水、土壤等的保护，建立和完善相应的调查、监测、评估和修复制度。

第三十三条 各级人民政府应当加强对农业环境的保护，促进农业环境保护新技术的使用，加强对农业污染源的监测预警，统筹有关部门采取措施，防治土壤污染和土地沙化、盐渍化、贫瘠化、石漠化、地面沉降以及防治植被破坏、水土流失、水体富营养化、水源枯竭、种源灭绝等生态失调现象，推广植物病虫害的综合防治。

县级、乡级人民政府应当提高农村环境保护公共服务水平，推动农村环境综合整治。

第三十四条 国务院和沿海地方各级人民政府应当加强对海洋环境的保护。向海洋排放污染物、倾倒废弃物，进行海岸工程和海洋工程建设，应当符合法律法规规定和有关标准，防止和减少对海洋环境的污染损害。

第三十五条 城乡建设应当结合当地自然环境的特点，保护植被、水域和自然景观，加强城市园林、绿地和风景名胜区的建设与管理。

第三十六条 国家鼓励和引导公民、法人和其他组织使用有利于保护环境的产品和再生产品，减少废弃物的产生。

国家机关和使用财政资金的其他组织应当优先采购和使用节能、节水、节材等有利于保护环境的产品、设备和设施。

第三十七条 地方各级人民政府应当采取措施，组织对生活废弃物的分类处置、回收利用。

第三十八条 公民应当遵守环境保护法律法规，配合实施环境保护措施，按照规定对生活废弃物进行分类放置，减少日常生活对环境造成的损害。

第三十九条 国家建立、健全环境与健康监测、调查和风险评估制度；鼓励和组织开展环境质量对公众健康影响的研究，采取措施预防和控制与环境污染有关的疾病。

第四章　防治污染和其他公害

第四十条　国家促进清洁生产和资源循环利用。

国务院有关部门和地方各级人民政府应当采取措施，推广清洁能源的生产和使用。

企业应当优先使用清洁能源，采用资源利用率高、污染物排放量少的工艺、设备以及废弃物综合利用技术和污染物无害化处理技术，减少污染物的产生。

第四十一条　建设项目中防治污染的设施，应当与主体工程同时设计、同时施工、同时投产使用。防治污染的设施应当符合经批准的环境影响评价文件的要求，不得擅自拆除或者闲置。

第四十二条　排放污染物的企业事业单位和其他生产经营者，应当采取措施，防治在生产建设或者其他活动中产生的废气、废水、废渣、医疗废物、粉尘、恶臭气体、放射性物质以及噪声、振动、光辐射、电磁辐射等对环境的污染和危害。

排放污染物的企业事业单位，应当建立环境保护责任制度，明确单位负责人和相关人员的责任。

重点排污单位应当按照国家有关规定和监测规范安装使用监测设备，保证监测设备正常运行，保存原始监测记录。

严禁通过暗管、渗井、渗坑、灌注或者篡改、伪造监测数据，或者不正常运行防治污染设施等逃避监管的方式违法排放污染物。

第四十三条　排放污染物的企业事业单位和其他生产经营者，应当按照国家有关规定缴纳排污费。排污费应当全部专项用于环境污染防治，任何单位和个人不得截留、挤占或者挪作他用。

依照法律规定征收环境保护税的，不再征收排污费。

第四十四条　国家实行重点污染物排放总量控制制度。重点污染物排放总量控制指标由国务院下达，省、自治区、直辖市人民政府分解落实。企业事业单位在执行国家和地方污染物排放标准的同时，应当遵守分解落实到本单位的重点污染物排放总量控制指标。

对超过国家重点污染物排放总量控制指标或者未完成国家确定的环境质量目标的地区，省级以上人民政府环境保护主管部门应当暂停审批其新增重点污染物排放总量的建设项目环境影响评价文件。

第四十五条 国家依照法律规定实行排污许可管理制度。

实行排污许可管理的企业事业单位和其他生产经营者应当按照排污许可证的要求排放污染物；未取得排污许可证的，不得排放污染物。

第四十六条 国家对严重污染环境的工艺、设备和产品实行淘汰制度。任何单位和个人不得生产、销售或者转移、使用严重污染环境的工艺、设备和产品。

禁止引进不符合我国环境保护规定的技术、设备、材料和产品。

第四十七条 各级人民政府及其有关部门和企业事业单位，应当依照《中华人民共和国突发事件应对法》的规定，做好突发环境事件的风险控制、应急准备、应急处置和事后恢复等工作。

县级以上人民政府应当建立环境污染公共监测预警机制，组织制定预警方案；环境受到污染，可能影响公众健康和环境安全时，依法及时公布预警信息，启动应急措施。

企业事业单位应当按照国家有关规定制定突发环境事件应急预案，报环境保护主管部门和有关部门备案。在发生或者可能发生突发环境事件时，企业事业单位应当立即采取措施处理，及时通报可能受到危害的单位和居民，并向环境保护主管部门和有关部门报告。

突发环境事件应急处置工作结束后，有关人民政府应当立即组织评估事件造成的环境影响和损失，并及时将评估结果向社会公布。

第四十八条 生产、储存、运输、销售、使用、处置化学物品和含有放射性物质的物品，应当遵守国家有关规定，防止污染环境。

第四十九条 各级人民政府及其农业等有关部门和机构应当指导农业生产经营者科学种植和养殖，科学合理施用农药、化肥等农业投入品，科学处置农用薄膜、农作物秸秆等农业废弃物，防止农业面源污染。

禁止将不符合农用标准和环境保护标准的固体废物、废水施入农田。施用农药、化肥等农业投入品及进行灌溉，应当采取措施，防止重金属和其他有毒有害物质污染环境。

畜禽养殖场、养殖小区、定点屠宰企业等的选址、建设和管理应当符合有关法律法规规定。从事畜禽养殖和屠宰的单位和个人应当采取措施，对畜禽粪便、尸体和污水等废弃物进行科学处置，防止污染环境。

县级人民政府负责组织农村生活废弃物的处置工作。

第五十条　各级人民政府应当在财政预算中安排资金，支持农村饮用水水源地保护、生活污水和其他废弃物处理、畜禽养殖和屠宰污染防治、土壤污染防治和农村工矿污染治理等环境保护工作。

第五十一条　各级人民政府应当统筹城乡建设污水处理设施及配套管网，固体废物的收集、运输和处置等环境卫生设施，危险废物集中处置设施、场所以及其他环境保护公共设施，并保障其正常运行。

第五十二条　国家鼓励投保环境污染责任保险。

第五章　信息公开和公众参与

第五十三条　公民、法人和其他组织依法享有获取环境信息、参与和监督环境保护的权利。

各级人民政府环境保护主管部门和其他负有环境保护监督管理职责的部门，应当依法公开环境信息、完善公众参与程序，为公民、法人和其他组织参与和监督环境保护提供便利。

第五十四条　国务院环境保护主管部门统一发布国家环境质量、重点污染源监测信息及其他重大环境信息。省级以上人民政府环境保护主管部门定期发布环境状况公报。

县级以上人民政府环境保护主管部门和其他负有环境保护监督管理职责的部门，应当依法公开环境质量、环境监测、突发环境事件以及环境行政许可、行政处罚、排污费的征收和使用情况等信息。

县级以上地方人民政府环境保护主管部门和其他负有环境保护监督管理职责的部门，应当将企业事业单位和其他生产经营者的环境违法信息记入社会诚信档案，及时向社会公布违法者名单。

第五十五条 重点排污单位应当如实向社会公开其主要污染物的名称、排放方式、排放浓度和总量、超标排放情况，以及防治污染设施的建设和运行情况，接受社会监督。

第五十六条 对依法应当编制环境影响报告书的建设项目，建设单位应当在编制时向可能受影响的公众说明情况，充分征求意见。

负责审批建设项目环境影响评价文件的部门在收到建设项目环境影响报告书后，除涉及国家秘密和商业秘密的事项外，应当全文公开；发现建设项目未充分征求公众意见的，应当责成建设单位征求公众意见。

第五十七条 公民、法人和其他组织发现任何单位和个人有污染环境和破坏生态行为的，有权向环境保护主管部门或者其他负有环境保护监督管理职责的部门举报。

公民、法人和其他组织发现地方各级人民政府、县级以上人民政府环境保护主管部门和其他负有环境保护监督管理职责的部门不依法履行职责的，有权向其上级机关或者监察机关举报。

接受举报的机关应当对举报人的相关信息予以保密，保护举报人的合法权益。

第五十八条 对污染环境、破坏生态，损害社会公共利益的行为，符合下列条件的社会组织可以向人民法院提起诉讼：

（一）依法在设区的市级以上人民政府民政部门登记；

（二）专门从事环境保护公益活动连续五年以上且无违法记录。

符合前款规定的社会组织向人民法院提起诉讼，人民法院应当依法受理。

提起诉讼的社会组织不得通过诉讼牟取经济利益。

第六章 法律责任

第五十九条 企业事业单位和其他生产经营者违法排放污染物，受到罚款处罚，被责令改正，拒不改正的，依法作出处罚决定的行政机关可以自责令改正之日的次日起，按照原处罚数额按日连续处罚。

前款规定的罚款处罚，依照有关法律法规按照防治污染设施的运行成本、违法行为造成的直接损失或者违法所得等因素确定的规定执行。

地方性法规可以根据环境保护的实际需要，增加第一款规定的按日连续处罚的违法行为的种类。

第六十条　企业事业单位和其他生产经营者超过污染物排放标准或者超过重点污染物排放总量控制指标排放污染物的，县级以上人民政府环境保护主管部门可以责令其采取限制生产、停产整治等措施；情节严重的，报经有批准权的人民政府批准，责令停业、关闭。

第六十一条　建设单位未依法提交建设项目环境影响评价文件或者环境影响评价文件未经批准，擅自开工建设的，由负有环境保护监督管理职责的部门责令停止建设，处以罚款，并可以责令恢复原状。

第六十二条　违反本法规定，重点排污单位不公开或者不如实公开环境信息的，由县级以上地方人民政府环境保护主管部门责令公开，处以罚款，并予以公告。

第六十三条　企业事业单位和其他生产经营者有下列行为之一，尚不构成犯罪的，除依照有关法律法规规定予以处罚外，由县级以上人民政府环境保护主管部门或者其他有关部门将案件移送公安机关，对其直接负责的主管人员和其他直接责任人员，处十日以上十五日以下拘留；情节较轻的，处五日以上十日以下拘留：

（一）建设项目未依法进行环境影响评价，被责令停止建设，拒不执行的；

（二）违反法律规定，未取得排污许可证排放污染物，被责令停止排污，拒不执行的；

（三）通过暗管、渗井、渗坑、灌注或者篡改、伪造监测数据，或者不正常运行防治污染设施等逃避监管的方式违法排放污染物的；

（四）生产、使用国家明令禁止生产、使用的农药，被责令改正，拒不改正的。

第六十四条　因污染环境和破坏生态造成损害的，应当依照《中华人民共和国侵权责任法》的有关规定承担侵权责任。

第六十五条　环境影响评价机构、环境监测机构以及从事环境监测设备和防治污染设施维护、运营的机构，在有关环境服务活动中弄虚作假，对造成的环境污染和生态破坏负有责任的，除依照有关法律法规规定予以处罚外，还应当与造成环境污染和生态破坏的其他责任者承担连带责任。

第六十六条 提起环境损害赔偿诉讼的时效期间为三年，从当事人知道或者应当知道其受到损害时起计算。

第六十七条 上级人民政府及其环境保护主管部门应当加强对下级人民政府及其有关部门环境保护工作的监督。发现有关工作人员有违法行为，依法应当给予处分的，应当向其任免机关或者监察机关提出处分建议。

依法应当给予行政处罚，而有关环境保护主管部门不给予行政处罚的，上级人民政府环境保护主管部门可以直接作出行政处罚的决定。

第六十八条 地方各级人民政府、县级以上人民政府环境保护主管部门和其他负有环境保护监督管理职责的部门有下列行为之一的，对直接负责的主管人员和其他直接责任人员给予记过、记大过或者降级处分；造成严重后果的，给予撤职或者开除处分，其主要负责人应当引咎辞职：

（一）不符合行政许可条件准予行政许可的；

（二）对环境违法行为进行包庇的；

（三）依法应当作出责令停业、关闭的决定而未作出的；

（四）对超标排放污染物、采用逃避监管的方式排放污染物、造成环境事故以及不落实生态保护措施造成生态破坏等行为，发现或者接到举报未及时查处的；

（五）违反本法规定，查封、扣押企业事业单位和其他生产经营者的设施、设备的；

（六）篡改、伪造或者指使篡改、伪造监测数据的；

（七）应当依法公开环境信息而未公开的；

（八）将征收的排污费截留、挤占或者挪作他用的；

（九）法律法规规定的其他违法行为。

第六十九条 违反本法规定，构成犯罪的，依法追究刑事责任。

第七章 附 则

第七十条 本法自 2015 年 1 月 1 日起施行。

中华人民共和国环境影响评价法

（2002 年 10 月 28 日第九届全国人民代表大会常务委员会第三十次会议通过；根据 2016 年 7 月 2 日第十二届全国人民代表大会常务委员会第二十一次会议《关于修改〈中华人民共和国节约能源法〉等六部法律的决定》修正）

第一章　总　则

第一条　为了实施可持续发展战略，预防因规划和建设项目实施后对环境造成不良影响，促进经济、社会和环境的协调发展，制定本法。

第二条　本法所称环境影响评价，是指对规划和建设项目实施后可能造成的环境影响进行分析、预测和评估，提出预防或者减轻不良环境影响的对策和措施，进行跟踪监测的方法与制度。

第三条　编制本法第九条所规定的范围内的规划，在中华人民共和国领域和中华人民共和国管辖的其他海域内建设对环境有影响的项目，应当依照本法进行环境影响评价。

第四条　环境影响评价必须客观、公开、公正，综合考虑规划或者建设项目实施后对各种环境因素及其所构成的生态系统可能造成的影响，为决策提供科学依据。

第五条　国家鼓励有关单位、专家和公众以适当方式参与环境影响评价。

第六条　国家加强环境影响评价的基础数据库和评价指标体系建设，鼓励和支持对环境影响评价的方法、技术规范进行科学研究，建立必要的环境影响评价信息共享制度，提高环境影响评价的科学性。

国务院环境保护行政主管部门应当会同国务院有关部门，组织建立和完善环境影响评价的基础数据库和评价指标体系。

第二章　规划的环境影响评价

第七条　国务院有关部门、设区的市级以上地方人民政府及其有关部门，对其组织编制的土地利用的有关规划，区域、流域、海域的建设、开发利用规划，应当在规划编制过程中组织进行环境影响评价，编写该规划有关环境影响的篇章或者说明。

规划有关环境影响的篇章或者说明，应当对规划实施后可能造成的环境影响作出分析、预测和评估，提出预防或者减轻不良环境影响的对策和措施，作为规划草案的组成部分一并报送规划审批机关。

未编写有关环境影响的篇章或者说明的规划草案，审批机关不予审批。

第八条　国务院有关部门、设区的市级以上地方人民政府及其有关部门，对其组织编制的工业、农业、畜牧业、林业、能源、水利、交通、城市建设、旅游、自然资源开发的有关专项规划（以下简称专项规划），应当在该专项规划草案上报审批前，组织进行环境影响评价，并向审批该专项规划的机关提出环境影响报告书。

前款所列专项规划中的指导性规划，按照本法第七条的规定进行环境影响评价。

第九条　依照本法第七条、第八条的规定进行环境影响评价的规划的具体范围，由国务院环境保护行政主管部门会同国务院有关部门规定，报国务院批准。

第十条　专项规划的环境影响报告书应当包括下列内容：

（一）实施该规划对环境可能造成影响的分析、预测和评估。

（二）预防或者减轻不良环境影响的对策和措施。

（三）环境影响评价的结论。

第十一条　专项规划的编制机关对可能造成不良环境影响并直接涉及公众环境权益的规划，应当在该规划草案报送审批前，举行论证会、听证会，或者采取其他形式，征求有关单位、专家和公众对环境影响报告书草案的意见。但是，国家规定需要保密的情形除外。

编制机关应当认真考虑有关单位、专家和公众对环境影响报告书草案的意见，并应当在报送审查的环境影响报告书中附具对意见采纳或者不采纳的说明。

第十二条 专项规划的编制机关在报批规划草案时，应当将环境影响报告书一并附送审批机关审查；未附送环境影响报告书的，审批机关不予审批。

第十三条 设区的市级以上人民政府在审批专项规划草案，作出决策前，应当先由人民政府指定的环境保护行政主管部门或者其他部门召集有关部门代表和专家组成审查小组，对环境影响报告书进行审查。审查小组应当提出书面审查意见。

参加前款规定的审查小组的专家，应当从按照国务院环境保护行政主管部门的规定设立的专家库内的相关专业的专家名单中，以随机抽取的方式确定。

由省级以上人民政府有关部门负责审批的专项规划，其环境影响报告书的审查办法，由国务院环境保护行政主管部门会同国务院有关部门制定。

第十四条 审查小组提出修改意见的，专项规划的编制机关应当根据环境影响报告书结论和审查意见对规划草案进行修改完善，并对环境影响报告书结论和审查意见的采纳情况作出说明；不采纳的，应当说明理由。

设区的市级以上人民政府或者省级以上人民政府有关部门在审批专项规划草案时，应当将环境影响报告书结论以及审查意见作为决策的重要依据。

在审批中未采纳环境影响报告书结论以及审查意见的，应当作出说明，并存档备查。

第十五条 对环境有重大影响的规划实施后，编制机关应当及时组织环境影响的跟踪评价，并将评价结果报告审批机关；发现有明显不良环境影响的，应当及时提出改进措施。

第三章 建设项目的环境影响评价

第十六条 国家根据建设项目对环境的影响程度，对建设项目的环境影响评价实行分类管理。

建设单位应当按照下列规定组织编制环境影响报告书、环境影响报告表或者填报环境影响登记表（以下统称环境影响评价文件）：

（一）可能造成重大环境影响的，应当编制环境影响报告书，对产生的环境影响进行全面评价；

（二）可能造成轻度环境影响的，应当编制环境影响报告表，对产生的环境影响进行分析或者专项评价；

（三）对环境影响很小、不需要进行环境影响评价的，应当填报环境影响登记表。

建设项目的环境影响评价分类管理名录，由国务院环境保护行政主管部门制定并公布。

第十七条 建设项目的环境影响报告书应当包括下列内容：

（一）建设项目概况。

（二）建设项目周围环境现状。

（三）建设项目对环境可能造成影响的分析、预测和评估。

（四）建设项目环境保护措施及其技术、经济论证。

（五）建设项目对环境影响的经济损益分析。

（六）对建设项目实施环境监测的建议。

（七）环境影响评价的结论。

环境影响报告表和环境影响登记表的内容和格式，由国务院环境保护行政主管部门制定。

第十八条 建设项目的环境影响评价，应当避免与规划的环境影响评价相重复。

作为一项整体建设项目的规划，按照建设项目进行环境影响评价，不进行规划的环境影响评价。

已经进行了环境影响评价的规划包含具体建设项目的，规划的环境影响评价结论应当作为建设项目环境影响评价的重要依据，建设项目环境影响评价的内容应当根据规划的环境影响评价审查意见予以简化。

第十九条 接受委托为建设项目环境影响评价提供技术服务的机构，应当经国务院环境保护行政主管部门考核审查合格后，颁发资质证书，按照资质证书规定的等级和评价范围，从事环境影响评价服务，并对评价结论负责。

为建设项目环境影响评价提供技术服务的机构的资质条件和管理办法，由国务院环境保护行政主管部门制定。

国务院环境保护行政主管部门对已取得资质证书的为建设项目环境影响评价提供技术服务的机构的名单，应当予以公布。

为建设项目环境影响评价提供技术服务的机构，不得与负责审批建设项目环境影响评价文件的环境保护行政主管部门或者其他有关审批部门存在任何利益关系。

第二十条 环境影响评价文件中的环境影响报告书或者环境影响报告表，应当由具有相应环境影响评价资质的机构编制。

任何单位和个人不得为建设单位指定对其建设项目进行环境影响评价的机构。

第二十一条 除国家规定需要保密的情形外，对环境可能造成重大影响、应当编制环境影响报告书的建设项目，建设单位应当在报批建设项目环境影响报告书前，举行论证会、听证会，或者采取其他形式，征求有关单位、专家和公众的意见。

建设单位报批的环境影响报告书应当附具对有关单位、专家和公众的意见采纳或者不采纳的说明。

第二十二条 建设项目的环境影响报告书、报告表，由建设单位按照国务院的规定报有审批权的环境保护行政主管部门审批。

海洋工程建设项目的海洋环境影响报告书的审批，依照《中华人民共和国海洋环境保护法》的规定办理。

审批部门应当自收到环境影响报告书之日起六十日内，收到环境影响报告表之日起三十日内，分别作出审批决定并书面通知建设单位。

国家对环境影响登记表实行备案管理。

审核、审批建设项目环境影响报告书、报告表以及备案环境影响登记表，不得收取任何费用。

第二十三条 国务院环境保护行政主管部门负责审批下列建设项目的环境影响评价文件：

（一）核设施、绝密工程等特殊性质的建设项目。

（二）跨省、自治区、直辖市行政区域的建设项目。

（三）由国务院审批的或者由国务院授权有关部门审批的建设项目。

前款规定以外的建设项目的环境影响评价文件的审批权限，由省、自治区、直辖市人民政府规定。

建设项目可能造成跨行政区域的不良环境影响，有关环境保护行政主管部门对该项目的环境影响评价结论有争议的，其环境影响评价文件由共同的上一级环境保护行政主管部门审批。

第二十四条 建设项目的环境影响评价文件经批准后，建设项目的性质、规模、地点、采用的生产工艺或者防治污染、防止生态破坏的措施发生重大变动的，建设单位应当重新报批建设项目的环境影响评价文件。

建设项目的环境影响评价文件自批准之日起超过五年，方决定该项目开工建设的，其环境影响评价文件应当报原审批部门重新审核；原审批部门应当自收到建设项目环境影响评价文件之日起十日内，将审核意见书面通知建设单位。

第二十五条 建设项目的环境影响评价文件未依法经审批部门审查或者审查后未予批准的，建设单位不得开工建设。

第二十六条 建设项目建设过程中，建设单位应当同时实施环境影响报告书、环境影响报告表以及环境影响评价文件审批部门审批意见中提出的环境保护对策措施。

第二十七条 在项目建设、运行过程中产生不符合经审批的环境影响评价文件的情形的，建设单位应当组织环境影响的后评价，采取改进措施，并报原环境影响评价文件审批部门和建设项目审批部门备案；原环境影响评价文件审批部门也可以责成建设单位进行环境影响的后评价，采取改进措施。

第二十八条 环境保护行政主管部门应当对建设项目投入生产或者使用后所产生的环境影响进行跟踪检查，对造成严重环境污染或者生态破坏的，应当查清原因、查明责任。对属于为建设项目环境影响评价提供技术服务的机构编制不实的环境影响评价文件的，依照本法第三十二条的规定追究其法律责任；属于审批部门工作人员失职、渎职，对依法不应批准的建设项目环境影响评价文件予以批准的，依照本法第三十四条的规定追究其法律责任。

第四章　法律责任

第二十九条　规划编制机关违反本法规定，未组织环境影响评价，或者组织环境影响评价时弄虚作假或者有失职行为，造成环境影响评价严重失实的，对直接负责的主管人员和其他直接责任人员，由上级机关或者监察机关依法给予行政处分。

第三十条　规划审批机关对依法应当编写有关环境影响的篇章或者说明而未编写的规划草案，依法应当附送环境影响报告书而未附送的专项规划草案，违法予以批准的，对直接负责的主管人员和其他直接责任人员，由上级机关或者监察机关依法给予行政处分。

第三十一条　建设单位未依法报批建设项目环境影响报告书、报告表，或者未依照本法第二十四条的规定重新报批或者报请重新审核环境影响报告书、报告表，擅自开工建设的，由县级以上环境保护行政主管部门责令停止建设，根据违法情节和危害后果，处建设项目总投资额百分之一以上百分之五以下的罚款，并可以责令恢复原状；对建设单位直接负责的主管人员和其他直接责任人员，依法给予行政处分。

建设项目环境影响报告书、报告表未经批准或者未经原审批部门重新审核同意，建设单位擅自开工建设的，依照前款的规定处罚、处分。

建设单位未依法备案建设项目环境影响登记表的，由县级以上环境保护行政主管部门责令备案，处五万元以下的罚款。

海洋工程建设项目的建设单位有本条所列违法行为的，依照《中华人民共和国海洋环境保护法》的规定处罚。

第三十二条　接受委托为建设项目环境影响评价提供技术服务的机构在环境影响评价工作中不负责任或者弄虚作假，致使环境影响评价文件失实的，由授予环境影响评价资质的环境保护行政主管部门降低其资质等级或者吊销其资质证书，并处所收费用一倍以上三倍以下的罚款；构成犯罪的，依法追究刑事责任。

第三十三条　负责审核、审批、备案建设项目环境影响评价文件的部门在审批、备案中收取费用的，由其上级机关或者监察机关责令退还；情节严重的，对直接负责的主管人员和其他直接责任人员依法给予行政处分。

第三十四条 环境保护行政主管部门或者其他部门的工作人员徇私舞弊，滥用职权，玩忽职守，违法批准建设项目环境影响评价文件的，依法给予行政处分；构成犯罪的，依法追究刑事责任。

第五章 附 则

第三十五条 省、自治区、直辖市人民政府可以根据本地的实际情况，要求对本辖区的县级人民政府编制的规划进行环境影响评价。具体办法由省、自治区、直辖市参照本法第二章的规定制定。

第三十六条 军事设施建设项目的环境影响评价办法，由中央军事委员会依照本法的原则制定。

第三十七条 本法自 2003 年 9 月 1 日起施行。

中华人民共和国大气污染防治法

1987年9月5日第六届全国人民代表大会常务委员会第二十二次会议通过
1995年8月29日第八届全国人民代表大会常务委员会第十五次会议
《关于修改〈中华人民共和国大气污染防治法〉的决定》修正
2000年4月29日第九届全国人民代表大会常务委员会第十五次会议
第一次修订
2015年8月29日第十二届全国人民代表大会常务委员会第十六次会议
第二次修订

第一章　总　则

第一条　为保护和改善环境，防治大气污染，保障公众健康，推进生态文明建设，促进经济社会可持续发展，制定本法。

第二条　防治大气污染，应当以改善大气环境质量为目标，坚持源头治理，规划先行，转变经济发展方式，优化产业结构和布局，调整能源结构。

防治大气污染，应当加强对燃煤、工业、机动车船、扬尘、农业等大气污染的综合防治，推行区域大气污染联合防治，对颗粒物、二氧化硫、氮氧化物、挥发性有机物、氨等大气污染物和温室气体实施协同控制。

第三条　县级以上人民政府应当将大气污染防治工作纳入国民经济和社会发展规划，加大对大气污染防治的财政投入。

地方各级人民政府应当对本行政区域的大气环境质量负责，制定规划，采取措施，控制或者逐步削减大气污染物的排放量，使大气环境质量达到规定标准并逐步改善。

第四条　国务院环境保护主管部门会同国务院有关部门，按照国务院的规定，对省、自治区、直辖市大气环境质量改善目标、大气污染防治重点任务完成情况进行考核。省、自治区、直辖市人民政府制定考核办法，对本行政区域内地方大气环境质量改善目标、大气污染防治重点任务完成情况实施考核。考核结果应当向社会公开。

第五条 县级以上人民政府环境保护主管部门对大气污染防治实施统一监督管理。

县级以上人民政府其他有关部门在各自职责范围内对大气污染防治实施监督管理。

第六条 国家鼓励和支持大气污染防治科学技术研究，开展对大气污染来源及其变化趋势的分析，推广先进适用的大气污染防治技术和装备，促进科技成果转化，发挥科学技术在大气污染防治中的支撑作用。

第七条 企业事业单位和其他生产经营者应当采取有效措施，防止、减少大气污染，对所造成的损害依法承担责任。

公民应当增强大气环境保护意识，采取低碳、节俭的生活方式，自觉履行大气环境保护义务。

第二章 大气污染防治标准和限期达标规划

第八条 国务院环境保护主管部门或者省、自治区、直辖市人民政府制定大气环境质量标准，应当以保障公众健康和保护生态环境为宗旨，与经济社会发展相适应，做到科学合理。

第九条 国务院环境保护主管部门或者省、自治区、直辖市人民政府制定大气污染物排放标准，应当以大气环境质量标准和国家经济、技术条件为依据。

第十条 制定大气环境质量标准、大气污染物排放标准，应当组织专家进行审查和论证，并征求有关部门、行业协会、企业事业单位和公众等方面的意见。

第十一条 省级以上人民政府环境保护主管部门应当在其网站上公布大气环境质量标准、大气污染物排放标准，供公众免费查阅、下载。

第十二条 大气环境质量标准、大气污染物排放标准的执行情况应当定期进行评估，根据评估结果对标准适时进行修订。

第十三条 制定燃煤、石油焦、生物质燃料、涂料等含挥发性有机物的产品、烟花爆竹以及锅炉等产品的质量标准，应当明确大气环境保护要求。

制定燃油质量标准，应当符合国家大气污染物控制要求，并与国家机动车船、非道路移动机械大气污染物排放标准相互衔接，同步实施。

前款所称非道路移动机械，是指装配有发动机的移动机械和可运输工业设备。

第十四条 未达到国家大气环境质量标准城市的人民政府应当及时编制大气环境质量限期达标规划，采取措施，按照国务院或者省级人民政府规定的期限达到大气环境质量标准。

编制城市大气环境质量限期达标规划，应当征求有关行业协会、企业事业单位、专家和公众等方面的意见。

第十五条 城市大气环境质量限期达标规划应当向社会公开。直辖市和设区的市的大气环境质量限期达标规划应当报国务院环境保护主管部门备案。

第十六条 城市人民政府每年在向本级人民代表大会或者其常务委员会报告环境状况和环境保护目标完成情况时，应当报告大气环境质量限期达标规划执行情况，并向社会公开。

第十七条 城市大气环境质量限期达标规划应当根据大气污染防治的要求和经济、技术条件适时进行评估、修订。

第三章 大气污染防治的监督管理

第十八条 企业事业单位和其他生产经营者建设对大气环境有影响的项目，应当依法进行环境影响评价、公开环境影响评价文件；向大气排放污染物的，应当符合大气污染物排放标准，遵守重点大气污染物排放总量控制要求。

第十九条 排放工业废气或者本法第七十八条规定名录中所列有毒有害大气污染物的企业事业单位、集中供热设施的燃煤热源生产运营单位以及其他依法实行排污许可管理的单位，应当取得排污许可证。排污许可的具体办法和实施步骤由国务院规定。

第二十条 企业事业单位和其他生产经营者向大气排放污染物的，应当依照法律法规和国务院环境保护主管部门的规定设置大气污染物排放口。

禁止通过偷排、篡改或者伪造监测数据、以逃避现场检查为目的的临时停产、非紧急情况下开启应急排放通道、不正常运行大气污染防治设施等逃避监管的方式排放大气污染物。

第二十一条 国家对重点大气污染物排放实行总量控制。

重点大气污染物排放总量控制目标，由国务院环境保护主管部门在征求国务院有关部门和各省、自治区、直辖市人民政府意见后，会同国务院经济综合主管部门报国务院批准并下达实施。

省、自治区、直辖市人民政府应当按照国务院下达的总量控制目标，控制或者削减本行政区域的重点大气污染物排放总量。

确定总量控制目标和分解总量控制指标的具体办法，由国务院环境保护主管部门会同国务院有关部门规定。省、自治区、直辖市人民政府可以根据本行政区域大气污染防治的需要，对国家重点大气污染物之外的其他大气污染物排放实行总量控制。

国家逐步推行重点大气污染物排污权交易。

第二十二条 对超过国家重点大气污染物排放总量控制指标或者未完成国家下达的大气环境质量改善目标的地区，省级以上人民政府环境保护主管部门应当会同有关部门约谈该地区人民政府的主要负责人，并暂停审批该地区新增重点大气污染物排放总量的建设项目环境影响评价文件。约谈情况应当向社会公开。

第二十三条 国务院环境保护主管部门负责制定大气环境质量和大气污染源的监测和评价规范，组织建设与管理全国大气环境质量和大气污染源监测网，组织开展大气环境质量和大气污染源监测，统一发布全国大气环境质量状况信息。

县级以上地方人民政府环境保护主管部门负责组织建设与管理本行政区域大气环境质量和大气污染源监测网，开展大气环境质量和大气污染源监测，统一发布本行政区域大气环境质量状况信息。

第二十四条 企业事业单位和其他生产经营者应当按照国家有关规定和

监测规范，对其排放的工业废气和本法第七十八条规定名录中所列有毒有害大气污染物进行监测，并保存原始监测记录。其中，重点排污单位应当安装、使用大气污染物排放自动监测设备，与环境保护主管部门的监控设备联网，保证监测设备正常运行并依法公开排放信息。监测的具体办法和重点排污单位的条件由国务院环境保护主管部门规定。

重点排污单位名录由设区的市级以上地方人民政府环境保护主管部门按照国务院环境保护主管部门的规定，根据本行政区域的大气环境承载力、重点大气污染物排放总量控制指标的要求以及排污单位排放大气污染物的种类、数量和浓度等因素，商有关部门确定，并向社会公布。

第二十五条　重点排污单位应当对自动监测数据的真实性和准确性负责。环境保护主管部门发现重点排污单位的大气污染物排放自动监测设备传输数据异常，应当及时进行调查。

第二十六条　禁止侵占、损毁或者擅自移动、改变大气环境质量监测设施和大气污染物排放自动监测设备。

第二十七条　国家对严重污染大气环境的工艺、设备和产品实行淘汰制度。

国务院经济综合主管部门会同国务院有关部门确定严重污染大气环境的工艺、设备和产品淘汰期限，并纳入国家综合性产业政策目录。

生产者、进口者、销售者或者使用者应当在规定期限内停止生产、进口、销售或者使用列入前款规定目录中的设备和产品。工艺的采用者应当在规定期限内停止采用列入前款规定目录中的工艺。

被淘汰的设备和产品，不得转让给他人使用。

第二十八条　国务院环境保护主管部门会同有关部门，建立和完善大气污染损害评估制度。

第二十九条　环境保护主管部门及其委托的环境监察机构和其他负有大气环境保护监督管理职责的部门，有权通过现场检查监测、自动监测、遥感监测、远红外摄像等方式，对排放大气污染物的企业事业单位和其他生产经营者进行监督检查。被检查者应当如实反映情况，提供必要的资料。实施检查的部门、机构及其工作人员应当为被检查者保守商业秘密。

第三十条　企业事业单位和其他生产经营者违反法律法规规定排放大气

污染物，造成或者可能造成严重大气污染，或者有关证据可能灭失或者被隐匿的，县级以上人民政府环境保护主管部门和其他负有大气环境保护监督管理职责的部门，可以对有关设施、设备、物品采取查封、扣押等行政强制措施。

第三十一条 环境保护主管部门和其他负有大气环境保护监督管理职责的部门应当公布举报电话、电子邮箱等，方便公众举报。

环境保护主管部门和其他负有大气环境保护监督管理职责的部门接到举报的，应当及时处理并对举报人的相关信息予以保密；对实名举报的，应当反馈处理结果等情况，查证属实的，处理结果依法向社会公开，并对举报人给予奖励。

举报人举报所在单位的，该单位不得以解除、变更劳动合同或者其他方式对举报人进行打击报复。

第四章 大气污染防治措施

第一节 燃煤和其他能源污染防治

第三十二条 国务院有关部门和地方各级人民政府应当采取措施，调整能源结构，推广清洁能源的生产和使用；优化煤炭使用方式，推广煤炭清洁高效利用，逐步降低煤炭在一次能源消费中的比重，减少煤炭生产、使用、转化过程中的大气污染物排放。

第三十三条 国家推行煤炭洗选加工，降低煤炭的硫分和灰分，限制高硫分、高灰分煤炭的开采。新建煤矿应当同步建设配套的煤炭洗选设施，使煤炭的硫分、灰分含量达到规定标准；已建成的煤矿除所采煤炭属于低硫分、低灰分或者根据已达标排放的燃煤电厂要求不需要洗选的以外，应当限期建成配套的煤炭洗选设施。

禁止开采含放射性和砷等有毒有害物质超过规定标准的煤炭。

第三十四条 国家采取有利于煤炭清洁高效利用的经济、技术政策和措施，鼓励和支持洁净煤技术的开发和推广。

国家鼓励煤矿企业等采用合理、可行的技术措施，对煤层气进行开采利用，对煤矸石进行综合利用。从事煤层气开采利用的，煤层气排放应当符合有关标准规范。

第三十五条　国家禁止进口、销售和燃用不符合质量标准的煤炭，鼓励燃用优质煤炭。

单位存放煤炭、煤矸石、煤渣、煤灰等物料，应当采取防燃措施，防止大气污染。

第三十六条　地方各级人民政府应当采取措施，加强民用散煤的管理，禁止销售不符合民用散煤质量标准的煤炭，鼓励居民燃用优质煤炭和洁净型煤，推广节能环保型炉灶。

第三十七条　石油炼制企业应当按照燃油质量标准生产燃油。

禁止进口、销售和燃用不符合质量标准的石油焦。

第三十八条　城市人民政府可以划定并公布高污染燃料禁燃区，并根据大气环境质量改善要求，逐步扩大高污染燃料禁燃区范围。高污染燃料的目录由国务院环境保护主管部门确定。

在禁燃区内，禁止销售、燃用高污染燃料；禁止新建、扩建燃用高污染燃料的设施，已建成的，应当在城市人民政府规定的期限内改用天然气、页岩气、液化石油气、电或者其他清洁能源。

第三十九条　城市建设应当统筹规划，在燃煤供热地区，推进热电联产和集中供热。在集中供热管网覆盖地区，禁止新建、扩建分散燃煤供热锅炉；已建成的不能达标排放的燃煤供热锅炉，应当在城市人民政府规定的期限内拆除。

第四十条　县级以上人民政府质量监督部门应当会同环境保护主管部门对锅炉生产、进口、销售和使用环节执行环境保护标准或者要求的情况进行监督检查；不符合环境保护标准或者要求的，不得生产、进口、销售和使用。

第四十一条　燃煤电厂和其他燃煤单位应当采用清洁生产工艺，配套建设除尘、脱硫、脱硝等装置，或者采取技术改造等其他控制大气污染物排放的措施。

国家鼓励燃煤单位采用先进的除尘、脱硫、脱硝、脱汞等大气污染物协同控制的技术和装置，减少大气污染物的排放。

第四十二条 电力调度应当优先安排清洁能源发电上网。

第二节 工业污染防治

第四十三条 钢铁、建材、有色金属、石油、化工等企业生产过程中排放粉尘、硫化物和氮氧化物的，应当采用清洁生产工艺，配套建设除尘、脱硫、脱硝等装置，或者采取技术改造等其他控制大气污染物排放的措施。

第四十四条 生产、进口、销售和使用含挥发性有机物的原材料和产品的，其挥发性有机物含量应当符合质量标准或者要求。

国家鼓励生产、进口、销售和使用低毒、低挥发性有机溶剂。

第四十五条 产生含挥发性有机物废气的生产和服务活动，应当在密闭空间或者设备中进行，并按照规定安装、使用污染防治设施；无法密闭的，应当采取措施减少废气排放。

第四十六条 工业涂装企业应当使用低挥发性有机物含量的涂料，并建立台账，记录生产原料、辅料的使用量、废弃量、去向以及挥发性有机物含量。台账保存期限不得少于三年。

第四十七条 石油、化工以及其他生产和使用有机溶剂的企业，应当采取措施对管道、设备进行日常维护、维修，减少物料泄漏，对泄漏的物料应当及时收集处理。

储油储气库、加油加气站、原油成品油码头、原油成品油运输船舶和油罐车、气罐车等，应当按照国家有关规定安装油气回收装置并保持正常使用。

第四十八条 钢铁、建材、有色金属、石油、化工、制药、矿产开采等企业，应当加强精细化管理，采取集中收集处理等措施，严格控制粉尘和气态污染物的排放。

工业生产企业应当采取密闭、围挡、遮盖、清扫、洒水等措施，减少内部物料的堆存、传输、装卸等环节产生的粉尘和气态污染物的排放。

第四十九条 工业生产、垃圾填埋或者其他活动产生的可燃性气体应当回收利用，不具备回收利用条件的，应当进行污染防治处理。

可燃性气体回收利用装置不能正常作业的，应当及时修复或者更新。在回收利用装置不能正常作业期间确需排放可燃性气体的，应当将排放的可燃性气体充分燃烧或者采取其他控制大气污染物排放的措施，并向当地环境保护主管部门报告，按照要求限期修复或者更新。

第三节 机动车船等污染防治

第五十条 国家倡导低碳、环保出行，根据城市规划合理控制燃油机动车保有量，大力发展城市公共交通，提高公共交通出行比例。

国家采取财政、税收、政府采购等措施推广应用节能环保型和新能源机动车船、非道路移动机械，限制高油耗、高排放机动车船、非道路移动机械的发展，减少化石能源的消耗。

省、自治区、直辖市人民政府可以在条件具备的地区，提前执行国家机动车大气污染物排放标准中相应阶段排放限值，并报国务院环境保护主管部门备案。

城市人民政府应当加强并改善城市交通管理，优化道路设置，保障人行道和非机动车道的连续、畅通。

第五十一条 机动车船、非道路移动机械不得超过标准排放大气污染物。

禁止生产、进口或者销售大气污染物排放超过标准的机动车船、非道路移动机械。

第五十二条 机动车、非道路移动机械生产企业应当对新生产的机动车和非道路移动机械进行排放检验。经检验合格的，方可出厂销售。检验信息应当向社会公开。

省级以上人民政府环境保护主管部门可以通过现场检查、抽样检测等方式，加强对新生产、销售机动车和非道路移动机械大气污染物排放状况的监督检查。工业、质量监督、工商行政管理等有关部门予以配合。

第五十三条 在用机动车应当按照国家或者地方的有关规定，由机动车排放检验机构定期对其进行排放检验。经检验合格的，方可上道路行驶。未经检验合格的，公安机关交通管理部门不得核发安全技术检验合格标志。

县级以上地方人民政府环境保护主管部门可以在机动车集中停放地、维修地对在用机动车的大气污染物排放状况进行监督抽测；在不影响正常通行的情况下，可以通过遥感监测等技术手段对在道路上行驶的机动车的大气污染物排放状况进行监督抽测，公安机关交通管理部门予以配合。

第五十四条 机动车排放检验机构应当依法通过计量认证，使用经依法检定合格的机动车排放检验设备，按照国务院环境保护主管部门制定的规范，对机动车进行排放检验，并与环境保护主管部门联网，实现检验数据实时共享。机动车排放检验机构及其负责人对检验数据的真实性和准确性负责。

环境保护主管部门和认证认可监督管理部门应当对机动车排放检验机构的排放检验情况进行监督检查。

第五十五条 机动车生产、进口企业应当向社会公布其生产、进口机动车车型的排放检验信息、污染控制技术信息和有关维修技术信息。

机动车维修单位应当按照防治大气污染的要求和国家有关技术规范对在用机动车进行维修，使其达到规定的排放标准。交通运输、环境保护主管部门应当依法加强监督管理。

禁止机动车所有人以临时更换机动车污染控制装置等弄虚作假的方式通过机动车排放检验。禁止机动车维修单位提供该类维修服务。禁止破坏机动车车载排放诊断系统。

第五十六条 环境保护主管部门应当会同交通运输、住房城乡建设、农业行政、水行政等有关部门对非道路移动机械的大气污染物排放状况进行监督检查，排放不合格的，不得使用。

第五十七条 国家倡导环保驾驶，鼓励燃油机动车驾驶人在不影响道路通行且需停车三分钟以上的情况下熄灭发动机，减少大气污染物的排放。

第五十八条 国家建立机动车和非道路移动机械环境保护召回制度。

生产、进口企业获知机动车、非道路移动机械排放大气污染物超过标准，属于设计、生产缺陷或者不符合规定的环境保护耐久性要求的，应当召回；未召回的，由国务院质量监督部门会同国务院环境保护主管部门责令其召回。

第五十九条 在用重型柴油车、非道路移动机械未安装污染控制装置或者污染控制装置不符合要求，不能达标排放的，应当加装或者更换符合要求的污染控制装置。

第六十条 在用机动车排放大气污染物超过标准的，应当进行维修；经维修或者采用污染控制技术后，大气污染物排放仍不符合国家在用机动车排放标准的，应当强制报废。其所有人应当将机动车交售给报废机动车回收拆解企业，由报废机动车回收拆解企业按照国家有关规定进行登记、拆解、销毁等处理。

国家鼓励和支持高排放机动车船、非道路移动机械提前报废。

第六十一条　城市人民政府可以根据大气环境质量状况，划定并公布禁止使用高排放非道路移动机械的区域。

第六十二条　船舶检验机构对船舶发动机及有关设备进行排放检验。经检验符合国家排放标准的，船舶方可运营。

第六十三条　内河和江海直达船舶应当使用符合标准的普通柴油。远洋船舶靠港后应当使用符合大气污染物控制要求的船舶用燃油。

新建码头应当规划、设计和建设岸基供电设施；已建成的码头应当逐步实施岸基供电设施改造。船舶靠港后应当优先使用岸电。

第六十四条　国务院交通运输主管部门可以在沿海海域划定船舶大气污染物排放控制区，进入排放控制区的船舶应当符合船舶相关排放要求。

第六十五条　禁止生产、进口、销售不符合标准的机动车船、非道路移动机械用燃料；禁止向汽车和摩托车销售普通柴油以及其他非机动车用燃料；禁止向非道路移动机械、内河和江海直达船舶销售渣油和重油。

第六十六条　发动机油、氮氧化物还原剂、燃料和润滑油添加剂以及其他添加剂的有害物质含量和其他大气环境保护指标，应当符合有关标准的要求，不得损害机动车船污染控制装置效果和耐久性，不得增加新的大气污染物排放。

第六十七条　国家积极推进民用航空器的大气污染防治，鼓励在设计、生产、使用过程中采取有效措施减少大气污染物排放。

民用航空器应当符合国家规定的适航标准中的有关发动机排出物要求。

第四节　扬尘污染防治

第六十八条　地方各级人民政府应当加强对建设施工和运输的管理，保持道路清洁，控制料堆和渣土堆放，扩大绿地、水面、湿地和地面铺装面积，防治扬尘污染。

住房城乡建设、市容环境卫生、交通运输、国土资源等有关部门，应当根据本级人民政府确定的职责，做好扬尘污染防治工作。

第六十九条 建设单位应当将防治扬尘污染的费用列入工程造价，并在施工承包合同中明确施工单位扬尘污染防治责任。施工单位应当制定具体的施工扬尘污染防治实施方案。

从事房屋建筑、市政基础设施建设、河道整治以及建筑物拆除等施工单位，应当向负责监督管理扬尘污染防治的主管部门备案。

施工单位应当在施工工地设置硬质围挡，并采取覆盖、分段作业、择时施工、洒水抑尘、冲洗地面和车辆等有效防尘降尘措施。建筑土方、工程渣土、建筑垃圾应当及时清运；在场地内堆存的，应当采用密闭式防尘网遮盖。工程渣土、建筑垃圾应当进行资源化处理。

施工单位应当在施工工地公示扬尘污染防治措施、负责人、扬尘监督管理主管部门等信息。

暂时不能开工的建设用地，建设单位应当对裸露地面进行覆盖；超过三个月的，应当进行绿化、铺装或者遮盖。

第七十条 运输煤炭、垃圾、渣土、砂石、土方、灰浆等散装、流体物料的车辆应当采取密闭或者其他措施防止物料遗撒造成扬尘污染，并按照规定路线行驶。

装卸物料应当采取密闭或者喷淋等方式防治扬尘污染。

城市人民政府应当加强道路、广场、停车场和其他公共场所的清扫保洁管理，推行清洁动力机械化清扫等低尘作业方式，防治扬尘污染。

第七十一条 市政河道以及河道沿线、公共用地的裸露地面以及其他城镇裸露地面，有关部门应当按照规划组织实施绿化或者透水铺装。

第七十二条 贮存煤炭、煤矸石、煤渣、煤灰、水泥、石灰、石膏、砂土等易产生扬尘的物料应当密闭；不能密闭的，应当设置不低于堆放物高度的严密围挡，并采取有效覆盖措施防治扬尘污染。

码头、矿山、填埋场和消纳场应当实施分区作业，并采取有效措施防治扬尘污染。

第五节　农业和其他污染防治

第七十三条　地方各级人民政府应当推动转变农业生产方式，发展农业循环经济，加大对废弃物综合处理的支持力度，加强对农业生产经营活动排放大气污染物的控制。

第七十四条　农业生产经营者应当改进施肥方式，科学合理施用化肥并按照国家有关规定使用农药，减少氨、挥发性有机物等大气污染物的排放。

禁止在人口集中地区对树木、花草喷洒剧毒、高毒农药。

第七十五条　畜禽养殖场、养殖小区应当及时对污水、畜禽粪便和尸体等进行收集、贮存、清运和无害化处理，防止排放恶臭气体。

第七十六条　各级人民政府及其农业行政等有关部门应当鼓励和支持采用先进适用技术，对秸秆、落叶等进行肥料化、饲料化、能源化、工业原料化、食用菌基料化等综合利用，加大对秸秆还田、收集一体化农业机械的财政补贴力度。

县级人民政府应当组织建立秸秆收集、贮存、运输和综合利用服务体系，采用财政补贴等措施支持农村集体经济组织、农民专业合作经济组织、企业等开展秸秆收集、贮存、运输和综合利用服务。

第七十七条　省、自治区、直辖市人民政府应当划定区域，禁止露天焚烧秸秆、落叶等产生烟尘污染的物质。

第七十八条　国务院环境保护主管部门应当会同国务院卫生行政部门，根据大气污染物对公众健康和生态环境的危害和影响程度，公布有毒有害大气污染物名录，实行风险管理。

排放前款规定名录中所列有毒有害大气污染物的企业事业单位，应当按照国家有关规定建设环境风险预警体系，对排放口和周边环境进行定期监测，评估环境风险，排查环境安全隐患，并采取有效措施防范环境风险。

第七十九条　向大气排放持久性有机污染物的企业事业单位和其他生产经营者以及废弃物焚烧设施的运营单位，应当按照国家有关规定，采取有利于减少持久性有机污染物排放的技术方法和工艺，配备有效的净化装置，实现达标排放。

第八十条 企业事业单位和其他生产经营者在生产经营活动中产生恶臭气体的，应当科学选址，设置合理的防护距离，并安装净化装置或者采取其他措施，防止排放恶臭气体。

第八十一条 排放油烟的餐饮服务业经营者应当安装油烟净化设施并保持正常使用，或者采取其他油烟净化措施，使油烟达标排放，并防止对附近居民的正常生活环境造成污染。

禁止在居民住宅楼、未配套设立专用烟道的商住综合楼以及商住综合楼内与居住层相邻的商业楼层内新建、改建、扩建产生油烟、异味、废气的餐饮服务项目。

任何单位和个人不得在当地人民政府禁止的区域内露天烧烤食品或者为露天烧烤食品提供场地。

第八十二条 禁止在人口集中地区和其他依法需要特殊保护的区域内焚烧沥青、油毡、橡胶、塑料、皮革、垃圾以及其他产生有毒有害烟尘和恶臭气体的物质。

禁止生产、销售和燃放不符合质量标准的烟花爆竹。任何单位和个人不得在城市人民政府禁止的时段和区域内燃放烟花爆竹。

第八十三条 国家鼓励和倡导文明、绿色祭祀。

火葬场应当设置除尘等污染防治设施并保持正常使用，防止影响周边环境。

第八十四条 从事服装干洗和机动车维修等服务活动的经营者，应当按照国家有关标准或者要求设置异味和废气处理装置等污染防治设施并保持正常使用，防止影响周边环境。

第八十五条 国家鼓励、支持消耗臭氧层物质替代品的生产和使用，逐步减少直至停止消耗臭氧层物质的生产和使用。

国家对消耗臭氧层物质的生产、使用、进出口实行总量控制和配额管理。具体办法由国务院规定。

第五章 重点区域大气污染联合防治

第八十六条 国家建立重点区域大气污染联防联控机制，统筹协调重点区域内大气污染防治工作。国务院环境保护主管部门根据主体功能区划、区域大气环境质量状况和大气污染传输扩散规律，划定国家大气污染防治重点区域，报国务院批准。

重点区域内有关省、自治区、直辖市人民政府应当确定牵头的地方人民政府，定期召开联席会议，按照统一规划、统一标准、统一监测、统一的防治措施的要求，开展大气污染联合防治，落实大气污染防治目标责任。国务院环境保护主管部门应当加强指导、督促。

省、自治区、直辖市可以参照第一款规定划定本行政区域的大气污染防治重点区域。

第八十七条 国务院环境保护主管部门会同国务院有关部门、国家大气污染防治重点区域内有关省、自治区、直辖市人民政府，根据重点区域经济社会发展和大气环境承载力，制定重点区域大气污染联合防治行动计划，明确控制目标，优化区域经济布局，统筹交通管理，发展清洁能源，提出重点防治任务和措施，促进重点区域大气环境质量改善。

第八十八条 国务院经济综合主管部门会同国务院环境保护主管部门，结合国家大气污染防治重点区域产业发展实际和大气环境质量状况，进一步提高环境保护、能耗、安全、质量等要求。

重点区域内有关省、自治区、直辖市人民政府应当实施更严格的机动车大气污染物排放标准，统一在用机动车检验方法和排放限值，并配套供应合格的车用燃油。

第八十九条 编制可能对国家大气污染防治重点区域的大气环境造成严重污染的有关工业园区、开发区、区域产业和发展等规划，应当依法进行环境影响评价。规划编制机关应当与重点区域内有关省、自治区、直辖市人民政府或者有关部门会商。

重点区域内有关省、自治区、直辖市建设可能对相邻省、自治区、直辖市大气环境质量产生重大影响的项目，应当及时通报有关信息，进行会商。

会商意见及其采纳情况作为环境影响评价文件审查或者审批的重要依据。

第九十条 国家大气污染防治重点区域内新建、改建、扩建用煤项目的，应当实行煤炭的等量或者减量替代。

第九十一条 国务院环境保护主管部门应当组织建立国家大气污染防治重点区域的大气环境质量监测、大气污染源监测等相关信息共享机制，利用监测、模拟以及卫星、航测、遥感等新技术分析重点区域内大气污染来源及其变化趋势，并向社会公开。

第九十二条 国务院环境保护主管部门和国家大气污染防治重点区域内有关省、自治区、直辖市人民政府可以组织有关部门开展联合执法、跨区域执法、交叉执法。

第六章 重污染天气应对

第九十三条 国家建立重污染天气监测预警体系。

国务院环境保护主管部门会同国务院气象主管机构等有关部门、国家大气污染防治重点区域内有关省、自治区、直辖市人民政府，建立重点区域重污染天气监测预警机制，统一预警分级标准。可能发生区域重污染天气的，应当及时向重点区域内有关省、自治区、直辖市人民政府通报。

省、自治区、直辖市、设区的市人民政府环境保护主管部门会同气象主管机构等有关部门建立本行政区域重污染天气监测预警机制。

第九十四条 县级以上地方人民政府应当将重污染天气应对纳入突发事件应急管理体系。

省、自治区、直辖市、设区的市人民政府以及可能发生重污染天气的县级人民政府，应当制定重污染天气应急预案，向上一级人民政府环境保护主管部门备案，并向社会公布。

第九十五条 省、自治区、直辖市、设区的市人民政府环境保护主管部门应当会同气象主管机构建立会商机制，进行大气环境质量预报。可能发生重污染天气的，应当及时向本级人民政府报告。省、自治区、直辖市、设区的市人民政府依据重污染天气预报信息，进行综合研判，确定预警等级并及时发出预警。预警等级根据情况变化及时调整。任何单位和个人不得擅自向社会发布重污染天气预报预警信息。

预警信息发布后，人民政府及其有关部门应当通过电视、广播、网络、短信等途径告知公众采取健康防护措施，指导公众出行和调整其他相关社会活动。

第九十六条 县级以上地方人民政府应当依据重污染天气的预警等级，及时启动应急预案，根据应急需要可以采取责令有关企业停产或者限产、限制部分机动车行驶、禁止燃放烟花爆竹、停止工地土石方作业和建筑物拆除施工、停止露天烧烤、停止幼儿园和学校组织的户外活动、组织开展人工影响天气作业等应急措施。

应急响应结束后，人民政府应当及时开展应急预案实施情况的评估，适时修改完善应急预案。

第九十七条 发生造成大气污染的突发环境事件，人民政府及其有关部门和相关企业事业单位，应当依照《中华人民共和国突发事件应对法》、《中华人民共和国环境保护法》的规定，做好应急处置工作。环境保护主管部门应当及时对突发环境事件产生的大气污染物进行监测，并向社会公布监测信息。

第七章 法律责任

第九十八条 违反本法规定，以拒绝进入现场等方式拒不接受环境保护主管部门及其委托的环境监察机构或者其他负有大气环境保护监督管理职责的部门的监督检查，或者在接受监督检查时弄虚作假的，由县级以上人民政府环境保护主管部门或者其他负有大气环境保护监督管理职责的部门责令改正，处二万元以上二十万元以下的罚款；构成违反治安管理行为的，由公安机关依法予以处罚。

第九十九条 违反本法规定，有下列行为之一的，由县级以上人民政府环境保护主管部门责令改正或者限制生产、停产整治，并处十万元以上一百万元以下的罚款；情节严重的，报经有批准权的人民政府批准，责令停业、关闭：

（一）未依法取得排污许可证排放大气污染物的；

（二）超过大气污染物排放标准或者超过重点大气污染物排放总量控制指标排放大气污染物的；

（三）通过逃避监管的方式排放大气污染物的。

第一百条 违反本法规定，有下列行为之一的，由县级以上人民政府环境保护主管部门责令改正，处二万元以上二十万元以下的罚款；拒不改正的，责令停产整治：

（一）侵占、损毁或者擅自移动、改变大气环境质量监测设施或者大气污染物排放自动监测设备的；

（二）未按照规定对所排放的工业废气和有毒有害大气污染物进行监测并保存原始监测记录的；

（三）未按照规定安装、使用大气污染物排放自动监测设备或者未按照规定与环境保护主管部门的监控设备联网，并保证监测设备正常运行的；

（四）重点排污单位不公开或者不如实公开自动监测数据的；

（五）未按照规定设置大气污染物排放口的。

第一百零一条 违反本法规定，生产、进口、销售或者使用国家综合性产业政策目录中禁止的设备和产品，采用国家综合性产业政策目录中禁止的工艺，或者将淘汰的设备和产品转让给他人使用的，由县级以上人民政府经济综合主管部门、出入境检验检疫机构按照职责责令改正，没收违法所得，并处货值金额一倍以上三倍以下的罚款；拒不改正的，报经有批准权的人民政府批准，责令停业、关闭。进口行为构成走私的，由海关依法予以处罚。

第一百零二条 违反本法规定，煤矿未按照规定建设配套煤炭洗选设施的，由县级以上人民政府能源主管部门责令改正，处十万元以上一百万元以下的罚款；拒不改正的，报经有批准权的人民政府批准，责令停业、关闭。

违反本法规定，开采含放射性和砷等有毒有害物质超过规定标准的煤炭的，由县级以上人民政府按照国务院规定的权限责令停业、关闭。

第一百零三条 违反本法规定，有下列行为之一的，由县级以上地方人民政府质量监督、工商行政管理部门按照职责责令改正，没收原材料、产品和违法所得，并处货值金额一倍以上三倍以下的罚款：

（一）销售不符合质量标准的煤炭、石油焦的；

（二）生产、销售挥发性有机物含量不符合质量标准或者要求的原材料和产品的；

（三）生产、销售不符合标准的机动车船和非道路移动机械用燃料、发动机油、氮氧化物还原剂、燃料和润滑油添加剂以及其他添加剂的；

（四）在禁燃区内销售高污染燃料的。

第一百零四条 违反本法规定，有下列行为之一的，由出入境检验检疫机构责令改正，没收原材料、产品和违法所得，并处货值金额一倍以上三倍以下的罚款；构成走私的，由海关依法予以处罚：

（一）进口不符合质量标准的煤炭、石油焦的；

（二）进口挥发性有机物含量不符合质量标准或者要求的原材料和产品的；

（三）进口不符合标准的机动车船和非道路移动机械用燃料、发动机油、氮氧化物还原剂、燃料和润滑油添加剂以及其他添加剂的。

第一百零五条 违反本法规定，单位燃用不符合质量标准的煤炭、石油焦的，由县级以上人民政府环境保护主管部门责令改正，处货值金额一倍以上三倍以下的罚款。

第一百零六条 违反本法规定，使用不符合标准或者要求的船舶用燃油的，由海事管理机构、渔业主管部门按照职责处一万元以上十万元以下的罚款。

第一百零七条 违反本法规定，在禁燃区内新建、扩建燃用高污染燃料的设施，或者未按照规定停止燃用高污染燃料，或者在城市集中供热管网覆盖地区新建、扩建分散燃煤供热锅炉，或者未按照规定拆除已建成的不能达标排放的燃煤供热锅炉的，由县级以上地方人民政府环境保护主管部门没收燃用高污染燃料的设施，组织拆除燃煤供热锅炉，并处二万元以上二十万元以下的罚款。

违反本法规定，生产、进口、销售或者使用不符合规定标准或者要求的锅炉，由县级以上人民政府质量监督、环境保护主管部门责令改正，没收违法所得，并处二万元以上二十万元以下的罚款。

第一百零八条 违反本法规定，有下列行为之一的，由县级以上人民政府环境保护主管部门责令改正，处二万元以上二十万元以下的罚款；拒不改正的，责令停产整治：

（一）产生含挥发性有机物废气的生产和服务活动，未在密闭空间或者设备中进行，未按照规定安装、使用污染防治设施，或者未采取减少废气排放措施的；

（二）工业涂装企业未使用低挥发性有机物含量涂料或者未建立、保存台账的；

（三）石油、化工以及其他生产和使用有机溶剂的企业，未采取措施对管道、设备进行日常维护、维修，减少物料泄漏或者对泄漏的物料未及时收集处理的；

（四）储油储气库、加油加气站和油罐车、气罐车等，未按照国家有关规定安装并正常使用油气回收装置的；

（五）钢铁、建材、有色金属、石油、化工、制药、矿产开采等企业，未采取集中收集处理、密闭、围挡、遮盖、清扫、洒水等措施，控制、减少粉尘和气态污染物排放的；

（六）工业生产、垃圾填埋或者其他活动中产生的可燃性气体未回收利用，不具备回收利用条件未进行防治污染处理，或者可燃性气体回收利用装置不能正常作业，未及时修复或者更新的。

第一百零九条 违反本法规定，生产超过污染物排放标准的机动车、非道路移动机械的，由省级以上人民政府环境保护主管部门责令改正，没收违法所得，并处货值金额一倍以上三倍以下的罚款，没收销毁无法达到污染物排放标准的机动车、非道路移动机械；拒不改正的，责令停产整治，并由国务院机动车生产主管部门责令停止生产该车型。

违反本法规定，机动车、非道路移动机械生产企业对发动机、污染控制装置弄虚作假、以次充好，冒充排放检验合格产品出厂销售的，由省级以上人民政府环境保护主管部门责令停产整治，没收违法所得，并处货值金额一倍以上三倍以下的罚款，没收销毁无法达到污染物排放标准的机动车、非道路移动机械，并由国务院机动车生产主管部门责令停止生产该车型。

第一百一十条 违反本法规定，进口、销售超过污染物排放标准的机动车、非道路移动机械的，由县级以上人民政府工商行政管理部门、出入境检验检疫机构按照职责没收违法所得，并处货值金额一倍以上三倍以下的罚款，没收销毁无法达到污染物排放标准的机动车、非道路移动机械；进口行为构成走私的，由海关依法予以处罚。

违反本法规定，销售的机动车、非道路移动机械不符合污染物排放标准的，销售者应当负责修理、更换、退货；给购买者造成损失的，销售者应当赔偿损失。

第一百一十一条　违反本法规定，机动车生产、进口企业未按照规定向社会公布其生产、进口机动车车型的排放检验信息或者污染控制技术信息的，由省级以上人民政府环境保护主管部门责令改正，处五万元以上五十万元以下的罚款。

违反本法规定，机动车生产、进口企业未按照规定向社会公布其生产、进口机动车车型的有关维修技术信息的，由省级以上人民政府交通运输主管部门责令改正，处五万元以上五十万元以下的罚款。

第一百一十二条　违反本法规定，伪造机动车、非道路移动机械排放检验结果或者出具虚假排放检验报告的，由县级以上人民政府环境保护主管部门没收违法所得，并处十万元以上五十万元以下的罚款；情节严重的，由负责资质认定的部门取消其检验资格。

违反本法规定，伪造船舶排放检验结果或者出具虚假排放检验报告的，由海事管理机构依法予以处罚。

违反本法规定，以临时更换机动车污染控制装置等弄虚作假的方式通过机动车排放检验或者破坏机动车车载排放诊断系统的，由县级以上人民政府环境保护主管部门责令改正，对机动车所有人处五千元的罚款；对机动车维修单位处每辆机动车五千元的罚款。

第一百一十三条　违反本法规定，机动车驾驶人驾驶排放检验不合格的机动车上道路行驶的，由公安机关交通管理部门依法予以处罚。

第一百一十四条　违反本法规定，使用排放不合格的非道路移动机械，或者在用重型柴油车、非道路移动机械未按照规定加装、更换污染控制装置的，由县级以上人民政府环境保护等主管部门按照职责责令改正，处五千元的罚款。违反本法规定，在禁止使用高排放非道路移动机械的区域使用高排放非道路移动机械的，由城市人民政府环境保护等主管部门依法予以处罚。

第一百一十五条　违反本法规定，施工单位有下列行为之一的，由县级以上人民政府住房城乡建设等主管部门按照职责责令改正，处一万元以上十万元以下的罚款；拒不改正的，责令停工整治：

（一）施工工地未设置硬质密闭围挡，或者未采取覆盖、分段作业、择时施工、洒水抑尘、冲洗地面和车辆等有效防尘降尘措施的；

（二）建筑土方、工程渣土、建筑垃圾未及时清运，或者未采用密闭式防尘网遮盖的。

违反本法规定，建设单位未对暂时不能开工的建设用地的裸露地面进行覆盖，或者未对超过三个月不能开工的建设用地的裸露地面进行绿化、铺装或者遮盖的，由县级以上人民政府住房城乡建设等主管部门依照前款规定予以处罚。

第一百一十六条 违反本法规定，运输煤炭、垃圾、渣土、砂石、土方、灰浆等散装、流体物料的车辆，未采取密闭或者其他措施防止物料遗撒的，由县级以上地方人民政府确定的监督管理部门责令改正，处二千元以上二万元以下的罚款；拒不改正的，车辆不得上道路行驶。

第一百一十七条 违反本法规定，有下列行为之一的，由县级以上人民政府环境保护等主管部门按照职责责令改正，处一万元以上十万元以下的罚款；拒不改正的，责令停工整治或者停业整治：

（一）未密闭煤炭、煤矸石、煤渣、煤灰、水泥、石灰、石膏、砂土等易产生扬尘的物料的；

（二）对不能密闭的易产生扬尘的物料，未设置不低于堆放物高度的严密围挡，或者未采取有效覆盖措施防治扬尘污染的；

（三）装卸物料未采取密闭或者喷淋等方式控制扬尘排放的；

（四）存放煤炭、煤矸石、煤渣、煤灰等物料，未采取防燃措施的；

（五）码头、矿山、填埋场和消纳场未采取有效措施防治扬尘污染的；

（六）排放有毒有害大气污染物名录中所列有毒有害大气污染物的企业事业单位，未按照规定建设环境风险预警体系或者对排放口和周边环境进行定期监测、排查环境安全隐患并采取有效措施防范环境风险的；

（七）向大气排放持久性有机污染物的企业事业单位和其他生产经营者以及废弃物焚烧设施的运营单位，未按照国家有关规定采取有利于减少持久性有机污染物排放的技术方法和工艺，配备净化装置的；

（八）未采取措施防止排放恶臭气体的。

第一百一十八条 违反本法规定，排放油烟的餐饮服务业经营者未安装油烟净化设施、不正常使用油烟净化设施或者未采取其他油烟净化措施，超过排放标准排放油烟的，由县级以上地方人民政府确定的监督管理部门责令改正，处五千元以上五万元以下的罚款；拒不改正的，责令停业整治。

违反本法规定，在居民住宅楼、未配套设立专用烟道的商住综合楼、商住综合楼内与居住层相邻的商业楼层内新建、改建、扩建产生油烟、异味、废气的餐饮服务项目的，由县级以上地方人民政府确定的监督管理部门责令改正；拒不改正的，予以关闭，并处一万元以上十万元以下的罚款。

违反本法规定，在当地人民政府禁止的时段和区域内露天烧烤食品或者为露天烧烤食品提供场地的，由县级以上地方人民政府确定的监督管理部门责令改正，没收烧烤工具和违法所得，并处五百元以上二万元以下的罚款。

第一百一十九条 违反本法规定，在人口集中地区对树木、花草喷洒剧毒、高毒农药，或者露天焚烧秸秆、落叶等产生烟尘污染的物质的，由县级以上地方人民政府确定的监督管理部门责令改正，并可以处五百元以上二千元以下的罚款。

违反本法规定，在人口集中地区和其他依法需要特殊保护的区域内，焚烧沥青、油毡、橡胶、塑料、皮革、垃圾以及其他产生有毒有害烟尘和恶臭气体的物质的，由县级人民政府确定的监督管理部门责令改正，对单位处一万元以上十万元以下的罚款，对个人处五百元以上二千元以下的罚款。

违反本法规定，在城市人民政府禁止的时段和区域内燃放烟花爆竹的，由县级以上地方人民政府确定的监督管理部门依法予以处罚。

第一百二十条 违反本法规定，从事服装干洗和机动车维修等服务活动，未设置异味和废气处理装置等污染防治设施并保持正常使用，影响周边环境的，由县级以上地方人民政府环境保护主管部门责令改正，处二千元以上二万元以下的罚款；拒不改正的，责令停业整治。

第一百二十一条 违反本法规定，擅自向社会发布重污染天气预报预警信息，构成违反治安管理行为的，由公安机关依法予以处罚。

违反本法规定，拒不执行停止工地土石方作业或者建筑物拆除施工等重污染天气应急措施的，由县级以上地方人民政府确定的监督管理部门处一万元以上十万元以下的罚款。

第一百二十二条 违反本法规定，造成大气污染事故的，由县级以上人民政府环境保护主管部门依照本条第二款的规定处以罚款；对直接负责的主管人员和其他直接责任人员可以处上一年度从本企业事业单位取得收入百分之五十以下的罚款。

对造成一般或者较大大气污染事故的，按照污染事故造成直接损失的一倍以上三倍以下计算罚款；对造成重大或者特大大气污染事故的，按照污染事故造成的直接损失的三倍以上五倍以下计算罚款。

第一百二十三条 违反本法规定，企业事业单位和其他生产经营者有下列行为之一，受到罚款处罚，被责令改正，拒不改正的，依法作出处罚决定的行政机关可以自责令改正之日的次日起，按照原处罚数额按日连续处罚：

（一）未依法取得排污许可证排放大气污染物的；

（二）超过大气污染物排放标准或者超过重点大气污染物排放总量控制指标排放大气污染物的；

（三）通过逃避监管的方式排放大气污染物的；

（四）建筑施工或者贮存易产生扬尘的物料未采取有效措施防治扬尘污染的。

第一百二十四条 违反本法规定，对举报人以解除、变更劳动合同或者其他方式打击报复的，应当依照有关法律的规定承担责任。

第一百二十五条 排放大气污染物造成损害的，应当依法承担侵权责任。

第一百二十六条 地方各级人民政府、县级以上人民政府环境保护主管部门和其他负有大气环境保护监督管理职责的部门及其工作人员滥用职权、玩忽职守、徇私舞弊、弄虚作假的，依法给予处分。

第一百二十七条 违反本法规定，构成犯罪的，依法追究刑事责任。

第八章 附 则

第一百二十八条 海洋工程的大气污染防治，依照《中华人民共和国海洋环境保护法》的有关规定执行。

第一百二十九条 本法自 2016 年 1 月 1 日起施行。

中华人民共和国水污染防治法

1984 年 5 月 11 日第六届全国人民代表大会常务委员会第五次会议通过
1996 年 5 月 15 日第八届全国人民代表大会常务委员会第十九次会议修正
2008 年 2 月 28 日第十届全国人民代表大会常务委员会第三十二次会议修订

第一章　总　则

第一条　为了防治水污染，保护和改善环境，保障饮用水安全，促进经济社会全面协调可持续发展，制定本法。

第二条　本法适用于中华人民共和国领域内的江河、湖泊、运河、渠道、水库等地表水体以及地下水体的污染防治。

海洋污染防治适用《中华人民共和国海洋环境保护法》。

第三条　水污染防治应当坚持预防为主、防治结合、综合治理的原则，优先保护饮用水水源，严格控制工业污染、城镇生活污染，防治农业面源污染，积极推进生态治理工程建设，预防、控制和减少水环境污染和生态破坏。

第四条　县级以上人民政府应当将水环境保护工作纳入国民经济和社会发展规划。

县级以上地方人民政府应当采取防治水污染的对策和措施，对本行政区域的水环境质量负责。

第五条　国家实行水环境保护目标责任制和考核评价制度，将水环境保护目标完成情况作为对地方人民政府及其负责人考核评价的内容。

第六条　国家鼓励、支持水污染防治的科学技术研究和先进适用技术的推广应用，加强水环境保护的宣传教育。

第七条　国家通过财政转移支付等方式，建立健全对位于饮用水水源保护区区域和江河、湖泊、水库上游地区的水环境生态保护补偿机制。

第八条 县级以上人民政府环境保护主管部门对水污染防治实施统一监督管理。

交通主管部门的海事管理机构对船舶污染水域的防治实施监督管理。

县级以上人民政府水行政、国土资源、卫生、建设、农业、渔业等部门以及重要江河、湖泊的流域水资源保护机构，在各自的职责范围内，对有关水污染防治实施监督管理。

第九条 排放水污染物，不得超过国家或者地方规定的水污染物排放标准和重点水污染物排放总量控制指标。

第十条 任何单位和个人都有义务保护水环境，并有权对污染损害水环境的行为进行检举。

县级以上人民政府及其有关主管部门对在水污染防治工作中做出显著成绩的单位和个人给予表彰和奖励。

第二章 水污染防治的标准和规划

第十一条 国务院环境保护主管部门制定国家水环境质量标准。

省、自治区、直辖市人民政府可以对国家水环境质量标准中未作规定的项目，制定地方标准，并报国务院环境保护主管部门备案。

第十二条 国务院环境保护主管部门会同国务院水行政主管部门和有关省、自治区、直辖市人民政府，可以根据国家确定的重要江河、湖泊流域水体的使用功能以及有关地区的经济、技术条件，确定该重要江河、湖泊流域的省界水体适用的水环境质量标准，报国务院批准后施行。

第十三条 国务院环境保护主管部门根据国家水环境质量标准和国家经济、技术条件，制定国家水污染物排放标准。

省、自治区、直辖市人民政府对国家水污染物排放标准中未作规定的项目，可以制定地方水污染物排放标准；对国家水污染物排放标准中已作规定的项目，可以制定严于国家水污染物排放标准的地方水污染物排放标准。地方水污染物排放标准须报国务院环境保护主管部门备案。

向已有地方水污染物排放标准的水体排放污染物的，应当执行地方水污染物排放标准。

第十四条 国务院环境保护主管部门和省、自治区、直辖市人民政府，应当根据水污染防治的要求和国家或者地方的经济、技术条件，适时修订水环境质量标准和水污染物排放标准。

第十五条 防治水污染应当按流域或者按区域进行统一规划。国家确定的重要江河、湖泊的流域水污染防治规划，由国务院环境保护主管部门会同国务院经济综合宏观调控、水行政等部门和有关省、自治区、直辖市人民政府编制，报国务院批准。

前款规定外的其他跨省、自治区、直辖市江河、湖泊的流域水污染防治规划，根据国家确定的重要江河、湖泊的流域水污染防治规划和本地实际情况，由有关省、自治区、直辖市人民政府环境保护主管部门会同同级水行政等部门和有关市、县人民政府编制，经有关省、自治区、直辖市人民政府审核，报国务院批准。

省、自治区、直辖市内跨县江河、湖泊的流域水污染防治规划，根据国家确定的重要江河、湖泊的流域水污染防治规划和本地实际情况，由省、自治区、直辖市人民政府环境保护主管部门会同同级水行政等部门编制，报省、自治区、直辖市人民政府批准，并报国务院备案。

经批准的水污染防治规划是防治水污染的基本依据，规划的修订须经原批准机关批准。

县级以上地方人民政府应当根据依法批准的江河、湖泊的流域水污染防治规划，组织制定本行政区域的水污染防治规划。

第十六条 国务院有关部门和县级以上地方人民政府开发、利用和调节、调度水资源时，应当统筹兼顾，维持江河的合理流量和湖泊、水库以及地下水体的合理水位，维护水体的生态功能。

第三章 水污染防治的监督管理

第十七条 新建、改建、扩建直接或者间接向水体排放污染物的建设项目和其他水上设施，应当依法进行环境影响评价。

建设单位在江河、湖泊新建、改建、扩建排污口的，应当取得水行政主管部门或者流域管理机构同意；涉及通航、渔业水域的，环境保护主管部门在审批环境影响评价文件时，应当征求交通、渔业主管部门的意见。

建设项目的水污染防治设施，应当与主体工程同时设计、同时施工、同时投入使用。水污染防治设施应当经过环境保护主管部门验收，验收不合格的，该建设项目不得投入生产或者使用。

第十八条 国家对重点水污染物排放实施总量控制制度。

省、自治区、直辖市人民政府应当按照国务院的规定削减和控制本行政区域的重点水污染物排放总量，并将重点水污染物排放总量控制指标分解落实到市、县人民政府。市、县人民政府根据本行政区域重点水污染物排放总量控制指标的要求，将重点水污染物排放总量控制指标分解落实到排污单位。具体办法和实施步骤由国务院规定。

省、自治区、直辖市人民政府可以根据本行政区域水环境质量状况和水污染防治工作的需要，确定本行政区域实施总量削减和控制的重点水污染物。

对超过重点水污染物排放总量控制指标的地区，有关人民政府环境保护主管部门应当暂停审批新增重点水污染物排放总量的建设项目的环境影响评价文件。

第十九条 国务院环境保护主管部门对未按照要求完成重点水污染物排放总量控制指标的省、自治区、直辖市予以公布。省、自治区、直辖市人民政府环境保护主管部门对未按照要求完成重点水污染物排放总量控制指标的市、县予以公布。

县级以上人民政府环境保护主管部门对违反本法规定、严重污染水环境的企业予以公布。

第二十条 国家实行排污许可制度。

直接或者间接向水体排放工业废水和医疗污水以及其他按照规定应当取得排污许可证方可排放的废水、污水的企业事业单位，应当取得排污许可证；城镇污水集中处理设施的运营单位，也应当取得排污许可证。排污许可的具体办法和实施步骤由国务院规定。

禁止企业事业单位无排污许可证或者违反排污许可证的规定向水体排放

前款规定的废水、污水。

第二十一条　直接或者间接向水体排放污染物的企业事业单位和个体工商户，应当按照国务院环境保护主管部门的规定，向县级以上地方人民政府环境保护主管部门申报登记拥有的水污染物排放设施、处理设施和在正常作业条件下排放水污染物的种类、数量和浓度，并提供防治水污染方面的有关技术资料。

企业事业单位和个体工商户排放水污染物的种类、数量和浓度有重大改变的，应当及时申报登记；其水污染物处理设施应当保持正常使用；拆除或者闲置水污染物处理设施的，应当事先报县级以上地方人民政府环境保护主管部门批准。

第二十二条　向水体排放污染物的企业事业单位和个体工商户，应当按照法律、行政法规和国务院环境保护主管部门的规定设置排污口；在江河、湖泊设置排污口的，还应当遵守国务院水行政主管部门的规定。

禁止私设暗管或者采取其他规避监管的方式排放水污染物。

第二十三条　重点排污单位应当安装水污染物排放自动监测设备，与环境保护主管部门的监控设备联网，并保证监测设备正常运行。排放工业废水的企业，应当对其所排放的工业废水进行监测，并保存原始监测记录。具体办法由国务院环境保护主管部门规定。

应当安装水污染物排放自动监测设备的重点排污单位名录，由设区的市级以上地方人民政府环境保护主管部门根据本行政区域的环境容量、重点水污染物排放总量控制指标的要求以及排污单位排放水污染物的种类、数量和浓度等因素，商同级有关部门确定。

第二十四条　直接向水体排放污染物的企业事业单位和个体工商户，应当按照排放水污染物的种类、数量和排污费征收标准缴纳排污费。

排污费应当用于污染的防治，不得挪作他用。

第二十五条　国家建立水环境质量监测和水污染物排放监测制度。国务院环境保护主管部门负责制定水环境监测规范，统一发布国家水环境状况信息，会同国务院水行政等部门组织监测网络。

第二十六条　国家确定的重要江河、湖泊流域的水资源保护工作机构负责监测其所在流域的省界水体的水环境质量状况，并将监测结果及时报国务院环境保护主管部门和国务院水行政主管部门；有经国务院批准成立的流域水资源保护领导机构的，应当将监测结果及时报告流域水资源保护领导机构。

第二十七条 环境保护主管部门和其他依照本法规定行使监督管理权的部门，有权对管辖范围内的排污单位进行现场检查，被检查的单位应当如实反映情况，提供必要的资料。检查机关有义务为被检查的单位保守在检查中获取的商业秘密。

第二十八条 跨行政区域的水污染纠纷，由有关地方人民政府协商解决，或者由其共同的上级人民政府协调解决。

第四章 水污染防治措施

第一节 一般规定

第二十九条 禁止向水体排放油类、酸液、碱液或者剧毒废液。

禁止在水体清洗装贮过油类或者有毒污染物的车辆和容器。

第三十条 禁止向水体排放、倾倒放射性固体废物或者含有高放射性和中放射性物质的废水。

向水体排放含低放射性物质的废水，应当符合国家有关放射性污染防治的规定和标准。

第三十一条 向水体排放含热废水，应当采取措施，保证水体的水温符合水环境质量标准。

第三十二条 含病原体的污水应当经过消毒处理；符合国家有关标准后，方可排放。

第三十三条 禁止向水体排放、倾倒工业废渣、城镇垃圾和其他废弃物。

禁止将含有汞、镉、砷、铬、铅、氰化物、黄磷等的可溶性剧毒废渣向水体排放、倾倒或者直接埋入地下。

存放可溶性剧毒废渣的场所，应当采取防水、防渗漏、防流失的措施。

第三十四条　禁止在江河、湖泊、运河、渠道、水库最高水位线以下的滩地和岸坡堆放、存贮固体废弃物和其他污染物。

第三十五条　禁止利用渗井、渗坑、裂隙和溶洞排放、倾倒含有毒污染物的废水、含病原体的污水和其他废弃物。

第三十六条　禁止利用无防渗漏措施的沟渠、坑塘等输送或者存贮含有毒污染物的废水、含病原体的污水和其他废弃物。

第三十七条　多层地下水的含水层水质差异大的，应当分层开采；对已受污染的潜水和承压水，不得混合开采。

第三十八条　兴建地下工程设施或者进行地下勘探、采矿等活动，应当采取防护性措施，防止地下水污染。

第三十九条　人工回灌补给地下水，不得恶化地下水质。

第二节　工业水污染防治

第四十条　国务院有关部门和县级以上地方人民政府应当合理规划工业布局，要求造成水污染的企业进行技术改造，采取综合防治措施，提高水的重复利用率，减少废水和污染物排放量。

第四十一条　国家对严重污染水环境的落后工艺和设备实行淘汰制度。

国务院经济综合宏观调控部门会同国务院有关部门，公布限期禁止采用的严重污染水环境的工艺名录和限期禁止生产、销售、进口、使用的严重污染水环境的设备名录。

生产者、销售者、进口者或者使用者应当在规定的期限内停止生产、销售、进口或者使用列入前款规定的设备名录中的设备。工艺的采用者应当在规定的期限内停止采用列入前款规定的工艺名录中的工艺。

依照本条第二款、第三款规定被淘汰的设备，不得转让给他人使用。

第四十二条　国家禁止新建不符合国家产业政策的小型造纸、制革、印染、染料、炼焦、炼硫、炼砷、炼汞、炼油、电镀、农药、石棉、水泥、玻璃、钢铁、火电以及其他严重污染水环境的生产项目。

第四十三条　企业应当采用原材料利用效率高、污染物排放量少的清洁工艺，并加强管理，减少水污染物的产生。

第三节 城镇水污染防治

第四十四条 城镇污水应当集中处理。

县级以上地方人民政府应当通过财政预算和其他渠道筹集资金，统筹安排建设城镇污水集中处理设施及配套管网，提高本行政区域城镇污水的收集率和处理率。

国务院建设主管部门应当会同国务院经济综合宏观调控、环境保护主管部门，根据城乡规划和水污染防治规划，组织编制全国城镇污水处理设施建设规划。县级以上地方人民政府组织建设、经济综合宏观调控、环境保护、水行政等部门编制本行政区域的城镇污水处理设施建设规划。县级以上地方人民政府建设主管部门应当按照城镇污水处理设施建设规划，组织建设城镇污水集中处理设施及配套管网，并加强对城镇污水集中处理设施运营的监督管理。

城镇污水集中处理设施的运营单位按照国家规定向排污者提供污水处理的有偿服务，收取污水处理费用，保证污水集中处理设施的正常运行。向城镇污水集中处理设施排放污水、缴纳污水处理费用的，不再缴纳排污费。收取的污水处理费用应当用于城镇污水集中处理设施的建设和运行，不得挪作他用。

城镇污水集中处理设施的污水处理收费、管理以及使用的具体办法，由国务院规定。

第四十五条 向城镇污水集中处理设施排放水污染物，应当符合国家或者地方规定的水污染物排放标准。

城镇污水集中处理设施的出水水质达到国家或者地方规定的水污染物排放标准的，可以按照国家有关规定免缴排污费。

城镇污水集中处理设施的运营单位，应当对城镇污水集中处理设施的出水水质负责。

环境保护主管部门应当对城镇污水集中处理设施的出水水质和水量进行监督检查。

第四十六条 建设生活垃圾填埋场，应当采取防渗漏等措施，防止造成水污染。

第四节　农业和农村水污染防治

第四十七条　使用农药，应当符合国家有关农药安全使用的规定和标准。

运输、存贮农药和处置过期失效农药，应当加强管理，防止造成水污染。

第四十八条　县级以上地方人民政府农业主管部门和其他有关部门，应当采取措施，指导农业生产者科学、合理地施用化肥和农药，控制化肥和农药的过量使用，防止造成水污染。

第四十九条　国家支持畜禽养殖场、养殖小区建设畜禽粪便、废水的综合利用或者无害化处理设施。

畜禽养殖场、养殖小区应当保证其畜禽粪便、废水的综合利用或者无害化处理设施正常运转，保证污水达标排放，防止污染水环境。

第五十条　从事水产养殖应当保护水域生态环境，科学确定养殖密度，合理投饵和使用药物，防止污染水环境。

第五十一条　向农田灌溉渠道排放工业废水和城镇污水，应当保证其下游最近的灌溉取水点的水质符合农田灌溉水质标准。

利用工业废水和城镇污水进行灌溉，应当防止污染土壤、地下水和农产品。

第五节　船舶水污染防治

第五十二条　船舶排放含油污水、生活污水，应当符合船舶污染物排放标准。从事海洋航运的船舶进入内河和港口的，应当遵守内河的船舶污染物排放标准。

船舶的残油、废油应当回收，禁止排入水体。

禁止向水体倾倒船舶垃圾。

船舶装载运输油类或者有毒货物，应当采取防止溢流和渗漏的措施，防止货物落水造成水污染。

第五十三条　船舶应当按照国家有关规定配置相应的防污设备和器材，并持有合法有效的防止水域环境污染的证书与文书。

船舶进行涉及污染物排放的作业，应当严格遵守操作规程，并在相应的记录簿上如实记载。

第五十四条 港口、码头、装卸站和船舶修造厂应当备有足够的船舶污染物、废弃物的接收设施。从事船舶污染物、废弃物接收作业，或者从事装载油类、污染危害性货物船舱清洗作业的单位，应当具备与其运营规模相适应的接收处理能力。

第五十五条 船舶进行下列活动，应当编制作业方案，采取有效的安全和防污染措施，并报作业地海事管理机构批准：

（一）进行残油、含油污水、污染危害性货物残留物的接收作业，或者进行装载油类、污染危害性货物船舱的清洗作业；

（二）进行散装液体污染危害性货物的过驳作业；

（三）进行船舶水上拆解、打捞或者其他水上、水下船舶施工作业。

在渔港水域进行渔业船舶水上拆解活动，应当报作业地渔业主管部门批准。

第五章 饮用水水源和其他特殊水体保护

第五十六条 国家建立饮用水水源保护区制度。饮用水水源保护区分为一级保护区和二级保护区；必要时，可以在饮用水水源保护区外围划定一定的区域作为准保护区。

饮用水水源保护区的划定，由有关市、县人民政府提出划定方案，报省、自治区、直辖市人民政府批准；跨市、县饮用水水源保护区的划定，由有关市、县人民政府协商提出划定方案，报省、自治区、直辖市人民政府批准；协商不成的，由省、自治区、直辖市人民政府环境保护主管部门会同同级水行政、国土资源、卫生、建设等部门提出划定方案，征求同级有关部门的意见后，报省、自治区、直辖市人民政府批准。

跨省、自治区、直辖市的饮用水水源保护区，由有关省、自治区、直辖市人民政府商有关流域管理机构划定；协商不成的，由国务院环境保护主管部门会同同级水行政、国土资源、卫生、建设等部门提出划定方案，征求国务院有关部门的意见后，报国务院批准。

国务院和省、自治区、直辖市人民政府可以根据保护饮用水水源的实际需要，调整饮用水水源保护区的范围，确保饮用水安全。有关地方人民政府应当在饮用水水源保护区的边界设立明确的地理界标和明显的警示标志。

第五十七条　在饮用水水源保护区内，禁止设置排污口。

第五十八条　禁止在饮用水水源一级保护区内新建、改建、扩建与供水设施和保护水源无关的建设项目；已建成的与供水设施和保护水源无关的建设项目，由县级以上人民政府责令拆除或者关闭。

禁止在饮用水水源一级保护区内从事网箱养殖、旅游、游泳、垂钓或者其他可能污染饮用水水体的活动。

第五十九条　禁止在饮用水水源二级保护区内新建、改建、扩建排放污染物的建设项目；已建成的排放污染物的建设项目，由县级以上人民政府责令拆除或者关闭。

在饮用水水源二级保护区内从事网箱养殖、旅游等活动的，应当按照规定采取措施，防止污染饮用水水体。

第六十条　禁止在饮用水水源准保护区内新建、扩建对水体污染严重的建设项目；改建建设项目，不得增加排污量。

第六十一条　县级以上地方人民政府应当根据保护饮用水水源的实际需要，在准保护区内采取工程措施或者建造湿地、水源涵养林等生态保护措施，防止水污染物直接排入饮用水水体，确保饮用水安全。

第六十二条　饮用水水源受到污染可能威胁供水安全的，环境保护主管部门应当责令有关企业事业单位采取停止或者减少排放水污染物等措施。

第六十三条　国务院和省、自治区、直辖市人民政府根据水环境保护的需要，可以规定在饮用水水源保护区内，采取禁止或者限制使用含磷洗涤剂、化肥、农药以及限制种植养殖等措施。

第六十四条　县级以上人民政府可以对风景名胜区水体、重要渔业水体和其他具有特殊经济文化价值的水体划定保护区，并采取措施，保证保护区的水质符合规定用途的水环境质量标准。

第六十五条　在风景名胜区水体、重要渔业水体和其他具有特殊经济文化价值的水体的保护区内，不得新建排污口。在保护区附近新建排污口，应当保证保护区水体不受污染。

第六章 水污染事故处置

第六十六条 各级人民政府及其有关部门，可能发生水污染事故的企业事业单位，应当依照《中华人民共和国突发事件应对法》的规定，做好突发水污染事故的应急准备、应急处置和事后恢复等工作。

第六十七条 可能发生水污染事故的企业事业单位，应当制定有关水污染事故的应急方案，做好应急准备，并定期进行演练。

生产、储存危险化学品的企业事业单位，应当采取措施，防止在处理安全生产事故过程中产生的可能严重污染水体的消防废水、废液直接排入水体。

第六十八条 企业事业单位发生事故或者其他突发性事件，造成或者可能造成水污染事故的，应当立即启动本单位的应急方案，采取应急措施，并向事故发生地的县级以上地方人民政府或者环境保护主管部门报告。环境保护主管部门接到报告后，应当及时向本级人民政府报告，并抄送有关部门。

造成渔业污染事故或者渔业船舶造成水污染事故的，应当向事故发生地的渔业主管部门报告，接受调查处理。其他船舶造成水污染事故的，应当向事故发生地的海事管理机构报告，接受调查处理；给渔业造成损害的，海事管理机构应当通知渔业主管部门参与调查处理。

第七章 法律责任

第六十九条 环境保护主管部门或者其他依照本法规定行使监督管理权的部门，不依法作出行政许可或者办理批准文件的，发现违法行为或者接到对违法行为的举报后不予查处的，或者有其他未依照本法规定履行职责的行为的，对直接负责的主管人员和其他直接责任人员依法给予处分。

第七十条 拒绝环境保护主管部门或者其他依照本法规定行使监督管理权的部门的监督检查，或者在接受监督检查时弄虚作假的，由县级以上人民政府环境保护主管部门或者其他依照本法规定行使监督管理权的部门责令改正，处一万元以上十万元以下的罚款。

第七十一条　违反本法规定，建设项目的水污染防治设施未建成、未经验收或者验收不合格，主体工程即投入生产或者使用的，由县级以上人民政府环境保护主管部门责令停止生产或者使用，直至验收合格，处五万元以上五十万元以下的罚款。

第七十二条　违反本法规定，有下列行为之一的，由县级以上人民政府环境保护主管部门责令限期改正；逾期不改正的，处一万元以上十万元以下的罚款：

（一）拒报或者谎报国务院环境保护主管部门规定的有关水污染物排放申报登记事项的；

（二）未按照规定安装水污染物排放自动监测设备或者未按照规定与环境保护主管部门的监控设备联网，并保证监测设备正常运行的；

（三）未按照规定对所排放的工业废水进行监测并保存原始监测记录的。

第七十三条　违反本法规定，不正常使用水污染物处理设施，或者未经环境保护主管部门批准拆除、闲置水污染物处理设施的，由县级以上人民政府环境保护主管部门责令限期改正，处应缴纳排污费数额一倍以上三倍以下的罚款。

第七十四条　违反本法规定，排放水污染物超过国家或者地方规定的水污染物排放标准，或者超过重点水污染物排放总量控制指标的，由县级以上人民政府环境保护主管部门按照权限责令限期治理，处应缴纳排污费数额二倍以上五倍以下的罚款。

限期治理期间，由环境保护主管部门责令限制生产、限制排放或者停产整治。限期治理的期限最长不超过一年；逾期未完成治理任务的，报经有批准权的人民政府批准，责令关闭。

第七十五条　在饮用水水源保护区内设置排污口的，由县级以上地方人民政府责令限期拆除，处十万元以上五十万元以下的罚款；逾期不拆除的，强制拆除，所需费用由违法者承担，处五十万元以上一百万元以下的罚款，并可以责令停产整顿。

除前款规定外，违反法律、行政法规和国务院环境保护主管部门的规定设置排污口或者私设暗管的，由县级以上地方人民政府环境保护主管部门责令限期拆除，处二万元以上十万元以下的罚款；逾期不拆除的，强制拆除，所需费用由违法者承担，处十万元以上五十万元以下的罚款；私设暗管或者有其他严重情节的，县级以上地方人民政府环境保护主管部门可以提请县级以上地方人民政府责令停产整顿。

未经水行政主管部门或者流域管理机构同意，在江河、湖泊新建、改建、扩建排污口的，由县级以上人民政府水行政主管部门或者流域管理机构依据职权，依照前款规定采取措施、给予处罚。

第七十六条 有下列行为之一的，由县级以上地方人民政府环境保护主管部门责令停止违法行为，限期采取治理措施，消除污染，处以罚款；逾期不采取治理措施的，环境保护主管部门可以指定有治理能力的单位代为治理，所需费用由违法者承担：

（一）向水体排放油类、酸液、碱液的；

（二）向水体排放剧毒废液，或者将含有汞、镉、砷、铬、铅、氰化物、黄磷等的可溶性剧毒废渣向水体排放、倾倒或者直接埋入地下的；

（三）在水体清洗装贮过油类、有毒污染物的车辆或者容器的；

（四）向水体排放、倾倒工业废渣、城镇垃圾或者其他废弃物，或者在江河、湖泊、运河、渠道、水库最高水位线以下的滩地、岸坡堆放、存贮固体废弃物或者其他污染物的；

（五）向水体排放、倾倒放射性固体废物或者含有高放射性、中放射性物质的废水的；

（六）违反国家有关规定或者标准，向水体排放含低放射性物质的废水、热废水或者含病原体的污水的；

（七）利用渗井、渗坑、裂隙或者溶洞排放、倾倒含有毒污染物的废水、含病原体的污水或者其他废弃物的；

（八）利用无防渗漏措施的沟渠、坑塘等输送或者存贮含有毒污染物的废水、含病原体的污水或者其他废弃物的。

有前款第（三）项、第（六）项行为之一的，处一万元以上十万元以下的罚款；有前款第（一）项、第（四）项、第（八）项行为之一的，处二万元以上二十万元以下的罚款；有前款第（二）项、第（五）项、第（七）项行为之一的，处五万元以上五十万元以下的罚款。

第七十七条　违反本法规定，生产、销售、进口或者使用列入禁止生产、销售、进口、使用的严重污染水环境的设备名录中的设备，或者采用列入禁止采用的严重污染水环境的工艺名录中的工艺的，由县级以上人民政府经济综合宏观调控部门责令改正，处五万元以上二十万元以下的罚款；情节严重的，由县级以上人民政府经济综合宏观调控部门提出意见，报请本级人民政府责令停业、关闭。

第七十八条　违反本法规定，建设不符合国家产业政策的小型造纸、制革、印染、染料、炼焦、炼硫、炼砷、炼汞、炼油、电镀、农药、石棉、水泥、玻璃、钢铁、火电以及其他严重污染水环境的生产项目的，由所在地的市、县人民政府责令关闭。

第七十九条　船舶未配置相应的防污染设备和器材，或者未持有合法有效的防止水域环境污染的证书与文书的，由海事管理机构、渔业主管部门按照职责分工责令限期改正，处二千元以上二万元以下的罚款；逾期不改正的，责令船舶临时停航。

船舶进行涉及污染物排放的作业，未遵守操作规程或者未在相应的记录簿上如实记载的，由海事管理机构、渔业主管部门按照职责分工责令改正，处二千元以上二万元以下的罚款。

第八十条　违反本法规定，有下列行为之一的，由海事管理机构、渔业主管部门按照职责分工责令停止违法行为，处以罚款；造成水污染的，责令限期采取治理措施，消除污染；逾期不采取治理措施的，海事管理机构、渔业主管部门按照职责分工可以指定有治理能力的单位代为治理，所需费用由船舶承担：

（一）向水体倾倒船舶垃圾或者排放船舶的残油、废油的；

（二）未经作业地海事管理机构批准，船舶进行残油、含油污水、污染危害性货物残留物的接收作业，或者进行装载油类、污染危害性货物船舱的清洗作业，或者进行散装液体污染危害性货物的过驳作业的；

（三）未经作业地海事管理机构批准，进行船舶水上拆解、打捞或者其他水上、水下船舶施工作业的；

（四）未经作业地渔业主管部门批准，在渔港水域进行渔业船舶水上拆解的。

有前款第（一）项、第（二）项、第（四）项行为之一的，处五千元以上五万元以下的罚款；有前款第（三）项行为的，处一万元以上十万元以下的罚款。

第八十一条 有下列行为之一的，由县级以上地方人民政府环境保护主管部门责令停止违法行为，处十万元以上五十万元以下的罚款；并报经有批准权的人民政府批准，责令拆除或者关闭：

（一）在饮用水水源一级保护区内新建、改建、扩建与供水设施和保护水源无关的建设项目的；

（二）在饮用水水源二级保护区内新建、改建、扩建排放污染物的建设项目的；

（三）在饮用水水源准保护区内新建、扩建对水体污染严重的建设项目，或者改建建设项目增加排污量的。

在饮用水水源一级保护区内从事网箱养殖或者组织进行旅游、垂钓或者其他可能污染饮用水水体的活动的，由县级以上地方人民政府环境保护主管部门责令停止违法行为，处二万元以上十万元以下的罚款。个人在饮用水水源一级保护区内游泳、垂钓或者从事其他可能污染饮用水水体的活动的，由县级以上地方人民政府环境保护主管部门责令停止违法行为，可以处五百元以下的罚款。

第八十二条 企业事业单位有下列行为之一的，由县级以上人民政府环境保护主管部门责令改正；情节严重的，处二万元以上十万元以下的罚款：

（一）不按照规定制定水污染事故的应急方案的；

（二）水污染事故发生后，未及时启动水污染事故的应急方案，采取有关应急措施的。

第八十三条 企业事业单位违反本法规定，造成水污染事故的，由县级以上人民政府环境保护主管部门依照本条第二款的规定处以罚款，责令限期采取治理措施，消除污染；不按要求采取治理措施或者不具备治理能力的，由环境保护主管部门指定有治理能力的单位代为治理，所需费用由违法者承担；对造成重大或者特大水污染事故的，可以报经有批准权的人民政府批准，责令关闭；对直接负责的主管人员和其他直接责任人员可以处上一年度从本单位取得的收入百分之五十以下的罚款。

对造成一般或者较大水污染事故的，按照水污染事故造成的直接损失的百分之二十计算罚款；对造成重大或者特大水污染事故的，按照水污染事故造成的直接损失的百分之三十计算罚款。

造成渔业污染事故或者渔业船舶造成水污染事故的，由渔业主管部门进行处罚；其他船舶造成水污染事故的，由海事管理机构进行处罚。

第八十四条　当事人对行政处罚决定不服的，可以申请行政复议，也可以在收到通知之日起十五日内向人民法院起诉；期满不申请行政复议或者起诉，又不履行行政处罚决定的，由做出行政处罚决定的机关申请人民法院强制执行。

第八十五条　因水污染受到损害的当事人，有权要求排污方排除危害和赔偿损失。

由于不可抗力造成水污染损害的，排污方不承担赔偿责任；法律另有规定的除外。

水污染损害是由受害人故意造成的，排污方不承担赔偿责任。水污染损害是由受害人重大过失造成的，可以减轻排污方的赔偿责任。

水污染损害是由第三人造成的，排污方承担赔偿责任后，有权向第三人追偿。

第八十六条　因水污染引起的损害赔偿责任和赔偿金额的纠纷，可以根据当事人的请求，由环境保护主管部门或者海事管理机构、渔业主管部门按照职责分工调解处理；调解不成的，当事人可以向人民法院提起诉讼。当事人也可以直接向人民法院提起诉讼。

第八十七条　因水污染引起的损害赔偿诉讼，由排污方就法律规定的免责事由及其行为与损害结果之间不存在因果关系承担举证责任。

第八十八条　因水污染受到损害的当事人人数众多的，可以依法由当事人推选代表人进行共同诉讼。

环境保护主管部门和有关社会团体可以依法支持因水污染受到损害的当

事人向人民法院提起诉讼。

国家鼓励法律服务机构和律师为水污染损害诉讼中的受害人提供法律援助。

第八十九条 因水污染引起的损害赔偿责任和赔偿金额的纠纷，当事人可以委托环境监测机构提供监测数据。环境监测机构应当接受委托，如实提供有关监测数据。

第九十条 违反本法规定，构成违反治安管理行为的，依法给予治安管理处罚；构成犯罪的，依法追究刑事责任。

第八章 附 则

第九十一条 本法中下列用语的含义：

（一）水污染，是指水体因某种物质的介入，而导致其化学、物理、生物或者放射性等方面特性的改变，从而影响水的有效利用，危害人体健康或者破坏生态环境，造成水质恶化的现象；

（二）水污染物，是指直接或者间接向水体排放的，能导致水体污染的物质；

（三）有毒污染物，是指那些直接或者间接被生物摄入体内后，可能导致该生物或者其后代发病、行为反常、遗传异变、生理机能失常、机体变形或者死亡的污染物；

（四）渔业水体，是指划定的鱼虾类的产卵场、索饵场、越冬场、洄游通道和鱼虾贝藻类的养殖场的水体。

第九十二条 本法自 2008 年 6 月 1 日起施行。

中华人民共和国海洋环境保护法

1982 年 8 月 23 日第五届全国人民代表大会常务委员会第二十四次会议通过
1999 年 12 月 25 日第九届全国人民代表大会常务委员会第十三次会议修订
2013 年 12 月 28 日第十二届全国人民代表大会常务委员会第六次会议修正

第一章 总 则

第一条 为了保护和改善海洋环境，保护海洋资源，防治污染损害，维护生态平衡，保障人体健康，促进经济和社会的可持续发展，制定本法。

第二条 本法适用于中华人民共和国内水、领海、毗连区、专属经济区、大陆架以及中华人民共和国管辖的其他海域。

在中华人民共和国管辖海域内从事航行、勘探、开发、生产、旅游、科学研究及其他活动，或者在沿海陆域内从事影响海洋环境活动的任何单位和个人，都必须遵守本法。

在中华人民共和国管辖海域以外，造成中华人民共和国管辖海域污染的，也适用本法。

第三条 国家建立并实施重点海域排污总量控制制度，确定主要污染物排海总量控制指标，并对主要污染源分配排放控制数量。具体办法由国务院制定。

第四条 一切单位和个人都有保护海洋环境的义务，并有权对污染损害海洋环境的单位和个人，以及海洋环境监督管理人员的违法失职行为进行监督和检举。

第五条 国务院环境保护行政主管部门作为对全国环境保护工作统一监督管理的部门，对全国海洋环境保护工作实施指导、协调和监督，并负责全国防治陆源污染物和海岸工程建设项目对海洋污染损害的环境保护工作。

国家海洋行政主管部门负责海洋环境的监督管理，组织海洋环境的调查、监测、监视、评价和科学研究，负责全国防治海洋工程建设项目和海洋倾倒废弃物对海洋污染损害的环境保护工作。

国家海事行政主管部门负责所辖港区水域内非军事船舶和港区水域外非渔业、非军事船舶污染海洋环境的监督管理，并负责污染事故的调查处理；对在中华人民共和国管辖海域航行、停泊和作业的外国籍船舶造成的污染事故登轮检查处理。船舶污染事故给渔业造成损害的，应当吸收渔业行政主管部门参与调查处理。

国家渔业行政主管部门负责渔港水域内非军事船舶和渔港水域外渔业船舶污染海洋环境的监督管理，负责保护渔业水域生态环境工作，并调查处理前款规定的污染事故以外的渔业污染事故。

军队环境保护部门负责军事船舶污染海洋环境的监督管理及污染事故的调查处理。

沿海县级以上地方人民政府行使海洋环境监督管理权的部门的职责，由省、自治区、直辖市人民政府根据本法及国务院有关规定确定。

第二章　海洋环境监督管理

第六条　国家海洋行政主管部门会同国务院有关部门和沿海省、自治区、直辖市人民政府拟定全国海洋功能区划，报国务院批准。

沿海地方各级人民政府应当根据全国和地方海洋功能区划，科学合理地使用海域。

第七条　国家根据海洋功能区划制定全国海洋环境保护规划和重点海域区域性海洋环境保护规划。

毗邻重点海域的有关沿海省、自治区、直辖市人民政府及行使海洋环境监督管理权的部门，可以建立海洋环境保护区域合作组织，负责实施重点海域区域性海洋环境保护规划、海洋环境污染的防治和海洋生态保护工作。

第八条　跨区域的海洋环境保护工作，由有关沿海地方人民政府协商解决，或者由上级人民政府协调解决。

跨部门的重大海洋环境保护工作，由国务院环境保护行政主管部门协调；协调未能解决的，由国务院作出决定。

第九条　国家根据海洋环境质量状况和国家经济、技术条件，制定国家海洋环境质量标准。

沿海省、自治区、直辖市人民政府对国家海洋环境质量标准中未作规定的项目，可以制定地方海洋环境质量标准。

沿海地方各级人民政府根据国家和地方海洋环境质量标准的规定和本行政区近岸海域环境质量状况，确定海洋环境保护的目标和任务，并纳入人民政府工作计划，按相应的海洋环境质量标准实施管理。

第十条　国家和地方水污染物排放标准的制定，应当将国家和地方海洋环境质量标准作为重要依据之一。在国家建立并实施排污总量控制制度的重点海域，水污染物排放标准的制定，还应当将主要污染物排海总量控制指标作为重要依据。

第十一条　直接向海洋排放污染物的单位和个人，必须按照国家规定缴纳排污费。

向海洋倾倒废弃物，必须按照国家规定缴纳倾倒费。

根据本法规定征收的排污费、倾倒费，必须用于海洋环境污染的整治，不得挪作他用。具体办法由国务院规定。

第十二条　对超过污染物排放标准的，或者在规定的期限内未完成污染物排放削减任务的，或者造成海洋环境严重污染损害的，应当限期治理。

限期治理按照国务院规定的权限决定。

第十三条　国家加强防治海洋环境污染损害的科学技术的研究和开发，对严重污染海洋环境的落后生产工艺和落后设备，实行淘汰制度。

企业应当优先使用清洁能源，采用资源利用率高、污染物排放量少的清洁生产工艺，防止对海洋环境的污染。

第十四条　国家海洋行政主管部门按照国家环境监测、监视规范和标准，管理全国海洋环境的调查、监测、监视，制定具体的实施办法，会同有关部门组织全国海洋环境监测、监视网络，定期评价海洋环境质量，发布海洋巡航监视通报。

依照本法规定行使海洋环境监督管理权的部门分别负责各自所辖水域的监测、监视。

其他有关部门根据全国海洋环境监测网的分工，分别负责对入海河口、主要排污口的监测。

第十五条 国务院有关部门应当向国务院环境保护行政主管部门提供编制全国环境质量公报所必需的海洋环境监测资料。

环境保护行政主管部门应当向有关部门提供与海洋环境监督管理有关的资料。

第十六条 国家海洋行政主管部门按照国家制定的环境监测、监视信息管理制度，负责管理海洋综合信息系统，为海洋环境保护监督管理提供服务。

第十七条 因发生事故或者其他突发性事件，造成或者可能造成海洋环境污染事故的单位和个人，必须立即采取有效措施，及时向可能受到危害者通报，并向依照本法规定行使海洋环境监督管理权的部门报告，接受调查处理。

沿海县级以上地方人民政府在本行政区域近岸海域的环境受到严重污染时，必须采取有效措施，解除或者减轻危害。

第十八条 国家根据防止海洋环境污染的需要，制定国家重大海上污染事故应急计划。

国家海洋行政主管部门负责制定全国海洋石油勘探开发重大海上溢油应急计划，报国务院环境保护行政主管部门备案。

国家海事行政主管部门负责制定全国船舶重大海上溢油污染事故应急计划，报国务院环境保护行政主管部门备案。

沿海可能发生重大海洋环境污染事故的单位，应当依照国家的规定，制定污染事故应急计划，并向当地环境保护行政主管部门、海洋行政主管部门备案。

沿海县级以上地方人民政府及其有关部门在发生重大海上污染事故时，必须按照应急计划解除或者减轻危害。

第十九条 依照本法规定行使海洋环境监督管理权的部门可以在海上实行联合执法，在巡航监视中发现海上污染事故或者违反本法规定的行为时，应当予以制止并调查取证，必要时有权采取有效措施，防止污染事态的扩大，并报告有关主管部门处理。

依照本法规定行使海洋环境监督管理权的部门，有权对管辖范围内排放污染物的单位和个人进行现场检查。被检查者应当如实反映情况，提供必要的资料。

检查机关应当为被检查者保守技术秘密和业务秘密。

第三章　海洋生态保护

第二十条　国务院和沿海地方各级人民政府应当采取有效措施，保护红树林、珊瑚礁、滨海湿地、海岛、海湾、入海河口、重要渔业水域等具有典型性、代表性的海洋生态系统，珍稀、濒危海洋生物的天然集中分布区，具有重要经济价值的海洋生物生存区域及有重大科学文化价值的海洋自然历史遗迹和自然景观。

对具有重要经济、社会价值的已遭到破坏的海洋生态，应当进行整治和恢复。

第二十一条　国务院有关部门和沿海省级人民政府应当根据保护海洋生态的需要，选划、建立海洋自然保护区。

国家级海洋自然保护区的建立，须经国务院批准。

第二十二条　凡具有下列条件之一的，应当建立海洋自然保护区：

（一）典型的海洋自然地理区域、有代表性的自然生态区域，以及遭受破坏但经保护能恢复的海洋自然生态区域；

（二）海洋生物物种高度丰富的区域，或者珍稀、濒危海洋生物物种的天然集中分布区域；

（三）具有特殊保护价值的海域、海岸、岛屿、滨海湿地、入海河口和海湾等；

（四）具有重大科学文化价值的海洋自然遗迹所在区域；

（五）其他需要予以特殊保护的区域。

第二十三条　凡具有特殊地理条件、生态系统、生物与非生物资源及海洋开发利用特殊需要的区域，可以建立海洋特别保护区，采取有效的保护措施和科学的开发方式进行特殊管理。

第二十四条 开发利用海洋资源，应当根据海洋功能区划合理布局，不得造成海洋生态环境破坏。

第二十五条 引进海洋动植物物种，应当进行科学论证，避免对海洋生态系统造成危害。

第二十六条 开发海岛及周围海域的资源，应当采取严格的生态保护措施，不得造成海岛地形、岸滩、植被以及海岛周围海域生态环境的破坏。

第二十七条 沿海地方各级人民政府应当结合当地自然环境的特点，建设海岸防护设施、沿海防护林、沿海城镇园林和绿地，对海岸侵蚀和海水入侵地区进行综合治理。

禁止毁坏海岸防护设施、沿海防护林、沿海城镇园林和绿地。

第二十八条 国家鼓励发展生态渔业建设，推广多种生态渔业生产方式，改善海洋生态状况。

新建、改建、扩建海水养殖场，应当进行环境影响评价。

海水养殖应当科学确定养殖密度，并应当合理投饵、施肥，正确使用药物，防止造成海洋环境的污染。

第四章 防治陆源污染物对海洋环境的污染损害

第二十九条 向海域排放陆源污染物，必须严格执行国家或者地方规定的标准和有关规定。

第三十条 入海排污口位置的选择，应当根据海洋功能区划、海水动力条件和有关规定，经科学论证后，报设区的市级以上人民政府环境保护行政主管部门审查批准。

环境保护行政主管部门在批准设置入海排污口之前，必须征求海洋、海事、渔业行政主管部门和军队环境保护部门的意见。

在海洋自然保护区、重要渔业水域、海滨风景名胜区和其他需要特别保护的区域，不得新建排污口。

在有条件的地区，应当将排污口深海设置，实行离岸排放。设置陆源污染物深海离岸排放排污口，应当根据海洋功能区划、海水动力条件和海底工程设施的有关情况确定，具体办法由国务院规定。

第三十一条　省、自治区、直辖市人民政府环境保护行政主管部门和水行政主管部门应当按照水污染防治有关法律的规定，加强入海河流管理，防治污染，使入海河口的水质处于良好状态。

第三十二条　排放陆源污染物的单位，必须向环境保护行政主管部门申报拥有的陆源污染物排放设施、处理设施和在正常作业条件下排放陆源污染物的种类、数量和浓度，并提供防治海洋环境污染方面的有关技术和资料。

排放陆源污染物的种类、数量和浓度有重大改变的，必须及时申报。

拆除或者闲置陆源污染物处理设施的，必须事先征得环境保护行政主管部门的同意。

第三十三条　禁止向海域排放油类、酸液、碱液、剧毒废液和高、中水平放射性废水。

严格限制向海域排放低水平放射性废水；确需排放的，必须严格执行国家辐射防护规定。

严格控制向海域排放含有不易降解的有机物和重金属的废水。

第三十四条　含病原体的医疗污水、生活污水和工业废水必须经过处理，符合国家有关排放标准后，方能排入海域。

第三十五条　含有机物和营养物质的工业废水、生活污水，应当严格控制向海湾、半封闭海及其他自净能力较差的海域排放。

第三十六条　向海域排放含热废水，必须采取有效措施，保证邻近渔业水域的水温符合国家海洋环境质量标准，避免热污染对水产资源的危害。

第三十七条　沿海农田、林场施用化学农药，必须执行国家农药安全使用的规定和标准。

沿海农田、林场应当合理使用化肥和植物生长调节剂。

第三十八条　在岸滩弃置、堆放和处理尾矿、矿渣、煤灰渣、垃圾和其他固体废物的，依照《中华人民共和国固体废物污染环境防治法》的有关规定执行。

第三十九条　禁止经中华人民共和国内水、领海转移危险废物。

经中华人民共和国管辖的其他海域转移危险废物的，必须事先取得国务院环境保护行政主管部门的书面同意。

第四十条 沿海城市人民政府应当建设和完善城市排水管网，有计划地建设城市污水处理厂或者其他污水集中处理设施，加强城市污水的综合整治。

建设污水海洋处置工程，必须符合国家有关规定。

第四十一条 国家采取必要措施，防止、减少和控制来自大气层或者通过大气层造成的海洋环境污染损害。

第五章 防治海岸工程建设项目对海洋环境的污染损害

第四十二条 新建、改建、扩建海岸工程建设项目，必须遵守国家有关建设项目环境保护管理的规定，并把防治污染所需资金纳入建设项目投资计划。

在依法划定的海洋自然保护区、海滨风景名胜区、重要渔业水域及其他需要特别保护的区域，不得从事污染环境、破坏景观的海岸工程项目建设或者其他活动。

第四十三条 海岸工程建设项目的单位，必须在建设项目可行性研究阶段，对海洋环境进行科学调查，根据自然条件和社会条件，合理选址，编报环境影响报告书。环境影响报告书报环境保护行政主管部门审查批准。

环境保护行政主管部门在批准环境影响报告书之前，必须征求海洋、海事、渔业行政主管部门和军队环境保护部门的意见。

第四十四条 海岸工程建设项目的环境保护设施，必须与主体工程同时设计、同时施工、同时投产使用。环境保护设施未经环境保护行政主管部门检查批准，建设项目不得试运行；环境保护设施未经环境保护行政主管部门验收，或者经验收不合格的，建设项目不得投入生产或者使用。

第四十五条 禁止在沿海陆域内新建不具备有效治理措施的化学制浆造纸、化工、印染、制革、电镀、酿造、炼油、岸边冲滩拆船以及其他严重污染海洋环境的工业生产项目。

第四十六条 兴建海岸工程建设项目，必须采取有效措施，保护国家和地方重点保护的野生动植物及其生存环境和海洋水产资源。

严格限制在海岸采挖砂石。露天开采海滨砂矿和从岸上打井开采海底矿产资源，必须采取有效措施，防止污染海洋环境。

第六章　防治海洋工程建设项目对海洋环境的污染损害

第四十七条　海洋工程建设项目必须符合海洋功能区划、海洋环境保护规划和国家有关环境保护标准，在可行性研究阶段，编报海洋环境影响报告书，由海洋行政主管部门核准，并报环境保护行政主管部门备案，接受环境保护行政主管部门监督。

海洋行政主管部门在核准海洋环境影响报告书之前，必须征求海事、渔业行政主管部门和军队环境保护部门的意见。

第四十八条　海洋工程建设项目的环境保护设施，必须与主体工程同时设计、同时施工、同时投产使用。环境保护设施未经海洋行政主管部门检查批准，建设项目不得试运行；环境保护设施未经海洋行政主管部门验收，或者经验收不合格的，建设项目不得投入生产或者使用。

拆除或者闲置环境保护设施，必须事先征得海洋行政主管部门的同意。

第四十九条　海洋工程建设项目，不得使用含超标准放射性物质或者易溶出有毒有害物质的材料。

第五十条　海洋工程建设项目需要爆破作业时，必须采取有效措施，保护海洋资源。

海洋石油勘探开发及输油过程中，必须采取有效措施，避免溢油事故的发生。

第五十一条　海洋石油钻井船、钻井平台和采油平台的含油污水和油性混合物，必须经过处理达标后排放；残油、废油必须予以回收，不得排放入海。经回收处理后排放的，其含油量不得超过国家规定的标准。

钻井所使用的油基泥浆和其他有毒复合泥浆不得排放入海。水基泥浆和无毒复合泥浆及钻屑的排放，必须符合国家有关规定。

第五十二条　海洋石油钻井船、钻井平台和采油平台及其有关海上设施，不得向海域处置含油的工业垃圾。处置其他工业垃圾，不得造成海洋环境污染。

第五十三条 海上试油时，应当确保油气充分燃烧，油和油性混合物不得排放入海。

第五十四条 勘探开发海洋石油，必须按有关规定编制溢油应急计划，报国家海洋行政主管部门的海区派出机构备案。

第七章 防治倾倒废弃物对海洋环境的污染损害

第五十五条 任何单位未经国家海洋行政主管部门批准，不得向中华人民共和国管辖海域倾倒任何废弃物。

需要倾倒废弃物的单位，必须向国家海洋行政主管部门提出书面申请，经国家海洋行政主管部门审查批准，发给许可证后，方可倾倒。

禁止中华人民共和国境外的废弃物在中华人民共和国管辖海域倾倒。

第五十六条 国家海洋行政主管部门根据废弃物的毒性、有毒物质含量和对海洋环境影响程度，制定海洋倾倒废弃物评价程序和标准。

向海洋倾倒废弃物，应当按照废弃物的类别和数量实行分级管理。

可以向海洋倾倒的废弃物名录，由国家海洋行政主管部门拟定，经国务院环境保护行政主管部门提出审核意见后，报国务院批准。

第五十七条 国家海洋行政主管部门按照科学、合理、经济、安全的原则选划海洋倾倒区，经国务院环境保护行政主管部门提出审核意见后，报国务院批准。

临时性海洋倾倒区由国家海洋行政主管部门批准，并报国务院环境保护行政主管部门备案。

国家海洋行政主管部门在选划海洋倾倒区和批准临时性海洋倾倒区之前，必须征求国家海事、渔业行政主管部门的意见。

第五十八条 国家海洋行政主管部门监督管理倾倒区的使用，组织倾倒区的环境监测，对经确认不宜继续使用的倾倒区，国家海洋行政主管部门应当予以封闭，终止在该倾倒区的一切倾倒活动，并报国务院备案。

第五十九条 获准倾倒废弃物的单位，必须按照许可证注明的期限及条件，到指定的区域进行倾倒。废弃物装载之后，批准部门应当予以核实。

第六十条　获准倾倒废弃物的单位，应当详细记录倾倒的情况，并在倾倒后向批准部门作出书面报告。倾倒废弃物的船舶必须向驶出港的海事行政主管部门作出书面报告。

第六十一条　禁止在海上焚烧废弃物。

禁止在海上处置放射性废弃物或者其他放射性物质。废弃物中的放射性物质的豁免浓度由国务院制定。

第八章　防治船舶及有关作业活动对海洋环境的污染损害

第六十二条　在中华人民共和国管辖海域，任何船舶及相关作业不得违反本法规定向海洋排放污染物、废弃物和压载水、船舶垃圾及其他有害物质。

从事船舶污染物、废弃物、船舶垃圾接收、船舶清舱、洗舱作业活动的，必须具备相应的接收处理能力。

第六十三条　船舶必须按照有关规定持有防止海洋环境污染的证书与文书，在进行涉及污染物排放及操作时，应当如实记录。

第六十四条　船舶必须配置相应的防污设备和器材。

载运具有污染危害性货物的船舶，其结构与设备应当能够防止或者减轻所载货物对海洋环境的污染。

第六十五条　船舶应当遵守海上交通安全法律、法规的规定，防止因碰撞、触礁、搁浅、火灾或者爆炸等引起的海难事故，造成海洋环境的污染。

第六十六条　国家完善并实施船舶油污损害民事赔偿责任制度；按照船舶油污损害赔偿责任由船东和货主共同承担风险的原则，建立船舶油污保险、油污损害赔偿基金制度。

实施船舶油污保险、油污损害赔偿基金制度的具体办法由国务院规定。

第六十七条　载运具有污染危害性货物进出港口的船舶，其承运人、货物所有人或者代理人，必须事先向海事行政主管部门申报。经批准后，方可进出港口、过境停留或者装卸作业。

第六十八条 交付船舶装运污染危害性货物的单证、包装、标志、数量限制等，必须符合对所装货物的有关规定。

需要船舶装运污染危害性不明的货物，应当按照有关规定事先进行评估。

装卸油类及有毒有害货物的作业，船岸双方必须遵守安全防污操作规程。

第六十九条 港口、码头、装卸站和船舶修造厂必须按照有关规定备有足够的用于处理船舶污染物、废弃物的接收设施，并使该设施处于良好状态。

装卸油类的港口、码头、装卸站和船舶必须编制溢油污染应急计划，并配备相应的溢油污染应急设备和器材。

第七十条 进行下列活动，应当事先按照有关规定报经有关部门批准或者核准：

（一）船舶在港区水域内使用焚烧炉；

（二）船舶在港区水域内进行洗舱、清舱、驱气、排放压载水、残油、含油污水接收、舷外拷铲及油漆等作业；

（三）船舶、码头、设施使用化学消油剂；

（四）船舶冲洗沾有污染物、有毒有害物质的甲板；

（五）船舶进行散装液体污染危害性货物的过驳作业；

（六）从事船舶水上拆解、打捞、修造和其他水上、水下船舶施工作业。

第七十一条 船舶发生海难事故，造成或者可能造成海洋环境重大污染损害的，国家海事行政主管部门有权强制采取避免或者减少污染损害的措施。

对在公海上因发生海难事故，造成中华人民共和国管辖海域重大污染损害后果或者具有污染威胁的船舶、海上设施，国家海事行政主管部门有权采取与实际的或者可能发生的损害相称的必要措施。

第七十二条 所有船舶均有监视海上污染的义务，在发现海上污染事故或者违反本法规定的行为时，必须立即向就近的依照本法规定行使海洋环境监督管理权的部门报告。

民用航空器发现海上排污或者污染事件，必须及时向就近的民用航空空中交通管制单位报告。接到报告的单位，应当立即向依照本法规定行使海洋环境监督管理权的部门通报。

第九章　法律责任

第七十三条　违反本法有关规定，有下列行为之一的，由依照本法规定行使海洋环境监督管理权的部门责令限期改正，并处以罚款：

（一）向海域排放本法禁止排放的污染物或者其他物质的；

（二）不按照本法规定向海洋排放污染物，或者超过标准排放污染物的；

（三）未取得海洋倾倒许可证，向海洋倾倒废弃物的；

（四）因发生事故或者其他突发性事件，造成海洋环境污染事故，不立即采取处理措施的。

有前款第（一）项、第（三）项行为之一的，处三万元以上二十万元以下的罚款；有前款第（二）项、第（四）项行为之一的，处二万元以上十万元以下的罚款。

第七十四条　违反本法有关规定，有下列行为之一的，由依照本法规定行使海洋环境监督管理权的部门予以警告，或者处以罚款：

（一）不按照规定申报，甚至拒报污染物排放有关事项，或者在申报时弄虚作假的；

（二）发生事故或者其他突发性事件不按照规定报告的；

（三）不按照规定记录倾倒情况，或者不按照规定提交倾倒报告的；

（四）拒报或者谎报船舶载运污染危害性货物申报事项的。

有前款第（一）项、第（三）项行为之一的，处二万元以下的罚款；有前款第（二）项、第（四）项行为之一的，处五万元以下的罚款。

第七十五条　违反本法第十九条第二款的规定，拒绝现场检查，或者在被检查时弄虚作假的，由依照本法规定行使海洋环境监督管理权的部门予以警告，并处二万元以下的罚款。

第七十六条　违反本法规定，造成珊瑚礁、红树林等海洋生态系统及海洋水产资源、海洋保护区破坏的，由依照本法规定行使海洋环境监督管理权的部门责令限期改正和采取补救措施，并处一万元以上十万元以下的罚款；有违法所得的，没收其违法所得。

第七十七条 违反本法第三十条第一款、第三款规定设置入海排污口的，由县级以上地方人民政府环境保护行政主管部门责令其关闭，并处二万元以上十万元以下的罚款。

第七十八条 违反本法第三十二条第三款的规定，擅自拆除、闲置环境保护设施的，由县级以上地方人民政府环境保护行政主管部门责令重新安装使用，并处一万元以上十万元以下的罚款。

第七十九条 违反本法第三十九条第二款的规定，经中华人民共和国管辖海域，转移危险废物的，由国家海事行政主管部门责令非法运输该危险废物的船舶退出中华人民共和国管辖海域，并处五万元以上五十万元以下的罚款。

第八十条 违反本法第四十三条第一款的规定，未持有经批准的环境影响报告书，兴建海岸工程建设项目的，由县级以上地方人民政府环境保护行政主管部门责令其停止违法行为和采取补救措施，并处五万元以上二十万元以下的罚款；或者按照管理权限，由县级以上地方人民政府责令其限期拆除。

第八十一条 违反本法第四十四条的规定，海岸工程建设项目未建成环境保护设施，或者环境保护设施未达到规定要求即投入生产、使用的，由环境保护行政主管部门责令其停止生产或者使用，并处二万元以上十万元以下的罚款。

第八十二条 违反本法第四十五条的规定，新建严重污染海洋环境的工业生产建设项目的，按照管理权限，由县级以上人民政府责令关闭。

第八十三条 违反本法第四十七条第一款、第四十八条的规定，进行海洋工程建设项目，或者海洋工程建设项目未建成环境保护设施、环境保护设施未达到规定要求即投入生产、使用的，由海洋行政主管部门责令其停止施工或者生产、使用，并处五万元以上二十万元以下的罚款。

第八十四条 违反本法第四十九条的规定，使用含超标准放射性物质或者易溶出有毒有害物质材料的，由海洋行政主管部门处五万元以下的罚款，并责令其停止该建设项目的运行，直到消除污染危害。

第八十五条 违反本法规定进行海洋石油勘探开发活动，造成海洋环境污染的，由国家海洋行政主管部门予以警告，并处二万元以上二十万元以下的罚款。

第八十六条 违反本法规定，不按照许可证的规定倾倒，或者向已经封闭的倾倒区倾倒废弃物的，由海洋行政主管部门予以警告，并处三万元以上二十万元以下的罚款；对情节严重的，可以暂扣或者吊销许可证。

第八十七条 违反本法第五十五条第三款的规定，将中华人民共和国境外废弃物运进中华人民共和国管辖海域倾倒的，由国家海洋行政主管部门予以警告，并根据造成或者可能造成的危害后果，处十万元以上一百万元以下的罚款。

第八十八条 违反本法规定，有下列行为之一的，由依照本法规定行使海洋环境监督管理权的部门予以警告，或者处以罚款：

（一）港口、码头、装卸站及船舶未配备防污设施、器材的；

（二）船舶未持有防污证书、防污文书，或者不按照规定记载排污记录的；

（三）从事水上和港区水域拆船、旧船改装、打捞和其他水上、水下施工作业，造成海洋环境污染损害的；

（四）船舶载运的货物不具备防污适运条件的。

有前款第（一）项、第（四）项行为之一的，处二万元以上十万元以下的罚款；有前款第（二）项行为的，处二万元以下的罚款；有前款第（三）项行为的，处五万元以上二十万元以下的罚款。

第八十九条 违反本法规定，船舶、石油平台和装卸油类的港口、码头、装卸站不编制溢油应急计划的，由依照本法规定行使海洋环境监督管理权的部门予以警告，或者责令限期改正。

第九十条 造成海洋环境污染损害的责任者，应当排除危害，并赔偿损失；完全由于第三者的故意或者过失，造成海洋环境污染损害的，由第三者排除危害，并承担赔偿责任。

对破坏海洋生态、海洋水产资源、海洋保护区，给国家造成重大损失的，由依照本法规定行使海洋环境监督管理权的部门代表国家对责任者提出损害赔偿要求。

第九十一条 对违反本法规定，造成海洋环境污染事故的单位，由依照本法规定行使海洋环境监督管理权的部门根据所造成的危害和损失处以罚款；负有直接责任的主管人员和其他直接责任人员属于国家工作人员的，依法给予行政处分。

前款规定的罚款数额按照直接损失的百分之三十计算，但最高不得超过三十万元。

对造成重大海洋环境污染事故，致使公私财产遭受重大损失或者人身伤亡严重后果的，依法追究刑事责任。

第九十二条 完全属于下列情形之一，经过及时采取合理措施，仍然不能避免对海洋环境造成污染损害的，造成污染损害的有关责任者免予承担责任：

（一）战争；

（二）不可抗拒的自然灾害；

（三）负责灯塔或者其他助航设备的主管部门，在执行职责时的疏忽，或者其他过失行为。

第九十三条 对违反本法第十一条 、第十二条有关缴纳排污费、倾倒费和限期治理规定的行政处罚，由国务院规定。

第九十四条 海洋环境监督管理人员滥用职权、玩忽职守、徇私舞弊，造成海洋环境污染损害的，依法给予行政处分；构成犯罪的，依法追究刑事责任。

第十章 附 则

第九十五条 本法中下列用语的含义是：

（一）海洋环境污染损害，是指直接或者间接地把物质或者能量引入海洋环境，产生损害海洋生物资源、危害人体健康、妨害渔业和海上其他合法活动、损害海水使用素质和减损环境质量等有害影响；

（二）内水，是指我国领海基线向内陆一侧的所有海域；

（三）滨海湿地，是指低潮时水深浅于六米的水域及其沿岸浸湿地带，包括水深不超过六米的永久性水域、潮间带（或洪泛地带）和沿海低地等；

（四）海洋功能区划，是指依据海洋自然属性和社会属性，以及自然资源和环境特定条件，界定海洋利用的主导功能和使用范畴；

（五）渔业水域，是指鱼虾类的产卵场、索饵场、越冬场、洄游通道和鱼虾贝藻类的养殖场；

（六）油类，是指任何类型的油及其炼制品；

（七）油性混合物，是指任何含有油份的混合物；

（八）排放，是指把污染物排入海洋的行为，包括泵出、溢出、泄出、喷出和倒出；

（九）陆地污染源（以下简称陆源），是指从陆地向海域排放污染物，造成或者可能造成海洋环境污染的场所、设施等；

（十）陆源污染物，是指由陆地污染源排放的污染物；

（十一）倾倒，是指通过船舶、航空器、平台或者其他载运工具，向海洋处置废弃物和其他有害物质的行为，包括弃置船舶、航空器、平台及其辅助设施和其他浮动工具的行为；

（十二）沿海陆域，是指与海岸相连，或者通过管道、沟渠、设施，直接或者间接向海洋排放污染物及其相关活动的一带区域；

（十三）海上焚烧，是指以热摧毁为目的，在海上焚烧设施上，故意焚烧废弃物或者其他物质的行为，但船舶、平台或者其他人工构造物正常操作中，所附带发生的行为除外。

第九十六条　涉及海洋环境监督管理的有关部门的具体职权划分，本法未作规定的，由国务院规定。

第九十七条　中华人民共和国缔结或者参加的与海洋环境保护有关的国际条约与本法有不同规定的，适用国际条约的规定；但是，中华人民共和国声明保留的条款除外。

第九十八条　本法自 2000 年 4 月 1 日起施行。

中华人民共和国环境噪声污染防治法

1996年10月29日第八届全国人民代表大会常务委员会第二十二次会议通过

第一章 总 则

第一条 为防治环境噪声污染，保护和改善生活环境，保障人体健康，促进经济和社会发展，制定本法。

第二条 本法所称环境噪声，是指在工业生产、建筑施工、交通运输和社会生活中所产生的干扰周围生活环境的声音。

本法所称环境噪声污染，是指所产生的环境噪声超过国家规定的环境噪声排放标准，并干扰他人正常生活、工作和学习的现象。

第三条 本法适用于中华人民共和国领域内环境噪声污染的防治。

因从事本职生产、经营工作受到噪声危害的防治，不适用本法。

第四条 国务院和地方各级人民政府应当将环境噪声污染防治工作纳入环境保护规划，并采取有利于声环境保护的经济、技术政策和措施。

第五条 地方各级人民政府在制定城乡建设规划时，应当充分考虑建设项目和区域开发、改造所产生的噪声对周围生活环境的影响，统筹规划，合理安排功能区和建设布局，防止或者减轻环境噪声污染。

第六条 国务院环境保护行政主管部门对全国环境噪声污染防治实施统一监督管理。

县级以上地方人民政府环境保护行政主管部门对本行政区域内的环境噪声污染防治实施统一监督管理。

各级公安、交通、铁路、民航等主管部门和港务监督机构，根据各自的职责，对交通运输和社会生活噪声污染防治实施监督管理。

第七条 任何单位和个人都有保护声环境的义务，并有权对造成环境噪声污染的单位和个人进行检举和控告。

第八条　国家鼓励、支持环境噪声污染防治的科学研究、技术开发，推广先进的防治技术和普及防治环境噪声污染的科学知识。

第九条　对在环境噪声污染防治方面成绩显著的单位和个人，由人民政府给予奖励。

第二章　环境噪声污染防治的监督管理

第十条　国务院环境保护行政主管部门分别于不同的功能区制定国家声环境质量标准。

县级以上地方人民政府根据国家声环境质量标准，划定本行政区域内各类声环境质量标准的适用区域，并进行管理。

第十一条　国务院环境保护行政主管部门根据国家声环境质量标准和国家经济、技术条件，制定国家环境噪声排放标准。

第十二条　城市规划部门在确定建设布局时，应当依据国家声环境质量标准和民用建筑隔声设计规范，合理划定建筑物与交通干线的防噪声距离，并提出相应的规划设计要求。

第十三条　新建、改建、扩建的建设项目，必须遵守国家有关建设项目环境保护管理的规定。

建设项目可能产生环境噪声污染的，建设单位必须提出环境影响报告书，规定环境噪声污染的防治措施，并按照国家规定的程序报环境保护行政主管部门批准。

环境影响报告书中，应当有该建设项目所在地单位和居民的意见。

第十四条　建设项目的环境噪声污染防治设施必须与主体工程同时设计、同时施工、同时投产使用。

建设项目在投入生产或者使用之前，其环境噪声污染防治设施必须经原审批环境影响报告书的环境保护行政主管部门验收；达不到国家规定要求的，该建设项目不得投入生产或者使用。

第十五条　产生环境噪声污染的企业事业单位，必须保持防治环境噪声污染的设施的正常使用；拆除或者闲置环境噪声污染防治设施的，必须事先报经所在地的县级以上地方人民政府环境保护行政主管部门批准。

第十六条 产生环境噪声污染的单位，应当采取措施进行治理，并按照国家规定缴纳超标准排污费。

征收的超标准排污费必须用于污染的防治，不得挪作他用。

第十七条 对于在噪声敏感建筑物集中区域内造成严重环境噪声污染的企业事业单位，限期治理。

被限期治理的单位必须按期完成治理任务。限期治理由县级以上人民政府按照国务院规定的权限决定。

对小型企业事业单位的限期治理，可以由县级以上人民政府在国务院规定的权限内授权其环境保护行政主管部门决定。

第十八条 国家对环境噪声污染严重的落后设备实行淘汰制度。

国务院经济综合主管部门应当会同国务院有关部门公布限期禁止生产、禁止销售、禁止进口的环境噪声污染严重的设备名录。

生产者、销售者或者进口者必须在国务院经济综合主管部门会同国务院有关部门规定的期限内分别停止生产、销售或者进口列入前款规定的名录中的设备。

第十九条 在城市范围内从事生产活动确需排放偶发性强烈噪声的，必须事先向当地公安机关提出申请，经批准后方可进行。当地公安机关应当向社会公告。

第二十条 国务院环境保护行政主管部门应当建立环境噪声监测制度，制定监测规范，并会同有关部门组织监测网络。

环境噪声监测机构应当按照国务院环境保护行政主管部门的规定报送环境噪声监测结果。

第二十一条 县级以上人民政府环境保护行政主管部门和其他环境噪声污染防治工作的监督管理部门、机构，有权依据各自的职责对管辖范围内排放环境噪声的单位进行现场检查。被检查的单位必须如实反映情况，并提供必要的资料。检查部门、机构应当为被检查的单位保守技术秘密和业务秘密。

检查人员进行现场检查，应当出示证件。

第三章　工业噪声污染防治

第二十二条　本法所称工业噪声，是指在工业生产活动中使用固定的设备时产生的干扰周围生活环境的声音。

第二十三条　在城市范围内向周围生活环境排放工业噪声的，应当符合国家规定的工业企业厂界环境噪声排放标准。

第二十四条　在工业生产中因使用固定的设备造成环境噪声污染的工业企业，必须按照国务院环境保护行政主管部门的规定，向所在地的县级以上地方人民政府环境保护行政主管部门申报拥有的造成环境噪声污染的设备的种类、数量以及在正常作业条件下所发出的噪声值和防治环境噪声污染的设施情况，并提供防治噪声污染的技术资料。

造成环境噪声污染的设备的种类、数量、噪声值和防治设施有重大改变的，必须及时申报，并采取应有的防治措施。

第二十五条　产生环境噪声污染的工业企业，应当采取有效措施，减轻噪声对周围生活环境的影响。

第二十六条　国务院有关主管部门对可能产生环境噪声污染的工业设备，应当根据声环境保护的要求和国家的经济、技术条件，逐步在依法制定的产品的国家标准、行业标准中规定噪声限值。

前款规定的工业设备运行时发出的噪声值，应当在有关技术文件中予以注明。

第四章　建筑施工噪声污染防治

第二十七条　本法所称建筑施工噪声，是指在建筑施工过程中产生的干扰周围生活环境的声音。

第二十八条　在城市市区范围内向周围生活环境排放建筑施工噪声的，应当符合国家规定的建筑施工场界环境噪声排放标准。

第二十九条　在城市市区范围内，建筑施工过程中使用机械设备，可能产生环境噪声污染的，施工单位必须在工程开工十五日以前向工程所在地县级以上地方人民政府环境保护行政主管部门申报该工程的项目名称、施工场所和期限、可能产生的环境噪声值以及所采取的环境噪声污染防治措施的情况。

第三十条 在城市市区噪声敏感建筑物集中区域内，禁止夜间进行产生环境噪声污染的建筑施工作业，但抢修、抢险作业和因生产工艺上要求或者特殊需要必须连续作业的除外。

因特殊需要必须连续作业的，必须有县级以上人民政府或者其有关主管部门的证明。

前款规定的夜间作业，必须公告附近居民。

第五章　交通运输噪声污染防治

第三十一条 本法所称交通运输噪声，是指机动车辆、铁路机车、机动船舶、航空器等交通运输工具在运行时所产生的干扰周围生活环境的声音。

第三十二条 禁止制造、销售或者进口超过规定的噪声限值的汽车。

第三十三条 在城市市区范围内行使的机动车辆的消声器和喇叭必须符合国家规定的要求。机动车辆必须加强维修和保养，保持技术性能良好，防治环境噪声污染。

第三十四条 机动车辆在城市市区范围内行驶，机动船舶在城市市区的内河航道航行，铁路机车驶经或者进入城市市区、疗养区时，必须按照规定使用声响装置。

警车、消防车、工程抢险车、救护车等机动车辆安装、使用警报器，必须符合国务院公安部门的规定；在执行非紧急任务时，禁止使用警报器。

第三十五条 城市人民政府公安机关可以根据本地城市市区区域声环境保护的需要，划定禁止机动车辆行驶和禁止其使用声响装置的路段和时间，并向社会公告。

第三十六条 建设经过已有的噪声敏感建筑物集中区域的高速公路和城市高架、轻轨道路，有可能造成环境噪声污染的，应当设置声屏障或者采取其他有效的控制环境噪声污染的措施。

第三十七条 在已有的城市交通干线的两侧建设噪声敏感建筑物的，建设单位应当按照国家规定间隔一定距离，并采取减轻、避免交通噪声影响的措施。

第三十八条 在车站、铁路编组站、港口、码头、航空港等地指挥作业时使用广播喇叭的，应当控制音量，减轻噪声对周围生活环境的影响。

第三十九条 穿越城市居民区、文教区的铁路，因铁路机车运行造成环境噪声污染的，当地城市人民政府应当组织铁路部门和其他有关部门，制定减轻环境噪声污染的规划。铁路部门和其他有关部门应当按照规划的要求，采取有效措施，减轻环境噪声污染。

第四十条 除起飞、降落或者依法规定的情形以外，民用航空器不得飞越城市市区上空。城市人民政府应当在航空器起飞、降落的净空周围划定限制建设噪声敏感建筑物的区域；在该区域内建设噪声敏感建筑物的，建设单位应当采取减轻、避免航空器运行时产生的噪声影响的措施。民航部门应当采取有效措施，减轻环境噪声污染。

第六章 社会生活噪声污染防治

第四十一条 本法所称社会生活噪声，是指人为活动所产生的除工业噪声、建筑施工噪声和交通运输噪声之外的干扰周围生活环境的声音。

第四十二条 在城市市区噪声敏感建筑物集中区域内，因商业经营活动中使用固定设备造成环境噪声污染的商业企业，必须按照国务院环境保护行政主管部门的规定，向所在地的县级以上地方人民政府环境保护行政主管部门申报拥有的造成环境噪声污染的设备的状况和防治环境噪声污染的设施的情况。

第四十三条 新建营业性文化娱乐场所的边界噪声必须符合国家规定的环境噪声排放标准；不符合国家规定的环境噪声排放标准的，文化行政主管部门不得核发文化经营许可证，工商行政管理部门不得核发营业执照。

经营中的文化娱乐场所，其经营管理者必须采取有效措施，使其边界噪声不超过国家规定的环境噪声排放标准。

第四十四条 禁止在商业经营活动中使用高音广播喇叭或者采用其他发出高噪声的方法招揽顾客。

在商业经营活动中使用空调器、冷却塔等可能产生环境噪声污染的设备、设施的，其经营管理者应当采取措施，使其边界噪声不超过国家规定的环境噪声排放标准。

第四十五条 禁止任何单位、个人在城市市区噪声敏感建设物集中区域内使用高音广播喇叭。

在城市市区街道、广场、公园等公共场所组织娱乐、集会等活动，使用音响器材可能产生干扰周围生活环境的过大音量的，必须遵守当地公安机关的规定。

第四十六条 使用家用电器、乐器或者进行其他家庭室内娱乐活动时，应当控制音量或者采取其他有效措施，避免对周围居民造成环境噪声污染。

第四十七条 在已竣工交付使用的住宅楼进行室内装修活动，应当限制作业时间，并采取其他有效措施，以减轻、避免对周围居民造成环境噪声污染。

第七章 法律责任

第四十八条 违反本法第十四条的规定，建设项目中需要配套建设的环境噪声污染防治设施没有建成或者没有达到国家规定的要求，擅自投入生产或者使用的，由批准该建设项目的环境影响报告书的环境保护行政主管部门责令停止生产或者使用，可以并处罚款。

第四十九条 违反本法规定，拒报或者谎报规定的环境噪声排放申报事项的，县级以上地方人民政府环境保护行政主管部门可以根据不同情节，给予警告或者处以罚款。

第五十条 违反本法第十五条的规定，未经环境保护行政主管部门批准，擅自拆除或者闲置环境噪声污染防治设施，致使环境噪声排放超过规定标准的，由县级以上地方人民政府环境保护行政主管部门责令改正，并处罚款。

第五十一条 违反本法第十六条的规定，不按照国家规定缴纳超标准排污费的，县级以上地方人民政府环境保护行政主管部门可以根据不同情节，给予警告或者处以罚款。

第五十二条　违反本法第十七条的规定，对经限期治理逾期未完成治理任务的企业事业单位，除依照国家规定加收超标准排污费外，可以根据所造成的危害后果处以罚款，或者责令停业、搬迁、关闭。

前款规定的罚款由环境保护行政主管部门决定。责令停业、搬迁、关闭由县级以上人民政府按照国务院规定的权限决定。

第五十三条　违反本法第十八条的规定，生产、销售、进口禁止生产、销售、进口的设备的，由县级以上人民政府经济综合主管部门责令改正；情节严重的，由县级以上人民政府经济综合主管部门提出意见，报请同级人民政府按照国务院规定的权限责令停业、关闭。

第五十四条　违反本法第十九条的规定，未经当地公安机关批准，进行产生偶发性强烈噪声活动的，由公安机关根据不同情节给予警告或者处以罚款。

第五十五条　排放环境噪声的单位违反本法第二十一条的规定，拒绝环境保护行政主管部门或者其他依照本法规定行使环境噪声监督管理权的部门、机构现场检查或者在被检查时弄虚作假的，环境保护行政主管部门或者其他依照本法规定行使环境噪声监督管理权的监督管理部门、机构可以根据不同情节，给予警告或者处以罚款。

第五十六条　建筑施工单位违反本法第三十条第一款的规定，在城市市区噪声敏感建筑的集中区域内，夜间进行禁止进行的产生环境噪声污染的建筑施工作业的，由工程所在地县级以上地方人民政府环境保护行政主管部门责令改正，可以并处罚款。

第五十七条　违反本法第三十四条的规定，机动车辆不按照规定使用声响装置的，由当地公安机关根据不同情节给予警告或者处以罚款。

机动船舶有前款违法行为的，由港务监督机构根据不同情节给予警告或者处以罚款。

铁路机车有第一款违法行为的，由铁路主管部门对有关责任人员给予行政处分。

第五十八条　违反本法规定，有下列行为之一的，由公安机关给予警告，可以并处罚款：

（一）在城市市区噪声敏感建筑物集中区域内使用高音广播喇叭；

（二）违反当地公安机关的规定，在城市市区街道、广场、公园等公共场所组织娱乐、集会等活动，使用音响器材，产生干扰周围生活环境的过大音量的；

（三）未按本法第四十六条和第四十七条规定采取措施，从家庭室内发出严重干扰周围居民生活的环境噪声的。

第五十九条 违反本法第四十三条第二款、第四十四条第二款的规定，造成环境噪声污染的，由县级以上地方人民政府环境保护行政主管部门责令改正，可以并处罚款。

第六十条 违反本法第四十四条第一款的规定，造成环境噪声污染的，由公安机关责令改正，可以并处罚款。

省级以上人民政府依法决定由县级以上地方人民政府环境保护行政主管部门行使前款规定的行政处罚权的，从其决定。

第六十一条 受到环境噪声污染危害的单位和个人，有权要求加害人排除危害；造成损失的，依法赔偿损失。

赔偿责任和赔偿金额的纠纷，可以根据当事人的请求，由环境保护行政主管部门或者其他环境噪声污染防治工作的监督管理部门、机构调解处理；调解不成的，当事人可以向人民法院起诉。当事人也可以直接向人民法院起诉。

第六十二条 环境噪声污染防治监督管理人员滥用职权、玩忽职守、徇私舞弊的，由其所在单位或者上级主管机关给予行政处分；构成犯罪的，依法追究刑事责任。

第八章 附 则

第六十三条 本法中下列用语的含义是：

（一）噪声排放，是指噪声源向周围生活环境辐射噪声；

（二）噪声敏感建筑物，是指医院、学校、机关、科研单位、住宅等需要保持安静的建筑物；

（三）噪声敏感建筑物集中区域，是指医疗区、文教科研区和以机关或者居民住宅为主的区域；

（四）夜间，是指晚二十二点至晨六点之间的期间；

（五）机动车辆，是指汽车和摩托车。

第六十四条　本法自 1997 年 3 月 1 日起施行。1989 年 9 月 26 日国务院发布的《中华人民共和国环境噪声污染防治条例》同时废止。

中华人民共和国固体废物污染环境防治法

1995 年 10 月 30 日第八届全国人民代表大会常务委员会第十六次会议通过
2004 年 12 月 29 日第十届全国人民代表大会常务委员会第十三次会议修订

第一章　总　则

第一条　为了防治固体废物污染环境，保障人体健康，维护生态安全，促进经济社会可持续发展，制定本法。

第二条　本法适用于中华人民共和国境内固体废物污染环境的防治。

固体废物污染海洋环境的防治和放射性固体废物污染环境的防治不适用本法。

第三条　国家对固体废物污染环境的防治，实行减少固体废物的产生量和危害性、充分合理利用固体废物和无害化处置固体废物的原则，促进清洁生产和循环经济发展。

国家采取有利于固体废物综合利用活动的经济、技术政策和措施，对固体废物实行充分回收和合理利用。

国家鼓励、支持采取有利于保护环境的集中处置固体废物的措施，促进固体废物污染环境防治产业发展。

第四条　县级以上人民政府应当将固体废物污染环境防治工作纳入国民经济和社会发展计划，并采取有利于固体废物污染环境防治的经济、技术政策和措施。

国务院有关部门、县级以上地方人民政府及其有关部门组织编制城乡建设、土地利用、区域开发、产业发展等规划，应当统筹考虑减少固体废物的产生量和危害性、促进固体废物的综合利用和无害化处置。

第五条　国家对固体废物污染环境防治实行污染者依法负责的原则。

产品的生产者、销售者、进口者、使用者对其产生的固体废物依法承担污染防治责任。

第六条　国家鼓励、支持固体废物污染环境防治的科学研究、技术开发、推广先进的防治技术和普及固体废物污染环境防治的科学知识。

各级人民政府应当加强防治固体废物污染环境的宣传教育，倡导有利于环境保护的生产方式和生活方式。

第七条　国家鼓励单位和个人购买、使用再生产品和可重复利用产品。

第八条　各级人民政府对在固体废物污染环境防治工作以及相关的综合利用活动中作出显著成绩的单位和个人给予奖励。

第九条　任何单位和个人都有保护环境的义务，并有权对造成固体废物污染环境的单位和个人进行检举和控告。

第十条　国务院环境保护行政主管部门对全国固体废物污染环境的防治工作实施统一监督管理。国务院有关部门在各自的职责范围内负责固体废物污染环境防治的监督管理工作。

县级以上地方人民政府环境保护行政主管部门对本行政区域内固体废物污染环境的防治工作实施统一监督管理。县级以上地方人民政府有关部门在各自的职责范围内负责固体废物污染环境防治的监督管理工作。

国务院建设行政主管部门和县级以上地方人民政府环境卫生行政主管部门负责生活垃圾清扫、收集、贮存、运输和处置的监督管理工作。

第二章　固体废物污染环境防治的监督管理

第十一条　国务院环境保护行政主管部门会同国务院有关行政主管部门根据国家环境质量标准和国家经济、技术条件，制定国家固体废物污染环境防治技术标准。

第十二条　国务院环境保护行政主管部门建立固体废物污染环境监测制度，制定统一的监测规范，并会同有关部门组织监测网络。

大、中城市人民政府环境保护行政主管部门应当定期发布固体废物的种类、产生量、处置状况等信息。

第十三条 建设产生固体废物的项目以及建设贮存、利用、处置固体废物的项目，必须依法进行环境影响评价，并遵守国家有关建设项目环境保护管理的规定。

第十四条 建设项目的环境影响评价文件确定需要配套建设的固体废物污染环境防治设施，必须与主体工程同时设计、同时施工、同时投入使用。固体废物污染环境防治设施必须经原审批环境影响评价文件的环境保护行政主管部门验收合格后，该建设项目方可投入生产或者使用。对固体废物污染环境防治设施的验收应当与对主体工程的验收同时进行。

第十五条 县级以上人民政府环境保护行政主管部门和其他固体废物污染环境防治工作的监督管理部门，有权依据各自的职责对管辖范围内与固体废物污染环境防治有关的单位进行现场检查。被检查的单位应当如实反映情况，提供必要的资料。检查机关应当为被检查的单位保守技术秘密和业务秘密。

检查机关进行现场检查时，可以采取现场监测、采集样品、查阅或者复制与固体废物污染环境防治相关的资料等措施。检查人员进行现场检查，应当出示证件。

第三章 固体废物污染环境的防治

第一节 一般规定

第十六条 产生固体废物的单位和个人，应当采取措施，防止或者减少固体废物对环境的污染。

第十七条 收集、贮存、运输、利用、处置固体废物的单位和个人，必须采取防扬散、防流失、防渗漏或者其他防止污染环境的措施；不得擅自倾倒、堆放、丢弃、遗撒固体废物。

禁止任何单位或者个人向江河、湖泊、运河、渠道、水库及其最高水位线以下的滩地和岸坡等法律、法规规定禁止倾倒、堆放废弃物的地点倾倒、堆放固体废物。

第十八条 产品和包装物的设计、制造，应当遵守国家有关清洁生产的规定。国务院标准化行政主管部门应当根据国家经济和技术条件、固体废物污染环境防治状况以及产品的技术要求，组织制定有关标准，防止过度包装造成环境污染。

生产、销售、进口依法被列入强制回收目录的产品和包装物的企业，必须按照国家有关规定对该产品和包装物进行回收。

第十九条　国家鼓励科研、生产单位研究、生产易回收利用、易处置或者在环境中可降解的薄膜覆盖物和商品包装物。

使用农用薄膜的单位和个人，应当采取回收利用等措施，防止或者减少农用薄膜对环境的污染。

第二十条　从事畜禽规模养殖应当按照国家有关规定收集、贮存、利用或者处置养殖过程中产生的畜禽粪便，防止污染环境。

禁止在人口集中地区、机场周围、交通干线附近以及当地人民政府划定的区域露天焚烧秸秆。

第二十一条　对收集、贮存、运输、处置固体废物的设施、设备和场所，应当加强管理和维护，保证其正常运行和使用。

第二十二条　在国务院和国务院有关主管部门及省、自治区、直辖市人民政府划定的自然保护区、风景名胜区、饮用水水源保护区、基本农田保护区和其他需要特别保护的区域内，禁止建设工业固体废物集中贮存、处置的设施、场所和生活垃圾填埋场。

第二十三条　转移固体废物出省、自治区、直辖市行政区域贮存、处置的，应当向固体废物移出地的省、自治区、直辖市人民政府环境保护行政主管部门提出申请。移出地的省、自治区、直辖市人民政府环境保护行政主管部门应当商经接受地的省、自治区、直辖市人民政府环境保护行政主管部门同意后，方可批准转移该固体废物出省、自治区、直辖市行政区域。未经批准的，不得转移。

第二十四条　禁止中华人民共和国境外的固体废物进境倾倒、堆放、处置。

第二十五条　禁止进口不能用作原料或者不能以无害化方式利用的固体废物；对可以用作原料的固体废物实行限制进口和自动许可进口分类管理。

国务院环境保护行政主管部门会同国务院对外贸易主管部门、国务院经济综合宏观调控部门、海关总署、国务院质量监督检验检疫部门制定、调整并公布禁止进口、限制进口和自动许可进口的固体废物目录。

禁止进口列入禁止进口目录的固体废物。进口列入限制进口目录的固体废物，应当经国务院环境保护行政主管部门会同国务院对外贸易主管部门审查许可。进口列入自动许可进口目录的固体废物，应当依法办理自动许可手续。

进口的固体废物必须符合国家环境保护标准，并经质量监督检验检疫部门检验合格。

进口固体废物的具体管理办法，由国务院环境保护行政主管部门会同国务院对外贸易主管部门、国务院经济综合宏观调控部门、海关总署、国务院质量监督检验检疫部门制定。

第二十六条 进口者对海关将其所进口的货物纳入固体废物管理范围不服的，可以依法申请行政复议，也可以向人民法院提起行政诉讼。

第二节 工业固体废物污染环境的防治

第二十七条 国务院环境保护行政主管部门应当会同国务院经济综合宏观调控部门和其他有关部门对工业固体废物对环境的污染作出界定，制定防治工业固体废物污染环境的技术政策，组织推广先进的防治工业固体废物污染环境的生产工艺和设备。

第二十八条 国务院经济综合宏观调控部门应当会同国务院有关部门组织研究、开发和推广减少工业固体废物产生量和危害性的生产工艺和设备，公布限期淘汰产生严重污染环境的工业固体废物的落后生产工艺、落后设备的名录。

生产者、销售者、进口者、使用者必须在国务院经济综合宏观调控部门会同国务院有关部门规定的期限内分别停止生产、销售、进口或者使用列入前款规定的名录中的设备。生产工艺的采用者必须在国务院经济综合宏观调控部门会同国务院有关部门规定的期限内停止采用列入前款规定的名录中的工艺。

列入限期淘汰名录被淘汰的设备，不得转让给他人使用。

第二十九条 县级以上人民政府有关部门应当制定工业固体废物污染环

境防治工作规划，推广能够减少工业固体废物产生量和危害性的先进生产工艺和设备，推动工业固体废物污染环境防治工作。

第三十条 产生工业固体废物的单位应当建立、健全污染环境防治责任制度，采取防治工业固体废物污染环境的措施。

第三十一条 企业事业单位应当合理选择和利用原材料、能源和其他资源，采用先进的生产工艺和设备，减少工业固体废物产生量，降低工业固体废物的危害性。

第三十二条 国家实行工业固体废物申报登记制度。

产生工业固体废物的单位必须按照国务院环境保护行政主管部门的规定，向所在地县级以上地方人民政府环境保护行政主管部门提供工业固体废物的种类、产生量、流向、贮存、处置等有关资料。

前款规定的申报事项有重大改变的，应当及时申报。

第三十三条 企业事业单位应当根据经济、技术条件对其产生的工业固体废物加以利用；对暂时不利用或者不能利用的，必须按照国务院环境保护行政主管部门的规定建设贮存设施、场所，安全分类存放，或者采取无害化处置措施。

建设工业固体废物贮存、处置的设施、场所，必须符合国家环境保护标准。

第三十四条 禁止擅自关闭、闲置或者拆除工业固体废物污染环境防治设施、场所；确有必要关闭、闲置或者拆除的，必须经所在地县级以上地方人民政府环境保护行政主管部门核准，并采取措施，防止污染环境。

第三十五条 产生工业固体废物的单位需要终止的，应当事先对工业固体废物的贮存、处置的设施、场所采取污染防治措施，并对未处置的工业固体废物做出妥善处置，防止污染环境。

产生工业固体废物的单位发生变更的，变更后的单位应当按照国家有关环境保护的规定对未处置的工业固体废物及其贮存、处置的设施、场所进行安全处置或者采取措施保证该设施、场所安全运行。变更前当事人对工业固体废物及其贮存、处置的设施、场所的污染防治责任另有约定的，从其约定；但是，不得免除当事人的污染防治义务。

对本法施行前已经终止的单位未处置的工业固体废物及其贮存、处置的设施、场所进行安全处置的费用，由有关人民政府承担；但是，该单位享有的土地使用权依法转让的，应当由土地使用权受让人承担处置费用。当事人另有约定的，从其约定；但是，不得免除当事人的污染防治义务。

第三十六条 矿山企业应当采取科学的开采方法和选矿工艺，减少尾矿、矸石、废石等矿业固体废物的产生量和贮存量。

尾矿、矸石、废石等矿业固体废物贮存设施停止使用后，矿山企业应当按照国家有关环境保护规定进行封场，防止造成环境污染和生态破坏。

第三十七条 拆解、利用、处置废弃电器产品和废弃机动车船，应当遵守有关法律、法规的规定，采取措施，防止污染环境。

第三节 生活垃圾污染环境的防治

第三十八条 县级以上人民政府应当统筹安排建设城乡生活垃圾收集、运输、处置设施，提高生活垃圾的利用率和无害化处置率，促进生活垃圾收集、处置的产业化发展，逐步建立和完善生活垃圾污染环境防治的社会服务体系。

第三十九条 县级以上地方人民政府环境卫生行政主管部门应当组织对城市生活垃圾进行清扫、收集、运输和处置，可以通过招标等方式选择具备条件的单位从事生活垃圾的清扫、收集、运输和处置。

第四十条 对城市生活垃圾应当按照环境卫生行政主管部门的规定，在指定的地点放置，不得随意倾倒、抛撒或者堆放。

第四十一条 清扫、收集、运输、处置城市生活垃圾，应当遵守国家有关环境保护和环境卫生管理的规定，防止污染环境。

第四十二条 对城市生活垃圾应当及时清运，逐步做到分类收集和运输，并积极开展合理利用和实施无害化处置。

第四十三条 城市人民政府应当有计划地改进燃料结构，发展城市煤气、天然气、液化气和其他清洁能源。

城市人民政府有关部门应当组织净菜进城，减少城市生活垃圾。

城市人民政府有关部门应当统筹规划，合理安排收购网点，促进生活垃圾的回收利用工作。

第四十四条　建设生活垃圾处置的设施、场所，必须符合国务院环境保护行政主管部门和国务院建设行政主管部门规定的环境保护和环境卫生标准。

禁止擅自关闭、闲置或者拆除生活垃圾处置的设施、场所；确有必要关闭、闲置或者拆除的，必须经所在地县级以上地方人民政府环境卫生行政主管部门和环境保护行政主管部门核准，并采取措施，防止污染环境。

第四十五条　从生活垃圾中回收的物质必须按照国家规定的用途或者标准使用，不得用于生产可能危害人体健康的产品。

第四十六条　工程施工单位应当及时清运工程施工过程中产生的固体废物，并按照环境卫生行政主管部门的规定进行利用或者处置。

第四十七条　从事公共交通运输的经营单位，应当按照国家有关规定，清扫、收集运输过程中产生的生活垃圾。

第四十八条　从事城市新区开发、旧区改建和住宅小区开发建设的单位，以及机场、码头、车站、公园、商店等公共设施、场所的经营管理单位，应当按照国家有关环境卫生的规定，配套建设生活垃圾收集设施。

第四十九条　农村生活垃圾污染环境防治的具体办法，由地方性法规规定。

第四章　危险废物污染环境防治的特别规定

第五十条　危险废物污染环境的防治，适用本章规定；本章未作规定的，适用本法其他有关规定。

第五十一条　国务院环境保护行政主管部门应当会同国务院有关部门制定国家危险废物名录，规定统一的危险废物鉴别标准、鉴别方法和识别标志。

第五十二条　对危险废物的容器和包装物以及收集、贮存、运输、处置危险废物的设施、场所，必须设置危险废物识别标志。

第五十三条　产生危险废物的单位，必须按照国家有关规定制定危险废物管理计划，并向所在地县级以上地方人民政府环境保护行政主管部门申报危险废物的种类、产生量、流向、贮存、处置等有关资料。

前款所称危险废物管理计划应当包括减少危险废物产生量和危害性的措施以及危险废物贮存、利用、处置措施。危险废物管理计划应当报产生危险废物的单位所在地县级以上地方人民政府环境保护行政主管部门备案。

本条规定的申报事项或者危险废物管理计划内容有重大改变的，应当及时申报。

第五十四条 国务院环境保护行政主管部门会同国务院经济综合宏观调控部门组织编制危险废物集中处置设施、场所的建设规划，报国务院批准后实施。

县级以上地方人民政府应当依据危险废物集中处置设施、场所的建设规划组织建设危险废物集中处置设施、场所。

第五十五条 产生危险废物的单位，必须按照国家有关规定处置危险废物，不得擅自倾倒、堆放；不处置的，由所在地县级以上地方人民政府环境保护行政主管部门责令限期改正；逾期不处置或者处置不符合国家有关规定的，由所在地县级以上地方人民政府环境保护行政主管部门指定单位按照国家有关规定代为处置，处置费用由产生危险废物的单位承担。

第五十六条 以填埋方式处置危险废物不符合国务院环境保护行政主管部门规定的，应当缴纳危险废物排污费。危险废物排污费征收的具体办法由国务院规定。

危险废物排污费用于污染环境的防治，不得挪作他用。

第五十七条 从事收集、贮存、处置危险废物经营活动的单位，必须向县级以上人民政府环境保护行政主管部门申请领取经营许可证；从事利用危险废物经营活动的单位，必须向国务院环境保护行政主管部门或者省、自治区、直辖市人民政府环境保护行政主管部门申请领取经营许可证。具体管理办法由国务院规定。

禁止无经营许可证或者不按照经营许可证规定从事危险废物收集、贮存、利用、处置的经营活动。

禁止将危险废物提供或者委托给无经营许可证的单位从事收集、贮存、利用、处置的经营活动。

第五十八条 收集、贮存危险废物，必须按照危险废物特性分类进行。禁止混合收集、贮存、运输、处置性质不相容而未经安全性处置的危险废物。

贮存危险废物必须采取符合国家环境保护标准的防护措施，并不得超过一年；确需延长期限的，必须报经原批准经营许可证的环境保护行政主管部门批准；法律、行政法规另有规定的除外。

禁止将危险废物混入非危险废物中贮存。

第五十九条 转移危险废物的，必须按照国家有关规定填写危险废物转移联单，并向危险废物移出地设区的市级以上地方人民政府环境保护行政主管部门提出申请。移出地设区的市级以上地方人民政府环境保护行政主管部门应当商经接受地设区的市级以上地方人民政府环境保护行政主管部门同意后，方可批准转移该危险废物。未经批准的，不得转移。

转移危险废物途经移出地、接受地以外行政区域的，危险废物移出地设区的市级以上地方人民政府环境保护行政主管部门应当及时通知沿途经过的设区的市级以上地方人民政府环境保护行政主管部门。

第六十条 运输危险废物，必须采取防止污染环境的措施，并遵守国家有关危险货物运输管理的规定。

禁止将危险废物与旅客在同一运输工具上载运。

第六十一条 收集、贮存、运输、处置危险废物的场所、设施、设备和容器、包装物及其他物品转作他用时，必须经过消除污染的处理，方可使用。

第六十二条 产生、收集、贮存、运输、利用、处置危险废物的单位，应当制定意外事故的防范措施和应急预案，并向所在地县级以上地方人民政府环境保护行政主管部门备案；环境保护行政主管部门应当进行检查。

第六十三条 因发生事故或者其他突发性事件，造成危险废物严重污染环境的单位，必须立即采取措施消除或者减轻对环境的污染危害，及时通报可能受到污染危害的单位和居民，并向所在地县级以上地方人民政府环境保护行政主管部门和有关部门报告，接受调查处理。

第六十四条 在发生或者有证据证明可能发生危险废物严重污染环境、威胁居民生命财产安全时，县级以上地方人民政府环境保护行政主管部门或者其他固体废物污染环境防治工作的监督管理部门必须立即向本级人民政府和上一级人民政府有关行政主管部门报告，由人民政府采取防止或者减轻危害的有效措施。有关人民政府可以根据需要责令停止导致或者可能导致环境污染事故的作业。

第六十五条 重点危险废物集中处置设施、场所的退役费用应当预提，列入投资概算或者经营成本。具体提取和管理办法，由国务院财政部门、价格主管部门会同国务院环境保护行政主管部门规定。

第六十六条 禁止经中华人民共和国过境转移危险废物。

第五章 法律责任

第六十七条 县级以上人民政府环境保护行政主管部门或者其他固体废物污染环境防治工作的监督管理部门违反本法规定，有下列行为之一的，由本级人民政府或者上级人民政府有关行政主管部门责令改正，对负有责任的主管人员和其他直接责任人员依法给予行政处分；构成犯罪的，依法追究刑事责任：

（一）不依法作出行政许可或者办理批准文件的；

（二）发现违法行为或者接到对违法行为的举报后不予查处的；

（三）有不依法履行监督管理职责的其他行为的。

第六十八条 违反本法规定，有下列行为之一的，由县级以上人民政府环境保护行政主管部门责令停止违法行为，限期改正，处以罚款：

（一）不按照国家规定申报登记工业固体废物，或者在申报登记时弄虚作假的；

（二）对暂时不利用或者不能利用的工业固体废物未建设贮存的设施、场所安全分类存放，或者未采取无害化处置措施的；

（三）将列入限期淘汰名录被淘汰的设备转让给他人使用的；

（四）擅自关闭、闲置或者拆除工业固体废物污染环境防治设施、场所的；

（五）在自然保护区、风景名胜区、饮用水水源保护区、基本农田保护区和其他需要特别保护的区域内，建设工业固体废物集中贮存、处置的设施、场所和生活垃圾填埋场的；

（六）擅自转移固体废物出省、自治区、直辖市行政区域贮存、处置的；

（七）未采取相应防范措施，造成工业固体废物扬散、流失、渗漏或者造成其他环境污染的；

（八）在运输过程中沿途丢弃、遗撒工业固体废物的。

有前款第（一）项、第（八）项行为之一的，处五千元以上五万元以下的罚款；有前款第（二）项、第（三）项、第（四）项、第（五）项、第（六）项、第（七）项行为之一的，处一万元以上十万元以下的罚款。

第六十九条　违反本法规定，建设项目需要配套建设的固体废物污染环境防治设施未建成、未经验收或者验收不合格，主体工程即投入生产或者使用的，由审批该建设项目环境影响评价文件的环境保护行政主管部门责令停止生产或者使用，可以并处十万元以下的罚款。

第七十条　违反本法规定，拒绝县级以上人民政府环境保护行政主管部门或者其他固体废物污染环境防治工作的监督管理部门现场检查的，由执行现场检查的部门责令限期改正；拒不改正或者在检查时弄虚作假的，处二千元以上二万元以下的罚款。

第七十一条　从事畜禽规模养殖未按照国家有关规定收集、贮存、处置畜禽粪便，造成环境污染的，由县级以上地方人民政府环境保护行政主管部门责令限期改正，可以处五万元以下的罚款。

第七十二条　违反本法规定，生产、销售、进口或者使用淘汰的设备，或者采用淘汰的生产工艺的，由县级以上人民政府经济综合宏观调控部门责令改正；情节严重的，由县级以上人民政府经济综合宏观调控部门提出意见，报请同级人民政府按照国务院规定的权限决定停业或者关闭。

第七十三条　尾矿、矸石、废石等矿业固体废物贮存设施停止使用后，未按照国家有关环境保护规定进行封场的，由县级以上地方人民政府环境保护行政主管部门责令限期改正，可以处五万元以上二十万元以下的罚款。

第七十四条　违反本法有关城市生活垃圾污染环境防治的规定，有下列行为之一的，由县级以上地方人民政府环境卫生行政主管部门责令停止违法行为，限期改正，处以罚款：

（一）随意倾倒、抛撒或者堆放生活垃圾的；

（二）擅自关闭、闲置或者拆除生活垃圾处置设施、场所的；

（三）工程施工单位不及时清运施工过程中产生的固体废物，造成环境污染的；

（四）工程施工单位不按照环境卫生行政主管部门的规定对施工过程中产生的固体废物进行利用或者处置的；

（五）在运输过程中沿途丢弃、遗撒生活垃圾的。

单位有前款第（一）项、第（三）项、第（五）项行为之一的，处五千元以上五万元以下的罚款；有前款第（二）项、第（四）项行为之一的，处一万元以上十万元以下的罚款。个人有前款第（一）项、第（五）项行为之一的，处二百元以下的罚款。

第七十五条 违反本法有关危险废物污染环境防治的规定，有下列行为之一的，由县级以上人民政府环境保护行政主管部门责令停止违法行为，限期改正，处以罚款：

（一）不设置危险废物识别标志的；

（二）不按照国家规定申报登记危险废物，或者在申报登记时弄虚作假的；

（三）擅自关闭、闲置或者拆除危险废物集中处置设施、场所的；

（四）不按照国家规定缴纳危险废物排污费的；

（五）将危险废物提供或者委托给无经营许可证的单位从事经营活动的；

（六）不按照国家规定填写危险废物转移联单或者未经批准擅自转移危险废物的；

（七）将危险废物混入非危险废物中贮存的；

（八）未经安全性处置，混合收集、贮存、运输、处置具有不相容性质的危险废物的；

（九）将危险废物与旅客在同一运输工具上载运的；

（十）未经消除污染的处理将收集、贮存、运输、处置危险废物的场所、设施、设备和容器、包装物及其他物品转作他用的；

（十一）未采取相应防范措施，造成危险废物扬散、流失、渗漏或者造成其他环境污染的；

（十二）在运输过程中沿途丢弃、遗撒危险废物的；

（十三）未制定危险废物意外事故防范措施和应急预案的。

有前款第（一）项、第（二）项、第（七）项、第（八）项、第（九）项、第（十）项、第（十一）项、第（十二）项、第（十三）项行为之一的，处一万元以上十万元以下的罚款；有前款第（三）项、第（五）项、第（六）项行为之一的，处二万元以上二十万元以下的罚款；有前款第（四）项行为的，限期缴纳，逾期不缴纳的，处应缴纳危险废物排污费金额一倍以上三倍以下的罚款。

第七十六条　违反本法规定，危险废物产生者不处置其产生的危险废物又不承担依法应当承担的处置费用的，由县级以上地方人民政府环境保护行政主管部门责令限期改正，处代为处置费用一倍以上三倍以下的罚款。

第七十七条　无经营许可证或者不按照经营许可证规定从事收集、贮存、利用、处置危险废物经营活动的，由县级以上人民政府环境保护行政主管部门责令停止违法行为，没收违法所得，可以并处违法所得三倍以下的罚款。

不按照经营许可证规定从事前款活动的，还可以由发证机关吊销经营许可证。

第七十八条　违反本法规定，将中华人民共和国境外的固体废物进境倾倒、堆放、处置的，进口属于禁止进口的固体废物或者未经许可擅自进口属于限制进口的固体废物用作原料的，由海关责令退运该固体废物，可以并处十万元以上一百万元以下的罚款；构成犯罪的，依法追究刑事责任。进口者不明的，由承运人承担退运该固体废物的责任，或者承担该固体废物的处置费用。

逃避海关监管将中华人民共和国境外的固体废物运输进境，构成犯罪的，依法追究刑事责任。

第七十九条　违反本法规定，经中华人民共和国过境转移危险废物的，由海关责令退运该危险废物，可以并处五万元以上五十万元以下的罚款。

第八十条　对已经非法入境的固体废物，由省级以上人民政府环境保护行政主管部门依法向海关提出处理意见，海关应当依照本法第七十八条的规定作出处罚决定；已经造成环境污染的，由省级以上人民政府环境保护行政主管部门责令进口者消除污染。

第八十一条　违反本法规定，造成固体废物严重污染环境的，由县级以上人民政府环境保护行政主管部门按照国务院规定的权限决定限期治理；逾期未完成治理任务的，由本级人民政府决定停业或者关闭。

第八十二条 违反本法规定，造成固体废物污染环境事故的，由县级以上人民政府环境保护行政主管部门处二万元以上二十万元以下的罚款；造成重大损失的，按照直接损失的百分之三十计算罚款，但是最高不超过一百万元，对负有责任的主管人员和其他直接责任人员，依法给予行政处分；造成固体废物污染环境重大事故的，并由县级以上人民政府按照国务院规定的权限决定停业或者关闭。

第八十三条 违反本法规定，收集、贮存、利用、处置危险废物，造成重大环境污染事故，构成犯罪的，依法追究刑事责任。

第八十四条 受到固体废物污染损害的单位和个人，有权要求依法赔偿损失。

赔偿责任和赔偿金额的纠纷，可以根据当事人的请求，由环境保护行政主管部门或者其他固体废物污染环境防治工作的监督管理部门调解处理；调解不成的，当事人可以向人民法院提起诉讼。当事人也可以直接向人民法院提起诉讼。

国家鼓励法律服务机构对固体废物污染环境诉讼中的受害人提供法律援助。

第八十五条 造成固体废物污染环境的，应当排除危害，依法赔偿损失，并采取措施恢复环境原状。

第八十六条 因固体废物污染环境引起的损害赔偿诉讼，由加害人就法律规定的免责事由及其行为与损害结果之间不存在因果关系承担举证责任。

第八十七条 固体废物污染环境的损害赔偿责任和赔偿金额的纠纷，当事人可以委托环境监测机构提供监测数据。环境监测机构应当接受委托，如实提供有关监测数据。

第六章 附 则

第八十八条 本法下列用语的含义：

（一）固体废物，是指在生产、生活和其他活动中产生的丧失原有利用价值或者虽未丧失利用价值但被抛弃或者放弃的固态、半固态和置于容器中的气态的物品、物质以及法律、行政法规规定纳入固体废物管理的物品、物质；

（二）工业固体废物，是指在工业生产活动中产生的固体废物；

（三）生活垃圾，是指在日常生活中或者为日常生活提供服务的活动中产生的固体废物以及法律、行政法规规定视为生活垃圾的固体废物；

（四）危险废物，是指列入国家危险废物名录或者根据国家规定的危险废物鉴别标准和鉴别方法认定的具有危险特性的固体废物；

（五）贮存，是指将固体废物临时置于特定设施或者场所中的活动；

（六）处置，是指将固体废物焚烧和用其他改变固体废物的物理、化学、生物特性的方法，达到减少已产生的固体废物数量、缩小固体废物体积、减少或者消除其危险成分的活动，或者将固体废物最终置于符合环境保护规定要求的填埋场的活动；

（七）利用，是指从固体废物中提取物质作为原材料或者燃料的活动。

第八十九条　液态废物的污染防治，适用本法；但是，排入水体的废水的污染防治适用有关法律，不适用本法。

第九十条　中华人民共和国缔结或者参加的与固体废物污染环境防治有关的国际条约与本法有不同规定的，适用国际条约的规定；但是，中华人民共和国声明保留的条款除外。

第九十一条　本法自 2005 年 4 月 1 日起施行。